Mehrsprachige Pflegebedürftige in deutschen Pflegeheimen und das Projekt UnVergessen

Katrin Bente Karl
(Hrsg.)

Mehrsprachige Pflegebedürftige in deutschen Pflegeheimen und das Projekt UnVergessen

Studierende an der Schnittstelle von Forschung und Gesellschaft

 Springer VS

Hrsg.
Katrin Bente Karl
Seminar für Slavistik, Ruhr Universität Bochum,
Bochum, Deutschland

ISBN 978-3-658-33867-1   ISBN 978-3-658-33868-8   (eBook)
https://doi.org/10.1007/978-3-658-33868-8

Die Deutsche Nationalbibliothek verzeichnet diese Publikation in der Deutschen Nationalbibliografie; detaillierte bibliografische Daten sind im Internet über http://dnb.d-nb.de abrufbar.

Planung/Lektorat: Stefanie Eggert
Springer VS ist ein Imprint der eingetragenen Gesellschaft Springer Fachmedien Wiesbaden GmbH und ist ein Teil von Springer Nature.
Die Anschrift der Gesellschaft ist: Abraham-Lincoln-Str. 46, 65189 Wiesbaden, Germany

Vorwort & Danksagung

Dieses Buch rankt sich um das universitär verankerte Projekt UnVergessen, in dessen Rahmen mehrsprachige Studierende mehrsprachige Pflegebedürftige in Pflegeheimen besuchen und gemeinsame Aktivitäten durchführen. Im Mittelpunkt der Darstellungen stehen die Genese, der Ablauf und die vielfältigen Erfahrungen, die sich über die mehrjährige Projektlaufzeit ergeben haben. Das Ziel dieses Sammelbandes ist, einem interessierten, nicht dezidiert fachwissenschaftlich ausgerichteten Publikum einen umfassenden Einblick in die bisherige Projekttätigkeit zu geben und zugleich für die Belange der im Projekt im Mittelpunkt stehenden vulnerablen Gruppe mehrsprachiger Pflegebedürftiger in Pflegeheimen zu sensibilisieren und für anknüpfende Überlegungen und Projekte anzuregen. In insgesamt sechs Teilen führt dieser Sammelband durch wissenschaftliche Hintergründe (Teil I und II), die genaue Darstellung des Projektes (Teil III) und Schilderungen der persönlichen (Teil IV) und wissenschaftlichen (Teil V) Erkenntnisse aus Sicht der studentischen Teilnehmer/innen. Den Schlussteil bildet ein Ausblick darauf, welche Anknüpfungsmöglichkeiten sich aus dem besonderen Projektsetting ergeben. Die Teile I, II und III des Sammelbandes sowie alle Rahmentexte sind dabei von und aus Sicht der Projektleiterin (Katrin B. Karl) geschrieben, die Schilderungen in Teil IV und V stammen aus der Autorenschaft von zehn ehemaligen studentischen Teilnehmerinnen des Projekts, Teil VI vereint beide Perspektiven. Dieser Band bringt damit bewusst zwei Seiten zusammen: die der Projektleitung und die der studentischen Teilnehmer/innen, die hier den Raum und die Möglichkeit bekommen, sich in einem für die meisten von ihnen neuen Bereich der wissenschaftlichen Publikation zu präsentieren. Dafür haben sie sich zusätzliche Zeit und Kraft genommen, um mit ihren Ausführungen für mehr Sichtbarkeit und tiefere Eindrücke zu sorgen. Dieses Engagement verdient eine besondere Anerkennung.

Anerkennung und Dank verdienen zudem die finanziellen Unterstützer, die in den letzten Jahren UnVergessen gefördert haben: Die Robert Bosch Stiftung, die im Rahmen der „Werkstatt Vielfalt" die Umsetzung meiner Projektidee möglich gemacht hat; inSTUDIES^{PLUS}, seinerseits gefördert durch das Bund-Länder-Programm Qualitätspakt Lehre des Bundesministeriums für Bildung und Forschung, die das Projekt in die Projektlinie Forschendes Lernen[3] aufgenommen und damit verbunden gefördert haben; und der Stifterverband sowie das Ministerium für Kultur und Wissenschaft des Landes Nordrhein-Westfalen mit der Ehrung mit dem Landeslehrpreis 2019 in der Kategorie „Förderung zivilgesellschaftlichen Engagements". Durch diese Förderungen konnte UnVergessen entstehen, wachsen und letztlich auch dieser Sammelband erscheinen und finanziert werden.

Bücher entstehen in den seltensten Fällen ohne die Zusammenarbeit und Hilfe vieler Menschen. Dies trifft in besonderem Maße auf diesen Band zu: An seinem Entstehen sind seit mehreren Jahren viele unterschiedliche Personen in verschiedenen Institutionen, Lebensphasen und mit jeweils eigenen Interessen beteiligt. Jede einzelne Person hat dabei ihre Farbe dem Gesamtbild hinzugefügt, das auf den folgenden Seiten gemalt werden soll. Im Mittelpunkt der Ausführungen steht das Projekt UnVergessen, das mich seit fünf Jahren begleitet und in vielerlei Hinsicht geprägt hat. Ich denke, es ist nicht vermessen zu sagen, dass ich stolz auf dieses Projekt bin. Vor allem aber bin ich dankbar dafür, dass so viele Menschen ein Teil von UnVergessen geworden sind und es mit Leben füllen.

Ich möchte mich hier bei vier Gruppen an Personen ganz besonders bedanken und dabei stellvertretend bei all denjenigen, die diesen Gruppen angehören und UnVergessen in dieser Form ermöglicht haben und immer noch ermöglichen:

Zunächst geht mein Dank an meine Universität – die Ruhr-Universität Bochum –, an das Rektorat, das Zentrum für Wissenschaftsdidaktik und das Schreibzentrum, meine Fakultät und mein Institut, das Seminar für Slavistik / Lotman-Institut. Ohne die zahlreiche Unterstützung, Wertschätzung und auch finanzielle Hilfe wäre vieles nicht möglich gewesen. Auch für die Gewährung der Freiheit, meine zunächst etwas gewagte Idee umzusetzen, bin ich dankbar; das so positive Feedback von vielen Seiten bestärkte zugleich auf schöne Art.

Die zweite Gruppe ist in den Pflegeheimen angesiedelt: Hier möchte ich allen Kooperationspartner/innen, Ansprechpartner/innen in den Einrichtungen, beteiligten Pflegekräften und all den vielen weiteren engagierten Personen danken, die uns so wohlwollend in ihren Einrichtungen aufnehmen und zur Seite stehen.

Die folgenden zwei Gruppen, denen mein Dank gilt, bilden das Herz des Projektes: Die wunderbaren, engagierten studentischen Teilnehmer/innen und die über die Jahre auf besondere Weise ans Herz gewachsenen teilnehmenden Pflegebedürftigen. Sie sind es, die das Projekt jährlich neu zum Leben erwecken und durch ihre Freude am gegenseitigen Austausch die zugrunde liegende Idee bestätigen.

Mit diesem Buch möchte ich all diesen beteiligten Menschen zeigen, wie wertvoll ihr Engagement, ihre Begeisterung und ihre Unterstützung ist.

Daneben möchte ich an dieser Stelle meinem privaten Umfeld danken. UnVergessen hat viel meiner Zeit, Gedanken und auch Emotionen in Anspruch genommen, wofür mir Verständnis und vor allem auch tatkräftige Unterstützung entgegengebracht wurde. Neben meinen Freundinnen und Freunden, die hilfreich als Austauschpartner zur Verfügung standen, gilt dies in besonderer Weise für meine Familie. Zunächst möchte ich hier meinen Eltern und meinen Schwestern danken, die mit Interesse dem Projekt seit seiner Geburtsstunde gefolgt sind und mich vielfach positiv unterstützen. Zudem verdanke ich meinem Vater und meiner Schwester Nele ihr aufmerksames Korrekturlesen und fruchtbares Kommentieren dieses Buches. Meinem Onkel Johannes möchte ich dafür danken, dass er mir so zahlreich den Rücken freigehalten hat und dadurch große Textpassagen dieses Bandes entstehen konnten.

Und schließlich möchte ich meinen Dank meinem Mann und meinen Töchtern aussprechen, die mit Liebe, Geduld und manchmal auch Verzicht mich begleiten und meine Arbeit an UnVergessen und diesem Band erst ermöglichen.

Herzlichen Dank!

Bochum   Katrin Bente Karl
im Januar 2021

Inhaltsverzeichnis

Herausgeber- und Autorenverzeichnis

Über den Herausgeber

Katrin Bente Karl ist Oberstudienrätin im Hochschuldienst an der Ruhr-Universität Bochum. Sie studierte Ost- und Westslavistik sowie Germanistik an den Universitäten Hamburg, St. Petersburg und Warschau und promovierte zum russisch-deutschen Sprachkontakt. Sie lehrt und forscht am Seminar für Slavistik/Lotman-Institut im Bereich der russistischen und polonistischen Sprachwissenschaft, mit einem besonderen Fokus auf Sprachkontakt und Sprache im Alter und der Pflegebedürftigkeit. 2016 rief sie das Projekt UnVergessen ins Leben, in dessen Rahmen Studierende in kooperierenden Pflegeheimen mehrsprachige Pflegebedürftige besuchen und sprachlich begleiten. 2019 wurde Katrin Bente Karl mit dem Landeslehrpreis Nordrhein-Westfalen 2019 in der Kategorie „Förderung zivilgesellschaftlichen Engagements" ausgezeichnet.

Autorenverzeichnis

Studentische Teilnehmerinnen am Projekt UnVergessen

Yvonne Behrens, Bochum, Deutschland
E-Mail: yvonne.behrens@rub.de

Lydia Brodovski, Bochum, Deutschland
E-Mail: lydiabrodovski@gmail.com

Anna Danzeglocke, Bochum, Deutschland
E-Mail: anna.danzeglocke@rub.de

Erika Erhardt, Bochum, Deutschland
E-Mail: Erika.Erhardt@rub.de

Natalja Friesen, Bochum, Deutschland
E-Mail: natalja.friesen@web.de

Julia Golbek, Bochum, Deutschland
E-Mail: julia.golbek@rub.de

Dorothea Laszczak, Bielsko-Biała, Polen
E-Mail: kontakt@josmed.eu

Milena Ploch, Bochum, Deutschland
E-Mail: milena.ploch@rub.de

Aldona Rzitki, Bochum, Deutschland
E-Mail: aldona.rzitki@gmail.com

Sabina Safarova, Bochum, Deutschland
E-Mail: sabina.safarova@rub.de

Projektleitung Katrin Bente Karl
E-Mail: katrin.karl@rub.de

Einleitung

Katrin Bente Karl

Deutschland gilt als Einwanderungsland, zugleich wächst durch den demografischen Wandel die Anzahl an Menschen, die altersbedingt auf außerfamiliäre Hilfe, wie z. B. Pflegeheime angewiesen sind. Logischerweise wächst damit auch die Anzahl an pflegebedürftigen Menschen, deren Erstsprache nicht Deutsch darstellt. Durch altersbedingte Prozesse kommt es gerade bei solchen mehrsprachigen Personen zunehmend zu sprachlichen Ausdrucksschwierigkeiten, v. a. in der später erworbenen Sprache (also Deutsch), denen in den Pflegeheimen nicht zwangsläufig begegnet werden kann. Eine Folge dessen ist eine zunehmende sprachliche, kulturelle und soziale Isolierung der entsprechenden Pflegebedürftigen. Um diesem Umstand zu begegnen, rief ich im Jahr 2016 am Seminar für Slavistik/Lotman-Institut der Ruhr-Universität Bochum das Projekt UnVergessen ins Leben, in dessen Verlauf mehrsprachige Studierende konkrete sprachliche Unterstützung für pflegebedürftige Immigrant/innen in Form von regelmäßigen Besuchen über einen Zeitraum von mindestens sechs Monaten leisten.

Im Mittelpunkt stehen für die Studierenden das soziale Engagement und der Aufbau zwischenmenschlicher Beziehungen. Sie können einen Einblick in die Institution Pflegeheim bekommen, ihre Sprachfähigkeiten gewinnbringend einsetzen und erleben, wie die Kommunikation in der Muttersprache das Leben einer Person beeinflussen bzw. verändern kann. Den Bewohner/innen bietet das Projekt Gespräche in ihrer Muttersprache und ein wiederkehrendes Heimatgefühl, welches möglicherweise durch den nichtvorhandenen Gebrauch ihrer Erstsprache verloren gegangen war. So beobachten Pflegeeinrichtungen und Studierende u. a. eine steigende Lebensfreude bei den Bewohner/innen, die am Projekt teilnehmen.

K. B. Karl (✉)
Seminar für Slavistik/Lotman-Institut, Ruhr-Universität Bochum, Bochum, Deutschland
E-Mail: katrin.karl@rub.de

© Der/die Autor(en) 2021
K. B. Karl (Hrsg.), *Mehrsprachige Pflegebedürftige in deutschen Pflegeheimen und das Projekt UnVergessen,*
https://doi.org/10.1007/978-3-658-33868-8_1

1

Die Erfahrungen aus dem Projekt machen außerdem deutlich, dass es im Bereich der sprachlichen Situation von Pflegebedürftigen unter Beachtung von Mehrsprachigkeit viele offene Fragen gibt. Begonnen bei Fragen zu den Pflegebedürftigen, wie bspw. die Verteilung der im Laufe des Lebens erworbenen Sprachen und deren ggf. unterschiedlicher Beeinträchtigung im Alter, hin zu Fragen zur Institution Pflegeheim und den dort zu beobachtenden unterschiedlichen Möglichkeiten, Mehrsprachigkeit in den Pflegealltag zu integrieren. Diesen und anderen angrenzenden Fragen wird im Laufe des Projektes nachgegangen. Dafür erarbeiten sich die teilnehmenden Studierenden im Laufe der Betreuungsarbeit eine auf ihre Interessen und Betreuungssituation abgestimmte Fragestellung, der sie dann über die Dauer ihrer Besuche nachgehen. Dies geschieht durch gezielte Beobachtungen, Befragungen und Aufgaben, wie beispielsweise Bildbenennungs- oder Assoziationstests, Nacherzählungen von Bildergeschichten und freie Erzählungen. Diese nicht invasiven Testungen werden der Forschungsfrage und den jeweiligen Möglichkeiten der zu testenden Person (im Speziellen bei Demenzerkrankten) angepasst. Damit eine stressbelastete Testsituation umgangen werden kann, weisen sie einen spielerischen Charakter auf.

UnVergessen erfährt ein sehr positives Feedback, wie sich in diverser Berichterstattung, Förderung und auch in meiner, auf dem Projekt basierenden Auszeichnung mit dem Landeslehrpreis Nordrhein-Westfalens in der Kategorie „Förderung zivilgesellschaftlichen Engagements" im Jahr 2019 zeigt. Einer der Gründe dafür liegt darin, dass im besten Sinne alle am Projekt Beteiligten von ihm und durch es profitieren. Die Pflegebedürftigen genießen die ihnen entgegengebrachte Aufmerksamkeit und die Möglichkeit, in ihrer vertrauten Sprache kommunizieren zu können; die Pflegeheime berichten von zufriedeneren und besser ansprechbaren Bewohner/innen; die Studierenden reflektieren während und nach ihrer Projektarbeit den Zuwachs an sozialen Kompetenzen, neuen Eindrücken und wichtigen intergenerativen Austausch. Und nicht zuletzt profitiert auch die Wissenschaft von diesem Projekt: Über die bisherige Laufzeit von fünf Jahren konnten einmalige Daten gesammelt werden, die in dem vorliegenden Sammelband erstmals einem interessierten Publikum zur Verfügung gestellt werden sollen. Mit diesem Sammelband möchten wir einen umfassenden Einblick in die bisherige Projekttätigkeit geben und unsere Eindrücke und tiefen Erfahrungen auf diese Weise mit Ihnen teilen.

Der Sammelband besteht aus insgesamt sechs Teilen, die aus unterschiedlichen Perspektiven das Themenfeld von Mehrsprachigkeit im Pflegeheim behandeln. Zunächst erwartet Sie eine dezidiert wissenschaftlich ausgerichtete Einführung, die sich der Darstellung einiger wichtiger Grundlagen und Begriffe, die Ihnen im Lauf des Bandes immer wieder begegnen werden, widmet. Dem schließt sich im zweiten, ebenfalls wissenschaftlich ausgerichteten Teil die Darstellung der Situation von Mehrsprachigen in der Pflegebedürftigkeit an. Hier werden aus demografischer Perspektive aktuelle Zahlen verschiedener involvierter Gruppen hergeleitet und im Folgenden auf deren besondere Bedarfe eingegangen. Im Anschluss daran wird herausgearbeitet, zu welchen sprachlichen Konstellationen es im Pflegeheim kommen kann. Unter Berücksichtigung der involvierten Kommunikationspartner/innen im Pflegeheim während der Pflege (also Pflegekraft und Pflegebedürftige/r) werden drei Konstellationen erarbeitet und mit jeweils einem Fallbeispiel illustriert. Dies soll dem Zweck dienen, die unterschiedlichen Ausprägungen und damit einhergehenden zu erwartenden Schwierigkeiten in der Kommunikation und ihre etwaigen Folgen zu illustrieren. Dieser Teil soll fundierte Einblicke in die aktuellen Zahlen und in den Forschungsstand geben und dient – mit der einleitenden Klärung der Begriffe – als Grundlage für alle weiteren Teile des Bandes.

Die anderen Teile des Buches weichen von dieser Herangehensweise zum Teil ab. Im dritten Teil wird vorrangig das Projekt UnVergessen von der ersten Idee hin zum aktuellen Stand (Umgang mit der Situation zu Zeiten von Corona) beschrieben. Hier wird die klassische wissenschaftliche Schreibweise verlassen und deskriptiver das Projekt, die Entwicklung, Veränderung und Eindrücke der Auswirkungen dargestellt. Dabei ist der Ansatz, möglichst konkrete Einblicke in die diversen Projekterfahrungen zu liefern und auch den hochschuldidaktischen Blick einzunehmen. Das Projekt UnVergessen ist an der Universität verankert, in das Curriculum unterschiedlicher Studiengänge eingespeist, weswegen die Teilnahme am Projekt als Studienleistung anerkannt wird. Hier wird dargestellt, in welcher Weise die Lehrveranstaltung aufgebaut ist und welche besonderen Aspekte über die reine Wissensvermittlung und wissenschaftliche Aufbereitung hinaus durch die Teilnahme am Projekt ermöglicht werden. Hieran soll verdeutlicht werden, wie besonders Persönlichkeitsbildung, Eigenständigkeit, soziales Engagement, aber auch innovative Forschung und Forschendes Lernen gefördert werden können. Diese Abschnitte des Buches sind von mir (Katrin Bente Karl) und aus Sicht der Projektleitung geschrieben. Ebenso stammen alle Rahmentexte, wie z. B. zu Beginn eines jeden Buchteils bzw. vor einem neuen Abschnitt von mir.

Ab dem vierten Teil kommen dann aus der Reihe der studentischen Teilnehmer/innen zehn (ehemalige) Studentinnen zu Wort. Da durch sie und ihr Engagement das Projekt lebt, sollen sie mit ihren Meinungen, Eindrücken, Beobachtungen und Ausführungen dort im Mittelpunkt stehen. Explizites Ziel dieser Teile des Bandes ist, ihren Stimmen Gehör zu verschaffen und zu zeigen, was sie im Laufe der Projektarbeit erreicht haben. Dafür wird zunächst die Situation im Pflegeheim genauer dargestellt. Hier vermittelt ein Zusammenschnitt aus Interviews (den wir Polylog nennen) mit drei Heimleitungen kooperierender Pflegeeinrichtungen Eindrücke, wie das Projekt in den Einrichtungen wahrgenommen wird und welche Auswirkungen zu spüren sind. Im Folgeabschnitt soll die Perspektive um die der Pflegebedürftigen und um die Schilderung der Besuche in den Einrichtungen erweitert werden. Hier wird zunächst stellvertretend für die mittlerweile umfangreiche Anzahl an begleiteten Pflegebedürftigen eine russischsprachige Frau porträtiert, die seit dem ersten Jahr am Projekt teilnimmt und damit bereits im fünften Jahr durch das Projekt begleitet wird. Dies erfolgt auch hier durch einen Zusammenschnitt (= Polylog) der Berichte unterschiedlicher Personen, in diesem Fall von vier Studierenden, die Einblicke in den Ablauf und in ihre Beobachtungen zur Betreuungsarbeit geben. Den daran anschließenden Hauptteil dieses Kapitels bilden die studentischen Erfahrungsberichte. Hier reflektieren sechs studentische Teilnehmerinnen ihre Projektarbeit, porträtieren ihre begleitete Person und lassen die Leser/innen teilhaben an ihren diversen Eindrücken, Erlebnissen und Erfahrungen.

Der fünfte Teil des Bandes umfasst Einblicke in wissenschaftliche studentische Arbeiten. Im Verlauf der letzten Jahre sind viele studentische Abschlussberichte, Hausarbeiten und auch Abschlussarbeiten entstanden, die zeigen, in welcher Weise dieses Projekt wissenschaftlich aufbereitet werden kann. Es handelt sich dabei um innovative Ideen und Ansätze, für die es in der bisherigen Forschung wenig Vorbilder gibt. Vielfach werden Methoden aus anderen Bereichen (wie vorrangig der Mehrsprachigkeit bei Erwachsenen oder Kindern) übernommen und auf den Themenkomplex Mehrsprachigkeit im Alter übertragen. Somit leisten die Studierenden hier wichtige wissenschaftliche Pionierarbeit, die zu ersten Erkenntnissen führt. Diese Ansätze und Ergebnisse zu teilen, ist das Ziel dieses Buchabschnittes. In jeweils eigenen Artikeln präsentieren hier vier Studentinnen ihre wissenschaftlichen Erkenntnisse. Zwei davon sind aus der Begleitung von russischsprachigen Personen entstanden, die anderen von polnischsprachigen. In allen Untersuchungen spielen Demenz und ihre Auswirkungen auf die Kommunikationsfähigkeit und sprachlichen Kompetenzen eine Rolle, es werden dabei jedoch sehr unterschiedliche Ansätze erarbeitet und entsprechende Methoden angewandt. Die Vielfalt dieser Beiträge steht sinnbildlich für die Diversität an Forschungsansätzen in diesem Themenkomplex und im Projekt. Hier ist unser Anliegen, die Forschung in ihrer Unterschiedlichkeit zu porträtieren und dabei so verständlich und anschaulich wie möglich die jeweiligen Forschungsinteressen herzuleiten und deren Ansätze zu skizzieren. In diesem Abschnitt steht nicht im Fokus, eine jeweils dezidiert wissenschaftliche Ausarbeitung zu liefern, die allen Kriterien der Wissenschaftlichkeit genügt, sondern vielmehr den jeweils gewählten Ansatz, die Intention und damit letztlich die Relevanz der jeweiligen Forschungsfrage herzuleiten. Es ist damit primär das Ziel, Forschung, gesellschaftliche Fragen, persönliches Interesse und soziale Ansätze zu verbinden. Sie werden merken, dass hinter jeder Ausführung jeweils umfangreiche Überlegungen und Herzblut stecken.

Den Abschluss bildet ein kürzerer Teil, in dem der Bogen zur beruflichen Perspektive geschlagen wird. Hier berichten zwei ehemalige Teilnehmerinnen am Projekt davon, inwiefern die Projekterfahrungen sie in ihrem weiteren Werdegang außerhalb des Studiums geprägt haben und in welcher Weise die Teilnahme am Projekt für sie neue Wege eröffnet und ermöglicht hat. Eine Promotionsstudentin und Arbeitnehmerin berichtet von ihrem Weg in die Wissenschaft, eine Masterabsolventin schreibt von der durch die Projektteilnahme initiierten Idee und deren Umsetzung, eine Pflegevermittlungsagentur in Polen aufzubauen. Als Ausblick stehen Ausführungen darüber, in welcher Weise die bisherigen Projekterfahrungen und Kontakte zukünftig genutzt werden können, um neue Ideen und Konzepte zu entwickeln und umzusetzen.

Bevor ich Sie nun zur Lektüre der einzelnen Teile einlade, möchte ich noch auf etwas hinweisen:

Im bisherigen Projektverlauf sind vorrangig Bewohner/innen durch uns begleitet worden, die Russisch oder Polnisch als ihre Erstsprache sprechen. Entsprechend liegt auch die Ausrichtung dieses Sammelbandes auf der Darstellung der Situation russisch- und polnischsprachiger Pflegebedürftiger in deutschen Pflegeheimen. Dieser Umstand lässt sich durch die im ersten Kapitel ersichtlichen demografischen Zahlen begründen: Russisch und Polnisch gehören zu den drei Sprachen, die neben Deutsch am häufigsten in Deutschland gesprochen werden (die dritte Sprache im Bunde ist Türkisch). Damit ist logischerweise auch mit einer zahlenmäßig großen Gruppe russisch- und polnischsprachiger Pflegebedürftiger zu rechnen, die in Pflegeheimen versorgt werden. Hier muss bedacht werden, dass kulturell bedingt nicht alle Migrantengruppen zu gleichen Teilen in den unterschiedlichen Formen der Pflege vertreten sind. Wie in Teil II dieses Buches ausgeführt wird, findet die Pflege türkeistämmiger Menschen in der Regel im familiären Umfeld statt, weswegen eine Fokussierung auf deren sprachliche Situation im Pflegeheim nicht zielführend ist. Anders sieht dies in der polnischsprachigen Bevölkerung in Deutschland aus. Hier ist die Verteilung auf die unterschiedlichen Pflegeformen recht ähnlich zum Bundesdurchschnitt. Im Fall von Russisch haben wir es interessanterweise mit einer Mischung bzw. mit einem aktuellen Wandel zu tun. Kulturell ist hier eine Scheu vor Pflegeinstitutionen zu beobachten, die sich jedoch bei vielen in Deutschland lebenden

Russischsprachigen zu ändern scheint. Gerade bedingt durch die familiäre Situation (hier sind Vielkinderfamilien nicht typisch) sieht sich aktuell eine wachsende Zahl an Russischsprachigen gezwungen, sich mit dem Thema Pflege im Alter kritisch auseinanderzusetzen und zu informieren. In Ballungsgebieten berichten Pflegeheime von vermehrten Nachfragen und Interesse russischsprachiger Menschen, wenn zugleich die aktuellen Zahlen zeigen, dass mehr polnischsprachige Pflegebedürftige in den Pflegeheimen leben. Dies wird sich voraussichtlich in den kommenden Jahren ändern.

Ein weiterer Grund für die bisherige Ausrichtung auf slavische Sprachen ist die Verankerung des Projektes: Die Projektidee und -umsetzung erfolgte durch meine Tätigkeit am Seminar für Slavistik an der Ruhr-Universität Bochum. Dabei prägte meine fachliche Ausrichtung das Projekt, die Vernetzung zu Studierenden der Slavistik tat ihr Übriges. Viele russisch- und polnischsprachige Studierende fühlten sich angesprochen, stiegen in das Projekt ein und lenkten damit ihrerseits die sprachliche Ausrichtung. Da im Laufe der Projektarbeit eine 1:1-Zuordnung von Student/in und Pflegebedürftiger/m angestrebt wird, folgte logischerweise eine Passung in der Sprache der Pflegebedürftigen. Es ist nicht im Sinne des Projektes, so viele Sprachen wie möglich im Repertoire zu haben, sondern zwei gleichsprachige Gruppen miteinander zu vernetzen. Dies ist durch die Orientierung auf Russisch und Polnisch tatsächlich gelungen: Die Nachfrage in den Pflegeheimen steht in einem passenden Verhältnis zum Interesse unter den entsprechend gleichsprachigen Studierenden.

Dennoch haben sich über die fünf Jahre Projektarbeit Veränderungen ganz natürlich ergeben. Sowohl vonseiten der Pflegeheime als auch der Studierenden kamen immer mal wieder Anfragen zu anderen Sprachen als Russisch und Polnisch. Durch die wachsende Bekanntheit unter Studierenden und die immer bessere Vernetzung in Pflegeheime konnte so kontinuierlich an dem Ausbau der Sprachen gearbeitet werden. Zunächst durch die Aufnahme eines chinesischsprachigen Pflegebedürftigen, der von einer chinesischen Studentin begleitet wird, dann durch die Erweiterung auf ein spanischsprachiges zugeordnetes Paar. In der aktuellen Runde seit Winter 2020/21 konnte eine finnischsprachige Pflegebedürftige vermittelt werden. Dies soll zeigen, dass das Projekt aus dem Bedarf heraus agiert und die Sprachen bedient, die benötigt bzw. angeboten werden. Dies setzt eine gute Vernetzung in beide institutionellen Bereiche und immer wieder neue Abfrage an Bedarfen voraus, die zwangsläufig immer nur auf die jeweiligen Kooperationspartner abgestimmt werden. Damit sind die Erfahrungen, die aus diesem Projekt gemacht wurden und der Bedarf an den entsprechenden Sprachen, keinesfalls auf das gesamte Bundesgebiet zu verallgemeinern. Sie stehen höchstens stellvertretend für das Ruhrgebiet, das aktuell und historisch eine hohe

Anzahl an slavischsprachigen Menschen aufweist, und die Situation in vielen Pflegeheimen rund um Bochum herum. In anderen Gebieten und Ballungszentren wie v. a. auch größeren Städten mag die Interessenlage ganz anders aussehen.

Was aber in meinen Augen alle Pflegeheime zukünftig erwarten wird, ist die wachsende Diversität – hier mit Fokus auf die Sprache und Kultur – unter den künftigen Bewohner/innen. Zwar gibt es punktuell Konzepte, die ausgearbeitet sind oder werden, dennoch hört man immer wieder von Verunsicherung und konkreten Fragen im Umgang mit anderssprachigen Pflegebedürftigen. Da zukünftig mit einer steigenden Anzahl an mehrsprachigen älteren Menschen zu rechnen ist, ist es umso wichtiger, bereits jetzt funktionierende Konzepte aus diesem Bereich zugänglich zu machen, für dieses Thema zu sensibilisieren und weiterführende Überlegungen zur Lösung zu erwartender Probleme anzustoßen. Meine Hoffnung ist, dies mit den vorliegenden Ausführungen zu tun und damit einen Beitrag in diesem Bereich zu leisten!

Nun wünsche ich Ihnen interessante Lesestunden und hoffe, dass die Lektüre ein kleines Stück unserer Begeisterung für das Projekt, unseres Engagements für Pflegebedürftige und unseres Ansatzes, Erfahrungen zu teilen und für Viele nutzbar zu machen in Ihnen weckt!

Teil I: Darstellung wichtiger Grundlagen und Klärung relevanter Begriffe

Katrin Bente Karl

Dieses Kapitel soll eine solide Basis für die folgenden Ausführungen in diesem Band schaffen, indem wichtige Grundlagen dargestellt und die relevantesten Begriffe für unseren Kontext erklärt werden. Es handelt sich hier um Hintergrundwissen, auf das im Laufe des Buches an unterschiedlichen Stellen immer wieder verwiesen wird. Um für ein entsprechendes Verständnis und Möglichkeit der Einordnung zu sorgen, sollen hier die zentralsten Konzepte, Begrifflichkeiten und Krankheitsbilder vorgestellt und erläutert werden. Um zugleich die Lesbarkeit zu erhöhen, wird hier auf eine umfangreiche Diskussion und Erläuterung unterschiedlicher Verwendungsweisen der Terminologie in der Forschung verzichtet. Dafür möchte ich auf die entsprechenden einschlägigen Arbeiten in den jeweiligen Disziplinen verweisen. Dieses Kapitel dient ausschließlich der Offenlegung der von uns in diesem Band gewählten Terminologie und ihrer Erläuterung zwecks besserer Verständlichkeit der Ausführungen. Es ist nicht als Herleitung und wissenschaftliche Begründung für diese Wahl zu verstehen.

Mehrsprachigkeit

Unter Mehrsprachigkeit kann je nach Forschungsausrichtung sehr viel und zugleich auch sehr wenig verstanden werden. Einige meinen, mehrsprachig ist man dann, wenn man mehr als eine Sprache in dem Ausmaß beherrscht wie ein Einsprachiger eine Sprache (= kompetenzorientierter Ansatz), andere meinen, es reichen einige Kenntnisse in einer weiteren Sprache, wie z. B. einer in

K. B. Karl (✉)
Seminar für Slavistik/Lotman-Institut, Ruhr-Universität Bochum, Bochum, Deutschland
E-Mail: katrin.karl@rub.de

© Der/die Autor(en) 2021
K. B. Karl (Hrsg.), *Mehrsprachige Pflegebedürftige in deutschen Pflegeheimen und das Projekt UnVergessen*,
https://doi.org/10.1007/978-3-658-33868-8_2

der Schule erlernten Fremdsprache aus. Dieser einmal sehr eng und gegensätzlich sehr weit aufgefasste Begriff umspannt die möglichen Dimensionen der Definition von Mehrsprachigkeit. Es handelt sich um einen sehr schillernden, mehrdeutigen und damit zugleich uneindeutigen Terminus, der von vielen Disziplinen verwendet wird. Dabei unterscheiden sich nicht bloß die einzelnen Disziplinen in der Deutung des Begriffes, sondern auch die einzelnen Wissenschaftler/innen innerhalb gleicher Disziplinen. Insofern sei hier dringlichst darauf hingewiesen, dass es nicht **das eine** Verständnis von Mehrsprachigkeit gibt! Für eine Auseinandersetzung mit den jeweiligen Gepflogenheiten sei auf entsprechende Einführungen in die Mehrsprachigkeitsforschung oder auch auf Monografien in den unterschiedlichen Disziplinen verwiesen. Dort finden sich jeweils Diskussionen zur Terminologie.

Hier soll ausgeführt werden, was wir zum Zwecke dieser Ausführungen und für die weitere Verwendung in diesem Sammelband verstehen, wenn von Mehrsprachigkeit und Mehrsprachigen im Kontext von Alter, Pflegebedürftigkeit und Demenz die Rede ist.

Als mehrsprachig verstehen wir einen Menschen dann, wenn er in seinem Lebensalltag mehr als einer Sprache regelmäßig und in für ihn relevanten Situationen ausgesetzt ist. Dieser Lebensalltag schließt dabei das innere Seelenleben als relevanten Teil mit ein. Dabei ist es nicht relevant, in welcher Weise sich diese Person in den jeweiligen Sprachen ausdrücken kann oder sie auch nur annähernd gleich beherrscht werden. Es zählt als ausschlaggebendes Kriterium das Auftreten von mehr als einer Sprache im Alltag und damit – um es mit Weinreich (1953/1976) auszudrücken – das Aufeinandertreffen von Sprachen im Kopf des Sprechers. Bei ihm treffen die Sprachen zusammen und er agiert damit in einer für ihn mehrsprachigen Lebenswirklichkeit. Dabei kann es sein, dass von außen betrachtet diese Lebenswirklichkeit monolingual erscheint, da die Person sich in einer einsprachigen Umgebung befindet. Bringt sie jedoch durch ihre Biografie eine weitere Sprache mit und ist diese in ihr entsprechend aktiv, handelt es sich nach unserer Definition dennoch um einen mehrsprachigen Menschen. Dies trifft z. B. zu, wenn eine Person ihr Leben lang eine Sprache gesprochen hat (diese kann dabei im Sinne der Erwerbsreihenfolge Erst- oder auch Zweitsprache sein) und diese auf einem recht guten Niveau beherrscht und nun, durch Wechsel der Lebensumstände, die Sprache nicht mehr in ihrem Umfeld gesprochen wird. Ein solches Szenario ist anzutreffen, wenn russisch- oder auch polnischsprachige Menschen im Lauf ihres Lebens in Deutschland Russisch bzw. Polnisch aktiv verwendet haben und aufgrund ihrer Pflegebedürftigkeit in ein deutschsprachiges Pflegeheim ziehen. Dort befinden sie sich in einer häufig monolingual deutschsprachigen Umgebung, tragen aber ihre Herkunftssprache in sich. Die in unserem Projekt häufigste Konstellation ist, dass die Pflegebedürftigen in einem russischsprachigen Land bzw. in Polen geboren sind, im Laufe ihres Lebens nach Deutschland gekommen und dort in einer mehr oder weniger stark ausgeprägten Mehrsprachigkeit gelebt haben. Für sie ist das Russische bzw. Polnische jeweils die Erstsprache und die dominante Sprache, die sie Zeit ihres Lebens begleitet hat. Mit dem Umzug ins Pflegeheim verlassen diese Menschen ihre mehr oder weniger mehrsprachige Umgebung (es differieren dabei z. T. die Anteile des Deutschen recht stark) und ziehen in ein einsprachig deutsches Setting. Erschwerend kommt in diesen Fällen häufig dazu, dass durch Alterungsprozesse bzw. vorrangig demenzielle Erkrankungen sprachliche Kompetenzen abgebaut werden. Diese Attritionserscheinungen betreffen dabei häufig in einem stärkeren Ausmaß die nicht dominante bzw. nicht erworbene Sprache, in unseren typischen Fällen also das Deutsche. So kann es durchaus dazu kommen, dass eine konkrete betroffene Person krankheitsbedingt die eine Sprache verliert, die andere jedoch im Kopf erhalten bleibt, sie zugleich jedoch in einer Umgebung lebt, die die verlorengegangene Sprache verwendet. Damit tritt der Fall ein, dass die Umgebung monolingual in der einen Sprache ist, während die Person als wieder quasi monolingual in einer anderen angesehen werden muss. Auch in solchen Konstellationen sprechen wir dennoch von mehrsprachigen Pflegebedürftigen, da auch sie in ihrem Lebensalltag mehr als einer Sprache ausgesetzt sind. Gerade für sie ist diese Definition sehr relevant, da sie genötigt werden, in einer Sprache dennoch kommunizieren zu müssen, die ihnen eigentlich nicht mehr aktiv zur Verfügung steht. Sie stehen in einer äußerlich unsichtbaren Mehrsprachigkeitssituation und müssen in irgendeiner Weise mit ihr umgehen.

Damit handelt es sich um eine sehr pragmatische Definition, die sich an der Perspektive des Sprechers und seinen konkreten Kommunikationssituationen im Alltag orientiert. Sie ist unabhängig von den sprachlichen Kompetenzen oder auch der Sprachbiografie (im Sinne der Erwerbsreihenfolge wie Erst- oder Zweitsprache) und auch der Dominanz der Sprachen zu sehen. Sie lässt viele Aspekte außen vor, ist jedoch in diesem Fall so weit und bewusst heterogen zu fassen, damit eine große Anzahl unterschiedlicher Lebenswirklichkeiten subsumiert werden kann. Dies trägt in unseren Augen der tatsächlichen Heterogenität Rechnung: Kein Mensch beherrscht irgendeine Sprache so wie ein anderer und auch keine Sprache so wie eine andere. Jede Biografie ist einzigartig und speziell am Lebensende so divers wie die Menschen selbst. Hinzu kommen unzählige Krankheiten mit unterschiedlichsten Symptomen, die sich auf die Sprachkompetenzen auswirken können. Wollte man all diesen Merkmalen Aufmerksamkeit schenken und sie bei der Definition berücksichtigen, hätte man im Sinne einer Klassifizierung nichts gewonnen.

Somit verwenden wir die Begriffe mehrsprachig, Mehrsprachiger, Mehrsprachigkeit in einem sehr weit gefassten Umfang und konzentrieren uns auf die entsprechende Lebenswirklichkeit der einzelnen Person. Zusätzlich umfassen diese Termini auch die jeweilige Konstellation, dass es sich „nur" um zwei involvierte Sprachen handelt. In den meisten unserer Fallbeispiele wurden im Laufe des Lebens vorrangig zwei Sprachen aktiv verwendet, in einigen jedoch auch mehr als zwei. Um hier kleinteilige Unterscheidungen zu vermeiden, die zugleich auf die Ausprägung der momentanen Sprachsituation keine nennenswerten Auswirkungen haben, wird auf eine Differenzierung zwischen ein, zwei und mehr Sprachen verzichtet und nur die einsprachige Situation einer mehr als einsprachigen (= damit mehrsprachigen) Situation gegenübergestellt.

Wichtig ist dabei zu beachten, dass dieses Verständnis nicht auf den Bereich außerhalb der Pflege und dieser konkreten Lebenssituation im Pflegeheim anzuwenden ist, er ist vielmehr für genau diesen Fall angepasst und damit nicht verallgemeinerbar!

Erstsprache, Zweitsprache, dominante Sprache und Umgebungssprache

In der Mehrsprachigkeitsforschung[1] werden nach unterschiedlichen Kriterien die jeweils beteiligten Sprachen benannt. Dabei ist ein Kriterium jenes der Reihenfolge des Erwerbs der Sprachen im Laufe der individuellen Sprachbiografie. Die Sprache, die im Laufe des Lebens als erste erworben wird, wird als Erstsprache bezeichnet und mit der gängigen Abkürzung L1 (L für *language*) dargestellt. Eine Sprache, die später erworben wird, ist die sog. Zweitsprache (= L2). Dabei wird je nach Alter des Beginns des Erwerbs dieser Sprache unterschieden zwischen kindlicher L2 (= cL2) und erwachsener L2 (= aL2). Die jeweiligen Altersgrenzen zur Differenzierung variieren hier zwischen den Forschungsausrichtungen. Im Fall eines zeitgleichen Erwerbs mehr als einer Sprache setzt man eine doppelte L1 an (2 L1).

---

[1] Auch hier möchte ich auf eine ausführliche Diskussion der Termini verzichten und wähle eine knappe Einführung mit Fokussierung auf die Verwendung dieser Begriffe in den folgenden Ausführungen dieses Bandes. Für eine entsprechende wissenschaftliche Aufbereitung möchte ich auf Karl (2012) sowie auf einschlägige Einführungen in die Mehrsprachigkeitsforschung (vgl. u. a. Riehl, 2014 oder die entsprechenden im Literaturverzeichnis angegebenen Handbücher zur Mehrsprachigkeitsforschung) bzw. in die Herkunftssprachenforschung (wie u. a. bei Brehmer & Mehlhorn, 2018) verweisen.

Ein zweites Kriterium, um die involvierten Sprachen zu charakterisieren, ist jenes nach dem Grad der Beherrschung der Sprache. Hier wird klassischerweise zwischen einer dominanten und einer nicht dominanten Sprache unterschieden, wobei auch der Fall einer ausgeglichenen Dominanz zwischen Sprachen möglich ist. Die dominante Sprache ist die in der Regel besser und in mehr Facetten beherrschte Sprache, die nicht dominante ist häufig auf einzelne Lebensbereiche (sog. Domänen) beschränkt, wie z. B. den familiären Alltag.

Die beiden Begrifflichkeiten – also die nach der Erwerbsreihenfolge und die nach der Dominanz der Sprachen – überschneiden sich dabei nicht zwangsläufig! Es muss keinesfalls die Erstsprache immer die dominante Sprache sein. Gerade in der Konstellation von sog. Herkunftssprachen (vgl. hierzu Brehmer & Mehlhorn, 2018) kommt es oft zu einem Wechsel der dominanten Sprache im Laufe der Sprachbiografie: Zunächst wird die Sprache der Eltern als Erstsprache erworben und im Rahmen des kindlichen Spracherwerbs als dominante Sprache entwickelt. Entspricht jedoch die Sprache der Eltern (meist als Familiensprache bezeichnet) nicht der Sprache der Umgebung (= Umgebungssprache), kommt es irgendwann im Laufe des Spracherwerbs zu einer mehrsprachigen Situation. Das Kind erwirbt entweder parallel eine zweite Erstsprache (= simultaner Spracherwerb) oder aber versetzt (= sukzessiver Spracherwerb) die Sprache der Umgebung (dann meist cL2). Zu Beginn ist es dabei oft so, dass die Familiensprache diejenige ist, die am häufigsten gehört und verwendet und damit auch dominanter ist als die Umgebungssprache. Allerdings ändert sich dies häufig (vgl. ebd. oder auch diverse Studien von Anstatt, wie bspw. 2011 zu diesem Thema) mit dem Eintritt des Kindes in den Kindergarten oder in die Schule bzw. spätestens mit der Pubertät. Hier wächst die Relevanz und der Einfluss der Umgebungssprache immer mehr, und in der Konsequenz kommt es häufig zu einem Wechsel in der Dominanz der beteiligten Sprachen: Die Umgebungssprache wird zur dominanten Sprache, die Familiensprache wird häufig auf den familiären Kontext beschränkt. Auch diese Konstellation kann sich im Lauf des Lebens in Abhängigkeit von den sprachlichen Lebensumgebungen und -gepflogenheiten wieder ändern. Sprache und sprachliche Fähigkeiten sind keine unveränderlichen Gegebenheiten, sondern unterliegen vielfältigem Wandel und Einfluss. Daher ist es in diesem Bereich besonders wichtig, die jeweiligen individuellen Ausprägungen und Sprachbiografien ins Kalkül zu ziehen.

Bezogen auf die hier im Fokus stehende Konstellation ist abschließend Folgendes zu verdeutlichen: Die Personen, die hier im Mittelpunkt stehen, sind überwiegend Vertreter einer älteren Generation an Menschen, die nicht in Deutschland geboren sind und dort – in ihrem Herkunftsland – in einem (meist) einsprachigen Kontext ihre Erstsprache erworben haben. Diese ist in der Regel nicht Deutsch, sondern Russisch oder Polnisch. Lediglich in einigen wenigen Ausnahmen spielte Deutsch eine unterschiedlich große Rolle auch im Herkunftsland, dies ist jedoch von der Herkunft und der Biografie der Personen abhängig und wird in diesen Fällen gesondert thematisiert. Im Laufe ihres Lebens immigrierten dann diese Personen zu unterschiedlichen Zeiten und aus unterschiedlichen Gründen nach Deutschland und kamen so mit der Umgebungssprache Deutsch in Kontakt. Die sprachlichen Kompetenzen, die sie im Deutschen erworben haben, sind dabei sehr vielfältig und reichen von sehr guten Kenntnissen hin zu rudimentären. Kennzeichnend für alle Personen ist jedoch, dass sie über mehrere Jahrzehnte ihres Lebens in einer mehrsprachigen Situation gelebt haben, in der sie ihre Erstsprache (= Russisch/Polnisch) gesprochen haben und zugleich in einer deutschsprachigen Umgebung gelebt und mehr oder weniger stark mit ihr in Kontakt getreten sind. In allen diesen Fällen handelt es sich bei der Erstsprache um die dominante Sprache. Das Deutsche ist (meist) die Zweitsprache und in dieser Konstellation nicht die dominante Sprache. Zugleich ist sie Umgebungssprache.

Pflegebedürftigkeit

Unter Pflegebedürftigkeit versteht man allgemein, dass eine Person aufgrund einer Krankheit oder Behinderung nicht in der Lage ist, ihren Alltag allein zu meistern (= Einschränkung in der Alltagskompetenz) und auf andauernde Hilfe von außen angewiesen ist. Dabei ist es nicht relevant, aus welchen Gründen dieser Umstand eintritt oder durch wen die Unterstützung im Alltag gewährleistet wird. Wichtig ist jedoch, dass erst dann von einer dauerhaften Pflegebedürftigkeit die Rede ist, wenn der Zustand über eine längere Zeit (i. d. R. mehr als 6 Monate) anhält, als nicht reversibel eingeschätzt und damit nicht als kurzfristig (durch eine akute Krankheit) anzusehen ist. Liegt eine solche akute Situation vor, spricht man meist von einer Kurzzeitpflege, die Person wird dabei jedoch nicht als pflegebedürftig (vor allem im Sinne der Krankenversicherung und des Status) eingestuft.

Häufig kommt es im höheren Alter zu einer solchen dauerhaften Unterstützungsbedürftigkeit, im Verlauf von altersbedingten Krankheiten (allen voran Demenz) tritt in den meisten Fällen eine Pflegebedürftigkeit ein. Die Pflegebedürftigkeit wird anhand von Pflegegraden (bzw. früher Pflegestufen) skaliert. Als Orientierung gilt dabei der Grad der eingeschränkten Alltagskompetenz. Die Pflegegrade sind dabei ausschlaggebend für die Höhe der Zuschüsse für die Versicherten/Pflegebedürftigen durch ihre Pflegekasse.

Zusätzlich lassen sich unterschiedliche Pflegeformen unterscheiden wie z. B. die familiale Pflege (dann häufig ohne Unterstützung von außen verstanden), die ambulante Pflege (zu Hause, in den meisten Fällen kombiniert mit familialer Pflege, aber mit Unterstützung von Pflegediensten in unterschiedlichem Umfang), die teilstationäre Pflege (z. B. Tagespflege in einer Einrichtung bzw. institutionelle Nachtpflege) oder auch die vollstationäre Pflege (Wohnen in einer Pflegeeinrichtung, z. T. auch für einen begrenzten Zeitraum oder aber dauerhaft). Diese Pflegeformen beziehen sich auf die typische Altenpflege, hinzu können noch weitere Pflegeformen im Fall von Krankheiten kommen (wie z. B. Klinik- oder Kuraufenthalte und auch die Palliativpflege).

Im Fall unseres Projektsettings bewegen wir uns ausschließlich im Bereich der vollstationären Pflege. Alle unsere pflegebedürftigen Personen leben in einer Pflegeeinrichtung, die auf das dauerhafte Wohnen ausgerichtet ist.

Wir sprechen in dem Moment von Pflegebedürftigen, wenn eine Person – aus welchen Gründen auch immer – für ein dauerhaftes Wohnen in die Pflegeeinrichtung gezogen ist. Da sich dahinter zwangsläufig die festgestellte und attestierte Pflegebedürftigkeit verbirgt, ist dies in unseren Augen ein hinreichendes Kriterium. Irrelevant ist dabei, aus welchen Gründen die Pflegebedürftigkeit hervorgerufen wurde, welchen Pflegegrad die Person hat und welches Alter sie aufweist. Daher subsumieren wir unter diesem Begriff sowohl junge Menschen, die z. B. durch Krankheit oder Unfall in die Pflegebedürftigkeit geraten sind und biografisch bedingt im Pflegeheim betreut werden als auch alte Menschen, die z. B. an Demenz erkrankt und infolgedessen pflegebedürftig geworden sind.

Demenz

Unter der Bezeichnung Demenz ist ein Sammelbegriff für eine Reihe an Erkrankungen zu verstehen, die den Verlust an höheren kortikalen Funktionen betreffen und damit im Verlauf zu einem Abbau praktisch aller im Laufe des Lebens erworbenen Fähigkeiten führen. Demenzen können als Begleiterscheinungen anderer Krankheiten, wie z. B. Demenz bei Creutzfeldt-Jakob-Krankheit, bei HIV-Krankheit oder auch Parkinson-Syndrom (s. hierzu die Beschreibungen unter dem Kode F02* der ICD-10-WHO Version 2019, diese werden auch als sekundäre Demenzen bezeichnet), als Folge von mehreren im Einzelnen kleinen aber kumuliert auftretenden Hirninfarkten bei der vaskulären Demenz (vgl. Kode F01, hier handelt es sich entsprechend um gefäßbedingte Demenzformen, vgl. Luckabauer, 2011, S. 13) oder auch mit bislang noch immer ungeklärter Ursache als sog. primär degenerative Demenz auftreten. Unter letzterem subsumieren sich die Frontotemporale Demenz und die Alzheimer-Krankheit (Kode F00). Die folgenden Ausführungen beschränken sich auf die primär degenerativen Formen

unklarer Ätiologie, da die hier im Fokus stehenden Personen an dieser Erkrankung, im Speziellen an Alzheimer-Demenz (AD), leiden. Es handelt sich um
eine kortikale (also die Hirnrinde betreffende) Form von Demenz, die in ihrem
Krankheitsverlauf nicht reversibel ist und aufgrund des immer noch fehlenden
Wissens über die Ursache nicht therapierbar ist. Eine medikamentöse oder nicht
medikamentöse Behandlung vermag lediglich die Symptome zu mildern bzw. zu
verlangsamen, nicht jedoch die Ursache zu bekämpfen. Damit führt diese Krankheit zu einem unaufhaltsam fortschreitenden Verlust an kognitiven Funktionen,
der letztlich zur vollkommenen Pflegebedürftigkeit und durch eine immer besser
werdende medizinische Versorgung von auch Bettlägerigen zum Tod führt.

Die Abgrenzung von Alzheimer-Demenz und der Frontotemporalen Demenz
ist diagnostisch nicht unproblematisch (vgl. dazu ausführlicher Luckabauer,
2011). Das Hauptproblem jeglicher Diagnosestellung im Fall der primär degenerativen Formen ist die unklare Ätiologie. Zwar werden bildgebende Verfahren
zum Nachweis von typischen morphologischen Veränderungen in der Hirnstruk-
tur (Rückgang des Hirngewebes, sichtbar in einer Erweiterung der Sulci sowie
der Hirnventrikel und Rückgang der Gyri) und vermehrt auch Bluttests zum
Nachweis von Alzheimer-typischen Eiweißablagerungen im Blut (hier sind die
Plaques aus Beta-Amyloid und Fibrillen aus dem Tau-Protein zu nennen: Bluttests messen z. B. die Fehlfaltung des Amyloid-Beta-Proteins bzw. das Verhältnis
verschiedener Varianten davon im Blut resp. weisen bereits geringste Spuren
des Tau-Proteins nach[2]) eingesetzt, diese sind aber als Folge der Erkrankung
und nicht als deren Ursache anzusehen. Damit dienen sie zwar im Rahmen der
Früherkennung einer Einschätzung eines Erkrankungsrisikos bzw. postmortal als
Nachweis (vgl. Wendelstein, 2016, S. 39), können jedoch nicht als Grundlage
für eine Diagnose im eigentlichen Sinne angesehen werden. Letztere erfolgt typischerweise durch den Ausschluss anderer Erkrankungen (inkl. z. T. täuschend
ähnlicher Nebenwirkungen von Medikamenten) und eine umfangreiche Ana-
mnese des Patienten. Im Rahmen der Diagnose stehen mehrere nicht invasive
Testverfahren zur Verfügung, die u. a. die Orientierung in Zeit und Raum, die
Merkfähigkeit und sprachliche Fähigkeiten abdecken. Diese dienen der Einschätzung kognitiver Beeinträchtigungen. Nach entsprechend erfolgtem Ausschluss
anderer Erkrankungen und Nachweis kognitiver Beeinträchtigungen in mindestens
alltagsbeeinträchtigendem Grad steht die Diagnose. Dabei wird vorrangig anhand

---

[2]Hier möchte ich auf aktuelle Forschungsergebnisse eines Forscherteams aus der Ruhr-
Universität Bochum verweisen, die mithilfe von Bluttests das Risiko, eine Alzheimer-
Demenz bzw. eine MCI zu entwickeln bereits im vorklinischen, also symptomfreien Stadium ermitteln: https://news.rub.de/wissenschaft/2021-01-06-proteinforschung-ein-progno
stischer-alzheimer-blutest-im-symptomfreien-zustand.

der Ausprägung der sprachlichen Beeinträchtigung und des Sozialverhaltens zwischen Alzheimer-Demenz und den verschiedenen Formen der Frontotemporalen Demenz unterschieden (für eine Darstellung der unterschiedlichen sprachlichen Symptome bei den einzelnen Unterformen von Demenz empfehle ich den Artikel von Krupp & Thode, 2016). Bei der Frontotemporalen Demenz treten typische Störungen auf, die zu der klinischen Einteilung in frontotemporale Verlaufsform, semantische Demenz und Primär-progressive (oder auch progrediente nichtflüssige) Aphasie führen, wobei deren Abgrenzungen rein mithilfe von Unterschieden in Verhaltensauffälligkeiten und Kommunikationsfähigkeit sowie durch den im Verlauf symptomatischen Zusammenfall der Unterformen nicht selten Schwierigkeit bereiten (vgl. Wendelstein, 2016, S. 39). Die Frontotemporale Demenz weist eine niedrige Prävalenzrate auf (laut der Deutschen Alzheimer Gesellschaft, 2017, Informationsblatt 11, S. 1 eine von 3–9 %) und unterscheidet sich von der Alzheimer-Demenz auch in dem Zeitpunkt der Erkrankung: Frontotemporale Demenzen treten grundsätzlich früher auf als die Alzheimer-Demenz, mit einer allerdings sehr großen Spanne (vgl. ebd.).

Unter allen Demenzformen entfallen die meisten Erkrankungen auf die Alzheimer-Demenz (meist wird eine Zahl von ca. 2/3 aller Demenzerkrankten angesetzt, vgl. Bickel 2012 oder Wendelstein, 2016, S. 38; die Deutsche Alzheimer Gesellschaft, 2017, Informationsblatt 11, S. 1 nennt eine Zahl von 70 %). Die Erforschung der Alzheimer-Demenz geht auf Alois Alzheimer zurück, der im Jahr 1907 erstmalig die Symptome einer Patientin (Auguste Deter) zu einem Krankheitsbild zusammenfasst und diesen die post mortem festgestellten neurophysiologischen Veränderungen im Gehirn (Bündel von Neurofibrillen, Plaques und abgestorbene Nervenzellen) zuordnet (vgl. u. a. Wendelstein, 2016, S. 39). Der Verlauf einer Alzheimer-Demenz ist nicht reversibel und wird klassischerweise je nach Schwere der Symptome (also symptomatisch) in unterschiedliche Phasen unterteilt. Dabei lassen sich zwei Einteilungen unterscheiden: Die eine, die die Krankheit in insgesamt 3 Phasen unterteilt, und die andere, die eine feinere Unterteilung mit insgesamt 7 Stadien ansetzt. In der Pflege und im allgemeinen Umgang mit Demenz ist die erste Einteilung bekannter (so ist sie auch im Handbuch Demenz von Kastner & Löbach, (2010) und in anderen einschlägigen pflegewissenschaftlichen Büchern nachzulesen), die zweite ist im medizinischen Bereich verbreitet und ermöglicht eine klinisch genauere Untergliederung und Einordnung der Symptome und des zu erwartenden (auch zeitlichen) Verlaufs.

Die Einteilung des Verlaufs nach 3 Phasen ist, wie erwähnt, v. a. in der pflegeorientierten Darstellung verbreitet. Z.T. wird sie durch ein Vorstadium ergänzt (vgl. z. B. Posenau, 2014), meist beginnt die Einteilung jedoch mit der leichten

Demenz (oder auch Frühstadium), in der die ersten Symptome auftreten. Typischerweise wird gegen Mitte (bis spätestens Ende) dieser Phase die Diagnose gestellt wird. Die Symptome umfassen dabei so gut wie alle kognitiven Funktionen und rufen dort entsprechende Störungen hervor. Dies umfasst bspw. eine Einschränkung des Urteilsvermögens, der Orientierung in Zeit und Raum, der Aufmerksamkeit sowie vieler exekutiver Funktionen (vgl. hierfür und für die folgenden Ausführungen z. B. Kastner & Löbach, 2010, S. 11 und 24 ff.). Bereits zu einem der frühen Symptome gehören Sprachstörungen, die zunächst Wortfindungen betreffen. Diese sind verlangsamt, erschwert und immer häufiger falsch assoziiert oder blockiert. In der frühen Phase kommt es dabei vermehrt zu Ausweichstrategien vonseiten der Erkrankten, aufmerksamen Angehörigen fällt evtl. ein häufigerer Gebrauch von allgemeineren Begriffen (wie z. B. Oberbegriffe, vgl. *Verwandte* statt *Familie, Anziehsachen* statt *Hose*, Nennung des Grades der Verwandtschaft statt Nennung des Namens – die Beispiele sind Kastner & Löbach, 2010, S. 11 entnommen) oder Umschreibungen (wie „reich mir doch bitte **das da drüben** rüber") auf. Insgesamt gelingt es den Erkrankten recht gut, ihre Schwierigkeiten (nicht bloß auf sprachlicher Ebene) zu kaschieren bzw. durch z. T. sehr kreative Strategien auszugleichen (vgl. ebd.). Der Übergang zur zweiten Phase – der mittelschweren Demenz – ist dadurch gekennzeichnet, dass eben dieses Überspielen immer öfter immer schwerer fällt und die bereits vorhandenen Lücken Anderen sichtbar werden. Hier gilt es zu betonen, dass die Einteilung in die einzelnen Phasen symptomatisch vorgenommen wird, d. h. bei Auftreten bestimmter Symptome in einer gewissen Häufigkeit und Ausprägungsgrad setzt man die nächste Phase an. Wo der an Demenz Erkrankte in der frühen Phase noch meist recht gut in der Lage ist, für sich zu sorgen und mit der Krankheit ein einigermaßen unbeeinträchtigtes Leben zu führen, ändert sich dies in der zweiten Phase, der mittleren Demenz. Die Einschränkungen betreffen nun Abläufe des normalen Alltags, führen zu Verwirrungen bspw. beim Ankleiden (die Unterhose wird über die Hose gezogen), bei der Körperpflege (diese wird häufig vergessen oder nur spärlich ausgeführt) oder auch zur immer stärker werdenden Desorientierung in Zeit und Raum. Die Sprache verändert sich zunehmend stärker, dies betrifft vor allem zugespitzte Wortfindungsschwierigkeiten, daneben treten z. T. kreative Wortneuschöpfungen auf, Wörter oder Silben werden vertauscht und es kommt zu Assoziationen auf lautlicher Ebene. Ein Beispiel für eine Wortneuschöpfung ist *Feuerkäfer* für ‚Streichholz‘, zu einem Silbendreher kommt es bei *Kolmotive* für ‚Lokomotive‘ (die Beispiele stammen aus Meyer, 2014, S. 105). Ein zweites Beispiel für eine Wortneuschöpfung aus unserem Projekt ist der Ausdruck *Lichtflocken,* den eine Frau im fortgeschrittenen Stadium der Demenz gebrauchte,

als sie Staubkörner beobachtete, die vom Licht bestrahlt in der Luft schwebten[3].
–Zugleich sind die Aussprache und Intonation nicht betroffen (vgl. ebd.). In der
Kommunikation fällt es den Betroffenen schwer, sich auf größere Gruppen zu
konzentrieren, Einzelgespräche in entspannter Atmosphäre sind hingegen z. T.
noch gut möglich. Insgesamt hängt die Schwere der Symptome von der jeweiligen Tagesform ab, weswegen durch Angehörige häufig von Wellen die Rede ist,
die z. T. zu falschen Hoffnungen verleiten. Der Übergang von der mittelschweren hin zur schweren Demenz (der Endphase in dieser Klassifikation) ist dadurch
geprägt, dass die Person nun gar nicht mehr in der Lage ist, für sich zu sorgen. Sie
ist von der Pflege Anderer abhängig. Neben dem Fortschreiten aller Symptome
geht auch hier die Sprache und die Kommunikationsfähigkeit immer mehr verloren. Zunächst verkürzen sich die Äußerungen der Personen immer mehr (von
kürzeren Sätzen hin zu Zwei- oder Dreiwortsätzen), schließlich ist z. T. nur noch
die Produktion einzelner Wörter möglich. Am Ende der Krankheit steht die voll-
ständige Verstummung. Dieser dramatische Abbau der Sprache und der eigenen
Kommunikationsfähigkeit geht dabei nicht zwangsläufig bzw. nicht in gleichem
Maße mit einem Verlust des Sprachverständnisses und vor allem der emotionalen
Ebene einher. Demenzerkrankte verstehen weitaus mehr, als sie noch produzieren
können, ebenso funktionieren die emotionalen Antennen sehr gut. Gerade die nonverbale und eine insgesamt einfühlsame Kommunikation und Aufbau und Erhalt
von Beziehungen ermöglichen es den Erkrankten, auch in der Endphase Kontakt
aufnehmen und halten zu können (vgl. hierzu Wendelstein, 2016, S. 42).

Die zweite Klassifikation orientiert sich an dem sieben Stadienkonzept von
Reisberg (1982), der die Global Deterioration Scale als Fremdbeurteilungsskala
zur Erfassung von Beeinträchtigungen infolge von Demenz unter Berücksichtigung von kognitiven, funktionalen und Verhaltensaspekten der erkrankten Person
entwickelte. Sie dient primär der genaueren Unterteilung der Krankheit zum
Zweck der Erforschung und der medizinischen Begleitung und Entwicklung von
Therapieansätzen.

---

[3]Dieser Begriff war das Einzige, was die Frau verbal ausdrückte, nachdem sie das Spiel der
„Lichtflocken" längere Zeit beobachtet hatte. An diesem Beispiel wird deutlich, dass Wahrnehmung und verbale Wiedergabemöglichkeit nicht mehr im Einklang stehen und damit die
wenigen Wörter, die von Demenzerkrankten dieser Stadien noch geäußert werden, vor einem
anderen Hintergrund wahrgenommen, bewertet und interpretiert werden müssen. Rösler et al.
(2005, S. 357) äußern für solch einen Fall, „dass ein Neologismus [= eine solche Wortneu-
schöpfung] oder eine ungewöhnliche Wendung in einem Satz eines Alzheimerpatienten von
medizinischem Personal dieselbe Aufmerksamkeit verlangt wie ein Neologismus in einem
Gedicht Paul Celans von einem Lyrikleser."

Dort werden die ersten drei Stadien als Prä-Phasen vor der eigentlichen Diagnosestellung angesetzt. Diese können also logischerweise erst mit der Diagnosestellung rückwirkend benannt werden (was allerdings häufig zur retrospektiven Erklärung einiger Besonderheiten des Verhaltens der Betroffenen in den letzten Jahren führen kann). Es wird angenommen, dass diese drei Stadien insgesamt ca. 10 Jahre umfassen und sich in die folgenden einzelnen Stadien einteilen lassen (vgl. hierfür und für die folgenden Ausführungen auch Auer et al., 2008):

- Stadium 1: symptomlos, gesunde Menschen;
- Stadium 2: subjektive Symptome, subjektive Einschätzung der verminderten Leistungsfähigkeit, die einige zu einer ersten ärztlichen Vorstellung zwecks Leistungsdiagnostik treibt. Diese bleibt i. d. R. unauffällig, die Personen werden aufgefordert, nach ca. 12 Monaten wieder vorstellig zu werden;
- Stadium 3: Mild Cognitive Impairment (= MCI): Beginn einer auch äußerlich erkennbaren Verminderung der Leistungsfähigkeit, erste milde Symptome (wie bspw. langsamere Orientierung in fremder Umgebung) treten auf. Retrospektiv wird hier der Beginn der Erkrankung angesetzt, es handelt sich jedoch (vor Diagnosestellung) noch nicht um Demenz, sondern um ein prädemenzielles Stadium, in dem das Risiko, eine Demenz in den kommenden Jahren zu entwickeln, als sehr hoch angesehen wird. Der Person wird geraten, nach sechs Monaten wieder vorstellig zu werden, ebenso werden Präventionsmaßnahmen zur Steigerung kognitiver Fähigkeiten empfohlen (wie z. B. Gedächtnistraining, vermehrte soziale Kontakte, Bewegung etc.). Diese Phase wird in der medizinischen Begleitung als immens wichtig angesehen, da hier die Hoffnung besteht, mit entsprechenden Maßnahmen diese Phase zeitlich zu dehnen und damit den weiteren Krankheitsverlauf nach hinten zu verschieben. An dieser Stelle sei noch einmal darauf hingewiesen, dass die Krankheit – bei immer noch ungeklärter Ursache! – keine Therapie kennt und ihr Verlauf nicht aufzuhalten ist. Ab Beginn der demenziellen Veränderungen nimmt die Degeneration ihren Lauf, nur bei sehr früher Diagnostik können entsprechende Präventionsmaßnahmen eingesetzt und Strategien mit den Betroffenen eingeübt werden, die die Symptome evtl. verzögern bzw. in ihrer Härte abmildern. Aus diesem Grund ist gerade diese Phase, die in der Fachliteratur häufig als MCI bezeichnet wird, von immenser Bedeutung und erfährt auch in der Erforschung der Krankheit und Validierung von Therapieansätzen wohl am meisten Aufmerksamkeit. Zu betonen ist dabei auch noch einmal, dass Menschen, die die Diagnose MCI bekommen, noch nicht von Demenz betroffen sind, sondern als Hochrisikogruppe gelten, diese in den kommenden Monaten/Jahren zu entwickeln.

Nach diesen ersten drei Stadien folgt das vierte Stadium mit der Diagnosestellung der Alzheimer-Demenz. Diese befindet sich in dem sog. leichten oder auch frühen Stadium und ist im Allgemeinen mit der oben bereits geschilderten leichten Demenz gleichzusetzen. Aus medizinischer Sicht ist hier der Beginn bzw. im besten Fall die Fortführung therapeutischer Ansätze sinnvoll (hier ist jeweils die Rede von nicht medikamentöser Begleitung – ein Medikament als Gegenmittel zur Demenz ist bislang nicht entwickelt). So findet z. B. das sog. Realitätsorientierungstraining (ROT) Einsatz, das durch entsprechende Maßnahmen die Orientierung und dadurch die Sicherheit Erkrankter erhöht. Diese Ansätze sind jedoch nicht mehr im Sinne einer Therapie anzusehen, die die Symptome verzögern kann, sondern als symptommildernd, damit ein besserer und sicherer Umgang mit der Krankheit gefunden werden kann.

Die folgenden beiden Stadien sind die mäßige und die folgende mittelschwere Alzheimer-Demenz. Diese beiden sind mit der oben skizzierten mittleren Phase gleichzusetzen, differenzieren diese lediglich in zwei unterschiedliche Stadien. In ihnen nimmt die Krankheit nun unweigerlich und unaufhaltsam ihren Lauf, und es werden auch keine therapeutischen Ansätze mehr empfohlen. Vielmehr wird der Schwerpunkt auf geeignete Interaktionsstrategien verlagert: Angehörige und Pflegende werden im Umgang mit den Erkrankten geschult und können durch ihre angepasste Interaktion Situationen besser meistern.

Die letzte Phase ist hier die siebte, in der sich der Erkrankte in der sehr schweren/fortgeschrittenen Alzheimer-Demenz, dem Spätstadium befindet. Hier sind die Betroffenen nicht mehr in der Lage zu sprechen, zu sitzen oder sich zu bewegen. Trotz des Verlustes all dieser Fähigkeiten formulieren Auer et al. (2008, S. 20), dass „Personen im 7. Stadium […] ähnliche emotionale Bedürfnisse [haben] wie Babys bzw. Kleinkinder (Geburt bis zirka 2 Jahre). Die Bedeutung der nonverbalen Kommunikation nimmt zu." Weiter raten sie von einer Verwendung von „Babysprache" (der linguistische Ausdruck hierfür ist „Secondary Baby Talk", s. u.) ab, da sie meinen, dass man nicht davon ausgehen kann, dass der Verlust des Sprachverständnisses in gleichem Maße anzunehmen ist. Vielmehr raten sie zu einer respektvollen Ansprache und positiver Kommunikation (z. B. mit viel Lob). Die Betonung der emotionalen Ebene ist in diesem Stadium immens wichtig und letztlich das Einzige, was den Erkrankten bleibt.

Da im Kontext des Projektes UnVergessen viele der von uns begleiteten Pflegebedürftigen unter Demenz leiden, hat dieses Krankheitsbild mit seinen unterschiedlichen Ausprägungen, Phasen, Symptomen und vor allem auch den sprachlichen Auswirkungen große Bedeutung. Leider ist es in der Praxis allerdings häufig der Fall, dass Menschen mit kognitiven Einschränkungen, speziell wenn sie einen mehrsprachigen Hintergrund aufweisen, nicht immer einer adäquaten und wiederholten Testung unterzogen werden und die Diagnose Demenz (bzw. Alzheimer-Demenz) sehr schnell gefällt wird. Hat eine Person einmal diese Diagnose bekommen, wird nur selten eine regelmäßige Kontrolle durchgeführt, noch viel weniger, wenn die Person bereits in einem Pflegeheim betreut wird. So stellt sich im Kontext unseres Projektes die besondere Schwierigkeit dar, dass wir viele Pflegebedürftige begleiten, die die Diagnose „Demenz" haben, bei denen aber der aktuelle Schweregrad der Erkrankung (in welcher Klassifikation auch immer) nicht klar ist. Häufig sind auch die Unterformen der Demenz nicht klar kommuniziert, festgehalten bzw. unterliegen der Schweigepflicht, sodass uns die genaue Einschätzung des Schweregrades der Erkrankung nicht objektiv ermittelt vorliegt. Aus diesem Grund verzichten wir im Folgenden auf eine medizinisch saubere Einteilung demenzieller Erkrankungen in ihre jeweiligen Unterformen und ebenso auf eine punktgenaue Nennung der einzelnen Krankheitsphasen. Vielmehr wird die Rede von demenziell Erkrankten/Menschen mit Demenz dann sein, wenn uns vonseiten des Pflegeheimes/der Angehörigen mitgeteilt wurde, dass eine Erkrankung vorliegt, die in diesen Bereich einzuordnen ist. Da wir diese Personen meist über mehrere Monate (in manchen Fällen sogar mehrere Jahre) begleiten, können wir durch die Veränderungen einschätzen, wie der Verlauf der Krankheit ist. Da wir kein medizinisch oder psychologisch geschultes Personal sind, konzentrieren wir uns auf die möglichst genaue Beschreibung der einzelnen Personen, ihren Fähigkeiten und verbliebenen (vorrangig sprachlichen) Möglichkeiten. In diesem Sinne möchten wir hier betonen, dass es uns im Folgenden nicht um die Benennung von Krankheitsbildern und das Aufzählen von daraus resultierenden Defiziten geht, sondern um reale Menschen, die eine vielschichtige Persönlichkeit haben und – z. T. auch mit weit vorangeschrittener demenzieller Erkrankung – viele Fähigkeiten haben, die sie im Austausch mit uns einsetzen und zeigen können. In diesem Sinne sprechen wir in den Fällen von demenziell Erkrankten oder wahlweise von Menschen mit Demenz, wenn die Betonung auf der Krankheit liegen soll und als Erklärung für bestimmte Auffälligkeiten dienen kann.

Pflegekommunikation und Morgenpflege

Die Interaktion zwischen Pflegebedürftigen und ihren Pflegekräften während der Pflege (mit Fokus auf professionellen Pflegekräften, nicht pflegenden Angehörigen) wird als Pflegekommunikation bezeichnet. Sachweh (2000, S. 69) definiert diese als „handlungsbegleitende Kommunikation zwischen Personal und BewohnerInnen, die während der Morgenpflege stattfindet und primär der (effektiven)

Durchführung sowie der Erklärung der Pflegeaktivitäten dient". Es handelt sich also nicht um private Gespräche, die sich zwischen den involvierten Partnern ebenso entfalten können, sondern um die sprachlichen Äußerungen, die die Pflege begleiten, erleichtern und z. T. auch erst ermöglichen. Sachweh (2000) benennt sie als zweckgebunden, Posenau (2014) ergänzt dies um eine starke Arbeitsorientierung, fixiert auf feste Themenbereiche. Dabei folgt die Kommunikation festen Mustern, die die Abläufe der jeweiligen Pflegesituation verbalisieren (erst Aufstehen, dann zum Badezimmer führen, dort auf die Toilette gehen etc., verbunden mit der jeweiligen Ankündigung, Bitte bzw. Aufforderung zu einer Handlung etc.). Sachweh (2000) konstatiert dabei, dass in dieser Kommunikation selten Fachtermini eingesetzt werden und in Abhängigkeit zum Grad der Pflegebedürftigkeit zunehmend weniger verschiedene Lexeme verwendet werden. Posenau (2014) bestätigt Unterschiede im Kommunikationsverhalten vonseiten der Pflegekraft in Bezug zum Schweregrad der Demenz des Pflegebedürftigen.

Die spezielle Kommunikationssituation während der Pflege unterscheidet sich z. T. recht stark von den Rahmenbedingungen anderer Interaktionen – wie z. B. private Gespräche zwischen Freunden oder auch im beruflichen Kontext. Im Folgenden sollen einige der wichtigsten Besonderheiten dargelegt werden, die sich auf die Pflegekommunikation im institutionellen Kontext, das Pflegeheim, konzentrieren. Die folgenden Darstellungen basieren auf den Ausführungen von Sachweh (u. a. 2000, 2003) und Posenau (2014, S. 29 f.), die die Rahmenbedingungen dieser speziellen Kommunikationssituation detailliert und mit einem besonderen Fokus auf Asymmetrien zwischen den Kommunikationspartnern beschreiben. Diese Asymmetrien beziehen sich auf:

- das Lebensalter (der Pflegebedürftige ist meist deutlich älter als die Pflegekraft);
- die physische Ebene (der Pflegebedürftige hat irgendeine Erkrankung, die Pflegekraft ist i. d. R. gesund);
- die psychische Ebene (der Pflegebedürftige hat eine geringere Lebenserwartung sowie häufig Einschränkungen in den kognitiven Funktionen, die Pflegekraft nicht);
- die Sachebene (Pflegekräfte verfügen über Sachwissen im Kontext der Pflege, des Umgangs mit Krankheiten etc., das die Pflegebedürftigen häufig nicht haben);
- die institutionelle Ebene (die Pflegekraft hat in der Institution einen besonderen Status, der es ihr erlaubt, bestimmte Handlungen durchzuführen);

- die Mobilität (die Pflegekräfte sind mobil und verlassen das Pflegeheim, in dem sie nur arbeiten, die Pflegebedürftigen sind oft nicht mehr mobil und sind dauerhaft im Pflegeheim);
- die Bezugsgruppen (Pflegebedürftige kommunizieren vorwiegend im Pflegeheim, mit anderen Bewohner/innen, Pflegekräften oder Besuch von außen, Pflegekräfte kommunizieren auch außerhalb des Pflegeheimes und weisen einen größeren Kreis an Bezugsgruppen auf);
- die Abhängigkeiten (Pflegebedürftige sind von den Pflegekräften abhängig).

Grundsätzlich gilt festzuhalten, dass die Forschung auf diesem Gebiet (noch) nicht sehr umfangreich ist. Die vorliegenden Studien konzentrieren sich häufig auf die linguistische Untersuchung der Pflegekommunikation während der Morgenpflege. Diese folgt einem sehr festen Muster, muss jeden Morgen stattfinden und eignet sich daher sehr gut zur vergleichenden Analyse. Auch im Kontext unseres Projektes wurden Aufnahmen der Morgenpflege durchgeführt und analysiert. Die Morgenpflege umfasst dabei (nach Posenau, 2014, S. 36 bzw. Sachweh, 2000, S. 69 f.) die primären Tätigkeiten wie die Hilfe beim Aufstehen, das Waschen und Ankleiden – also den gesamten Vorgang vom Aufstehen bis hin zum Fertigmachen für das Frühstück. Es kann dabei, je nach Erkrankung, zu sekundären Tätigkeiten kommen, die z. B. die Gabe von Medikamenten oder auch Blutdruckmessen umfasst. Das parallel zu diesen Tätigkeiten stattfindende Gespräch verläuft dabei typischerweise nach dem folgenden aus Posenau (2014, S. 35) zitierten Muster:

1. Einleitender Gruß
2. Frage nach dem Befinden
3. Ankündigung der Morgenpflege
4. Für die einzelnen Schritte/Phasen der Pflege:
   a) verbale Einleitung durch Handlungserklärungen
   b) praktische Durchführung (oft schweigend)
   c) verbaler Abschluss durch Gliederungssignale
5. Ankündigung des Abschlusses der Morgenpflege
6. Abschiedsgruß

Es müssen (und werden laut Posenau) nicht alle diese Schritte verbalisiert werden, z. T. werden sie modifiziert, gedehnt oder ausgelassen, eine relative Vergleichbarkeit entsprechender Aufnahmen während der Morgenpflege ist wegen der starken Zielführung jedoch gewährleistet.

(Secondary) Baby Talk/Motherese/Kindgerichtete Sprache[4]

Unter Baby Talk, Motherese oder auch Kindgerichteter Sprache (KGS) versteht man eine Sprache, die an kleine Kinder gerichtet ist und dabei bestimmte Charakteristika aufweist, die sie von der Sprache in der Kommunikation mit Anderen, z. B. Erwachsenen unterscheidet. Da diese besondere Art der Sprachausprägung erstmals in der Kommunikation zwischen Müttern und kleinen Kindern beobachtet wurde, bekam sie die oben aufgeführten Namen. Folgestudien beleuchteten aber, dass diese Strategie keineswegs auf Mütter beschränkt ist (und in der Folge auch nicht auf kleine Kinder), weswegen als Kriterium definiert wurde, dass Personen diese Sprache benutzen, wenn sie sich „an kleine Kinder richten" (Szagun, 2013, S. 229). Die von Szagun (ebd.) aufgezählten Charakteristika dieser Sprache sind auf drei Ebenen anzusetzen:
Auf der Ebene

1. der Prosodie: Hier ist eine langsamere Sprechgeschwindigkeit, ein Sprechen in höherer Tonlage sowie eine größere Varianz des Frequenzbereiches zu beobachten;
2. der Inhalte: Besonders relevant sind hier inhaltliche Wiederholungen, ein geringerer Abstraktionsgrad der verwendeten Wörter (v. a. Substantive) und ein klarer Bezug zur Gegenwart;
3. der grammatischen Form: Die Äußerungen sind grundsätzlich kürzer, die Sätze einfacher, durch Wiederholungen von z. T. ganzen Sätzen geprägt. Daneben tauchen viele Fragen und Aufforderungen auf.

Diese Merkmale sind dabei nicht zwangsläufig in jeder Interaktion mit (kleinen) Kindern zu beobachten. Sie sind situationsabhängig und variieren auch in Abhängigkeit der Kultur. Ebenso ist das Alter des Kindes ausschlaggebend bei dem Grad der Ausprägung (je jünger, desto stärker). Z.T. geschieht dies unbewusst und dabei über Geschlechter hinweg. Wie Szagun ebenfalls betont (vgl. ebd., S. 238), ist es nicht notwendig, diese Sprache mit Kindern zu sprechen. Auch ohne diese erwerben Kinder die jeweilige Sprache.
  Wichtig ist zu betonen, dass es sich bei dieser Strategie nicht um eine klar abgegrenzte Varietät handelt, sondern sie sehr fein an die jeweiligen Fähigkeiten des Kindes angepasst wird. Hinter ihr steckt der (intuitive) Wunsch des Gesprächspartners, sich so auszudrücken, dass das Gegenüber ihn bestmöglich

---

[4]Dieser Abschnitt stützt sich auf die Ausführungen von Szagun (2013, S. 227–259) und auf Posenau (2014).

versteht. Dahinter steht als wichtiger Schritt eine vorherige Einschätzung der kognitiven Fähigkeiten des Kommunikationspartners. An diesen orientiert bemüht er sich, die Komplexität seiner Sprache danach auszurichten. Damit könnte man also meinen, dass eine unterschiedliche Komplexität der Sprache eines Sprechers in gewisser Weise Auskunft über die jeweils von ihm eingeschätzten kognitiven Fähigkeiten seines Hörers liefert. Diese Aussage ist sicher nicht zu verallgemeinern, da letztlich der Grad der Ausprägung sprachlicher Charakteristika von sehr vielen Faktoren abhängt, dennoch ist diese vermeintliche Implikation in der Bewertung von Baby Talk/Kindgerichteter Sprache sehr wichtig. Diese ist nämlich ihrerseits sehr kontrovers: Während einige ihren Mehrwert sehen und meinen, dass sie ihre Berechtigung hat und hilfreich für Kinder sein kann, meinen andere, dass sie vielmehr hinderlich ist und die Kinder ständig unterfordere und ihnen signalisiere, dass sie kognitiv nicht weit entwickelt seien. Dazwischen platzieren sich gemäßigtere Meinungen, die hier jedoch nicht in der entsprechenden Tiefe wiedergegeben werden sollen. Vielmehr ist für unseren Zusammenhang wichtig zu wissen, dass es zu solch einer Sprache kommen kann, sie einige typische Charakteristika aufweist und dabei von außen durchaus kontrovers beurteilt wird. Der nächste sehr wichtige Punkt ist, dass diese Sprachausprägung dabei, wie bereits viele Studien zeigen, keineswegs nur auf die Interaktion mit kleinen Kindern beschränkt ist. Sie tritt, wie auch Szagun (ebd.) herausarbeitet, in Gesprächen mit Personen auf, „von denen man annimmt, dass sie weniger gut verstehen, und sogar mit Haustieren." In der Mehrsprachigkeitsforschung (vgl. hierzu z. B. Riehl, 2014) ist dieses Phänomen ebenfalls beschrieben und hat dort den Namen Foreigner Talk: In der Kommunikation mit Menschen, die die jeweilige Sprache nicht (oder vermeintlich! nicht) gut sprechen, treten vermehrt eben jene oben beschriebenen sprachlichen Merkmale auf. Der gleiche Mechanismus wird in der Kommunikation mit Kranken und Alten beschrieben und wird dort meist als Secondary Baby Talk bezeichnet. Auch hier decken sich die sprachlichen Merkmale mit vielen der oben beschriebenen. Wichtiges gemeinsames Merkmal all dieser Interaktionskonstellationen ist das oben bereits genannte, dass der Sprecher von der entweder bewussten oder intuitiven Annahme ausgeht, dass der Hörer über geringere kognitive Fähigkeiten verfügt und seine Sprache an diese anpasst.

Sachweh (2000) und Posenau (2014) gehen jeweils ausführlicher auf die Charakteristika und den Einsatz von Secondary Baby Talk in der Pflegekommunikation ein. Dieser tritt vorrangig in der Kommunikation mit an Demenz erkrankten Pflegebedürftigen und in der Morgenpflege auf, variiert dabei jedoch sprecher-, situations- und adressatenabhängig. Die sprachlichen Merkmale unterscheiden sich leicht von den o.g. der Kindgerichteten Sprache (z. B. treten längere Pausen und die Verwendung von Füllwörtern auf), grundsätzlich ist sie jedoch mit ihr zu vergleichen. In der Auseinandersetzung mit dieser Gesprächsstrategie variieren auch hier die Meinungen in ähnlicher Weise. So betont Posenau (ebd., S. 52) die wichtige kommunikative Funktion, die in der Verständnissicherung liegt. Zudem kann sie emotionale Komponenten zur Interaktion beisteuern und eine Vertrautheit zwischen den Gesprächspartnern herstellen. Gleichzeitig birgt – und dies bezieht sich auf jeden Adressatenkreis – diese simplifizierte Form von Sprache immer die Gefahr, das Gegenüber abzuwerten. Entsprechend kann es sein, dass die Reaktionen, auf eine solche Art zu sprechen sehr negativ sind und – gerade auch im Fall von an Demenz Erkrankten – zu Abwehrhaltungen führen kann. Die Auswirkungen sind dabei nicht zu pauschalisieren und hängen neben dem Schweregrad der Erkrankung von individuellen Faktoren des Pflegebedürftigen ab. Wichtig ist entsprechend, diese Strategie in der Pflegekommunikation wohlüberlegt und individuell angepasst einzusetzen. Der einen Person kann sie helfen, sich emotional wohlzufühlen und damit gerade auch intimen Pflegesituationen den Stress zu nehmen, bei anderen werden negative Gefühle und Verletzungen hervorgerufen. Dies ist v. a. dann der Fall, wenn die Pflegekraft die kognitiven Fähigkeiten des Pflegebedürftigen als weitaus niedriger einschätzt, als sie in Wirklichkeit vielleicht noch sind und die entsprechende Ausprägung von Secondary Baby Talk dies widerspiegelt.[5]

Literatur

Anstatt, T. (2011). Russisch in der zweiten Generation. Zur Sprachsituation von Jugendlichen aus russischsprachigen Familien in Deutschland. In L. M. Eichinger, A. Plewnia, & M. Steinle (Hrsg.), *Sprache und Integration. Über die Mehrsprachigkeit und Migration, Studien zur deutschen Sprache* (Bd. 57, S. 101–128). Narr.

Auer, S., Strotzka, S., Weber, S., Donabauer, Y., & Posta, G. (2008). Leistungstestung von Menschen mit Demenz: Überlegungen zur stadiengerechten, ressourcenorientierten, testpsychologischen Untersuchungsmethodik. *Psychopraxis, 2*(8), 16–21.

Brehmer, B., & Mehlhorn, G. (2018). *Herkunftssprachen.* Narr.

Deutsches Institut für Medizinische Dokumentation und Information (2019). *WHO ICD-10 Version 2019.* https://www.dimdi.de/static/de/klassifikationen/icd/icd-10-who/kode-suche/htmlamtl2019/block-f00-f09.htm#F00

Deutsche Alzheimer Gesellschaft (2017). *Informationsblatt 11: Die Frontotemporale Demenz.* Berlin. https://www.deutsche-alzheimer.de/fileadmin/alz/pdf/factsheets/infobl att11_frontotemporale_demenz.pdf

---

[5]Für die Unterstützung bei der Erstellung der Literaturverzeichnisse danke ich Anna Danzeglocke und Aldona Rzitki.

Karl, K. B. (2012). *Bilinguale Lexik: Nicht materieller lexikalischer Transfer als Folge der aktuellen russisch-deutschen Zweisprachigkeit.* Otto Sagner.

Kastner, U., & Löbach, R. (2010). *Handbuch Demenz* (2. Aufl.). Urban & Fischer.

Krupp, S., & Thode, P. (2016). Sprache bei Demenz. *Sprache Stimme Gehör, 40*(03), 126–130.

Luckabauer, F. (2011). *Demenzielle Auswirkungen auf Sprache und Gedächtnisstrukturen – Frontotemporale Demenz und Alzheimer im Vergleich.* AV Akademiker.

Meyer, C. (2014). Menschen mit Demenz als Interaktionspartner. Eine Auswertung empirischer Studien vor dem Hintergrund eines dimensionalisierten Interaktionsbegriffs. *Zeitschrift für Soziologie, 43*(2), 95–112.

Posenau, A. (2014). *Analyse der Kommunikation zwischen dementen Bewohnern und dem Pflegepersonal während der Morgenpflege im Altenheim.* Für Gesprächsforschung.

Reisberg, B., Ferris, S. H., de Leon, M. J., & Crook, T. (1982). The Global Deterioration Scale for assessment of primary degenerative dementia. *The American Journal of Psychiatry, 139*, 1136–1139 https://doi.org/10.1037/t48466-000

Riehl, C. M. (2014). *Mehrsprachigkeit: Eine Einführung.* WBG

Rösler, A., Schwerdt, R., & von Renteln-Kruse, W. (2005). Was die Sprache Alzheimer-Kranker mit der Celans verbindet. *Zeitschrift für Gerontologie und Geriatrie, 38*(5), 354–359.https://doi.org/10.1007/s00391-005-0306-x

Sachweh, S. (2000). *„Schätzle hinsitze!" Kommunikation in der Altenpflege* (2. Aufl.). Peter Lang.

Sachweh, S. (2003). „so frau adams↓guck mal↓ ein feines bac-spray↓ gut↑: Charakteristische Merkmale der Kommunikation zwischen Pflegepersonal und BewohnerInnen in der Altenpflege. In R. Fiehler, & C. Thimm (Hrsg.), *Sprache und Kommunikation im Alter* (S. 143–160). Für Gesprächsforschung.

Szagun, G. (2013). *Sprachentwicklung beim Kind: Ein Lehrbuch* (5. Aufl.). Beltz.

Weinreich, U. (1976). *Sprachen in Kontakt. Ergebnisse und Probleme der Zweisprachigkeitsforschung.* Beck.

Wendelstein, B. (2016). *Gesprochene Sprache im Vorfeld der Alzheimer-Demenz: Linguistische Analysen im Verlauf von präklinischen Stadien bis zur leichten Demenz.* Universitätsverlag Winter.

Teil II: Mehrsprachige in der Pflegebedürftigkeit

Katrin Bente Karl

Dieser Teil widmet sich einer ausführlichen Darstellung der Situation mehrsprachiger Pflegebedürftiger in Deutschland. Dafür soll zunächst ein Einblick in demografische Zahlen die Relevanz und auch zugleich die Heterogenität der Gruppe verdeutlichen. Im Anschluss werden besondere Bedarfe herausgearbeitet, die dann zu einer genaueren Darstellung der (sprachlichen) Situation mehrsprachiger Menschen in deutschsprachigen Pflegeheimen überführen. Anhand von drei Fallbeispielen werden unterschiedliche sprachliche Konstellationen beschrieben, wobei ein besonderes Augenmerk auf die Folgen der sprachlichen Situation für die Pflegebedürftigen gelegt wird. Schwerpunktmäßig wird in diesem Teil die Situation russischsprachiger Menschen fokussiert.

Werden auch Mehrsprachige pflegebedürftig? Ein Überblick über aktuelle Zahlen

Laut Angaben des Bundesamtes für Migration und Flüchtlinge aus dem Jahr 2019 (u. a. veröffentlicht in der 9. Ausgabe des Minas: Atlas über Migration, Integration und Asyl und basierend auf den Ergebnissen der Zahlen des Statistischen Bundesamtes aus dem Mikrozensus 2018) lebten im Jahr 2018 in Deutschland 81,6 Mio. Menschen, von denen 19,6 Mio. einen Migrationshintergrund aufwiesen. Als Person mit Migrationshintergrund wird dabei definiert, wer „selbst oder mindestens ein Elternteil die deutsche Staatsangehörigkeit nicht durch Geburt besitzt" (Destatis, 2019, S. 4). Von diesen entfällt mit 16,8 % die größte Anzahl

K. B. Karl (✉)
Seminar für Slavistik/Lotman-Institut, Ruhr-Universität Bochum, Bochum, Deutschland
E-Mail: katrin.karl@rub.de

© Der/die Autor(en) 2021   31
K. B. Karl (Hrsg.), *Mehrsprachige Pflegebedürftige in deutschen Pflegeheimen und das Projekt UnVergessen*,
https://doi.org/10.1007/978-3-658-33868-8_3

auf Menschen, die aus dem Gebiet der ehemaligen Sowjetunion stammen, gefolgt von 13,3 % mit einem türkischen und 10,8 % mit einem polnischen Migrationshintergrund (Minas, 2019, S. 14). Damit stellt bei dieser statistischen Berechnung eine potenziell russischsprachige Gruppe an Menschen den größten Anteil. Daraus jedoch abzuleiten, dass (1) alle auf diese Weise erfassten Personen zwangsläufig russischsprachig sozialisiert sind oder (2) damit die gesamte Gruppe russischsprachiger Personen in Deutschland erfasst wäre, ist unzulässig. Dies basiert auf vielen Gründen, vorrangig darauf, dass nicht aus der Erfassung der ursprünglichen Herkunft und Staatsangehörigkeit auf die erworbene Sprache geschlossen werden kann (und letzteres in keinen Erhebungen systematisch abgefragt wird). So kann es sein, dass Personen aus der ehemaligen Sowjetunion nicht (oder nicht nur) Russisch erworben haben und auch eine zahlenmäßig gewichtige und wachsende Gruppe an Menschen mit nicht sowjetischer oder russischer Staatsangehörigkeit russischsprachig aufgewachsen sein kann. Letzteres betrifft v.a. die Menschen, die als sog. Russlanddeutsche bzw. Spätaussiedler bezeichnet werden und die stetig wachsende Anzahl an Kindern, die in russischsprachigen Familien aufwachsen und bereits in zweiter Generation in Deutschland geboren sind (womit sie nicht länger den definierten Migrationshintergrund aufweisen). Diese Problematik der statistischen Erfassung betrifft z. T. auch die Gruppen der Personen mit türkischem und polnischem Hintergrund, ist aber in der jeweiligen Ausprägung für jede Migrantengruppe gesondert zu analysieren (da z. B. nicht jede Gruppe auch in zweiter oder dritter Generation die Sprache beibehält). Dennoch bleibt auf der Grundlage dieser Zahlen wohl zu behaupten, dass die Gruppe russischsprachiger Menschen eine, wenn nicht die zahlenmäßig am stärksten vertretene sprachliche Minderheit in Deutschland ist, während die polnischsprachigen Menschen auf Rang drei anzusehen sind. Damit gehören zwei slavische Sprachen zu den am meisten verbreiteten Sprachen – neben Deutsch – in Deutschland. Ihre zahlenmäßige Vertretung ist damit logischerweise in jeder Altersgruppe entsprechend bedeutsam zu erwarten.

Verweilen wir hier jedoch weiterhin auf der größten Gruppe – die der russischsprachigen Menschen: Betrachtet man sich etwas genauer die Schätzungen der Anzahl russischsprachiger Menschen in Deutschland, so differieren die Angaben hier recht stark. Die bereits oben zitierten Angaben des Statistischen Bundesamtes belaufen sich auf umgerechnet ca. drei Millionen aus der ehemaligen Sowjetunion, bzw. an anderer Stelle werden 1,4 Mio. Menschen mit Migrationshintergrund aus der Russischen Föderation ausgeflaggt (Destatis, 2019, S. 128 ff.). Diese Zahlen sind als statistisches Minimum zu sehen und werden je nach Art der Zählung unterschiedlich hochgerechnet, wenn man von der Staatsangehörigkeit abstrahiert und somit auch die o.g. Gruppen inkludiert. So kam Brehmer (2007) mit seiner Auswertung der damals vorliegenden statistischen Angaben bereits für das Jahr 2006 auf knapp drei Millionen russischer Sprecher (vgl. Brehmer, 2007, S. 167), Pabst ging für denselben Zeitraum von fünf Millionen aus (vgl. Pabst, 2007, S. 10). In einer Sendung des Deutschlandfunk Kultur aus dem Jahr 2018 werden „etwa 6 Millionen russischsprachige Menschen" in Deutschland angesetzt (Dornblüth & Franke, 2018), womit eine Verdopplung der ministerialen Zahl erreicht wäre.

Widmen wir uns nun vor diesem Hintergrund der Frage nach der Verteilung der Altersstrukturen. Betrachtet man auch hier zunächst die gesamte Gruppe von Menschen mit Migrationshintergrund in Deutschland und legt die offiziellen Zahlen zugrunde, so ist dort eine Verschiebung der Altersstruktur im Vergleich zur Gruppe ohne Migrationshintergrund zu beobachten: letztere ist in den höheren Lebensjahren überdurchschnittlich mehr vertreten, erstere in den jüngeren Lebensjahren, was eindrücklich durch die prozentuale Aufschlüsselung der Bevölkerungszahlen des Statistischen Bundesamtes (Destatis, 2019, S. 37) dargestellt ist. Dort ist abzulesen, dass bis zum Alter von 45 Jahren eine höhere Prozentzahl auf die Gruppe mit Migrationshintergrund entfällt, während es sich ab 45 Jahren umdreht.

Für diesen Fakt gibt es viele Erklärungsansätze (vgl. hierzu u. a. den Schwerpunktbericht des Robert Koch-Instituts von Razum et al., 2008), unter ihnen wird häufig auf den sog. „Healthy-migrant" Effekt, der von einer Migration von jungen und gesunden Menschen ausgeht (vgl. z. B. ebd., S. 131 oder ausführlicher Razum & Rohrmann, 2002 und auch Razum, 2006) sowie auf eine höhere Geburtsrate in der Gruppe von Menschen mit Migrationshintergrund verwiesen (vgl. hierzu auch die informative Box 2 „Grundlegende Annahmen der Bevölkerungsvorausberechnung von Personen mit Migrationshintergrund" aus dem Bericht der Friedrich-Ebert-Stiftung, 2015, S. 14). Hinzu kommt jedoch auch eine (möglicherweise) geringere Lebenserwartung von Migrant/innen (ausführlicher dazu unten, vor allem bedingt durch die körperlichen und psychischen Auswirkungen der z. T. traumatischen Migrationserfahrung oder damit einhergehender schwerer körperlicher Arbeit) oder auch die mögliche Remigration im Alter (einen Überblick hierzu geben auch Baykara-Krumme et al., 2012). Evtl. wird sich dies im Laufe der kommenden Jahrzehnte durch die besseren Lebensbedingungen sowie einem dauerhaften Verbleib in Deutschland angleichen – dies legen zumindest die Vergleichszahlen von 2017 zu 2018 des Statistischen Bundesamtes (Destatis, 2019, S. 39) nahe, bei denen auch für die älteren Gruppen ein prozentualer Zuwachs verzeichnet ist. Grundsätzlich bleibt gleichermaßen in der Gruppe der Menschen mit Migrationshintergrund zu erwarten, dass ein demografischer Wandel stattfindet und mehr Menschen in ein höheres Alter kommen. Dies bestätigen auch Baykara-Krumme (2007) oder auch Teczan-Güntekin und Razum (2015, S. 1564), die von einem zu erwartenden Anstieg bis 2030 sprechen und prognostizieren, dass „[d]ann [...] in Deutschland jeder vierte Mensch über 60 Jahre einen Migrationshintergrund haben [wird]". Für das Jahr 2018 lässt sich von einer offiziellen Zahl aus dem Mikrozensus von 1,9 Mio. Menschen mit Migrationshintergrund ab einem Alter von 65 ausgehen. 75 Jahre und älter sind 787.000 von ihnen (vgl. Destatis, 2019). Damit ist eindeutig, dass zum aktuellen Zeitpunkt zahlreiche Menschen mit Migrationshintergrund das Rentenalter und höher erreicht haben.

Mit steigendem Alter erhöht sich die Wahrscheinlichkeit von Alterserkrankungen und damit einhergehend von Pflegebedürftigkeit (vgl. 6. Bericht der Bundesregierung = Bundesgesundheitsministerium, 2016, S. 18 und auch den Pflege-Report von Jacobs et al., 2017, S. 73). Dies gilt ebenso für die Gruppe von Migrant/innen, obgleich hier die Frage nach begünstigenden oder verstärkenden Faktoren unter Migrations- und/oder Mehrsprachigkeitsbedingungen (noch) nicht einfach zu beantworten ist (darauf weisen auch Razum & Spallek, 2012, S. 162 f. hin, indem sie die unzureichende Datengrundlage für diese Bevölkerungsgruppe anmerken). Einige Studien weisen z. B. einen vermehrten sozialen Zusammenhalt unter Migrant/innen nach und leiten daraus einen gesundheitlichen Vorteil ab (vgl. Razum & Spallek, 2012, S. 169, die dies jedoch als bislang hypothetisch darstellen, aber an unterschiedlichen Stellen betonen). (Psycho)Linguistische Studien diskutieren einen sog. Mehrsprachigkeitsvorteil im Alterungsprozess, andere nehmen einen psychischen (Spallek & Zeeb, 2010 und auch Aichberger & Rapp, 2011) und physischen Nachteil bzw. höhere allgemeine Gesundheitsrisiken (u. a. zusammenfassend die Friedrich-Ebert-Stiftung, 2015, S. 36) und auch ein erhöhtes Armutsrisiko an (vgl. Razum et al. 2008, Kap. 5) und sprechen davon, dass Menschen mit Migrationshintergrund um bis zu 10 Jahre früher entsprechenden Alterskrankheiten bzw. Pflegebedürftigkeit unterliegen (vgl. Teczan-Güntekin et al., 2015, S. 9). Einen differenzierten Überblick inkl. Darstellung der vielfach verzahnten Faktoren hierzu liefern Razum und Spallek (2012) und schlagen ein lebenslaufbezogenes Modell vor, mit dessen Hilfe die gesundheitlichen Auswirkungen von Migration auf das Altern sichtbar werden.

Diese Debatte rankt sich dabei vorrangig um die Personen, die im Laufe ihres Lebens eine eigene Migrationserfahrung durchlebt haben. Hierbei wird häufig davon ausgegangen (vgl. u. a. Aichberger & Rapp, 2011), dass die Migration, die dahinterstehenden Gründe und Erfahrungen im Ankunftsland inkl. Fremdheitsgefühl und resultierendem sozialem Abstieg traumatische Folgen haben, die oft im Laufe der Biografie verdrängt bzw. verschwiegen werden. Gerade diese Verdrängung begünstigt jedoch ein Aufbrechen und verstärktes erneutes Durchleben im

Alter, ganz besonders bei Erkrankungen, die mit einer Störung der Realitätswahr-
nehmung (wie bspw. Demenz) einhergehen (vgl. ebd.). Dies gilt in gleicher Weise
für andere traumatische Erfahrungen und deren Aufarbeiten im Laufe der Biografie und damit logischerweise auch für Menschen ohne Migrationshintergrund
(vgl. z. B. Glaesmer, 2014 oder diverse Ausführungen dazu von Radebold et al.,
2009). Die mögliche Verdrängung durchlebter traumatischer Ereignisse betrifft
die momentane Gruppe älterer Menschen. Wie es für die nachfolgenden Generationen aussieht, ist aktuell nicht abschließend festzuhalten. Es ist allerdings
bekannt, dass sich grundlegende biografische Einschnitte und Traumaerfahrungen
auch in den Folgegenerationen festsetzen (vgl. hierzu die in anderen Kontexten
bekannte Weitergabe von traumatischen Erfahrungen bis in die dritte und auch
vierte Generation, wie bspw. beschrieben in Drescher et al., 2018). Welche Auswirkungen im Alter hier zu erwarten sind, ist zum gegebenen Zeitpunkt nicht
absehbar, von einer direkten Vergleichbarkeit der gesundheitlichen Ausprägungen
mit der Gruppe ohne entsprechenden Migrationshintergrund bleibt jedoch auch
auf längere Sicht nicht auszugehen.

Zugleich dürfte aus den bisherigen Ausführungen ersichtlich geworden sein,
dass es sich bei „der Gruppe von (älteren) Menschen mit Migrationshintergrund"
natürlich keineswegs um eine homogene Gruppe handelt, auf die alle genannten
Probleme und Auswirkungen gleichermaßen zutreffen. Wie bereits oben erwähnt,
muss hier die jeweilige Subgruppe genau betrachtet und für sie differenziert die
Spezifika benannt werden. Dies belegen auch die entsprechenden Ausführungen im Pflege-Report (Jacobs et al., 2017, S. 74), in denen vor einem solchen
verallgemeinernden Fehlschluss gewarnt und von daraus resultierenden Entwicklungen von speziellen Angeboten für eine solch vermeintliche homogene Gruppe
berichtet wird, die jedoch in der Folge nicht von der Gesamtheit der Gruppe
angenommen werden.

Unzweifelhaft bleibt, dass es eine Gruppe an Menschen mit Migrationshintergrund gibt, die bereits in einem Alter ist, in dem mit Erkrankungen und
Pflegebedürftigkeit zu rechnen ist. Auch hierüber lassen sich statistische Zahlen unterschiedlichster Art finden, die einen mehr oder weniger guten Eindruck
von der Quantität liefern. Das Hauptproblem dieser statistischen Angaben liegt
auch hier darin, dass in entsprechenden Befragungen selten die Herkunft[1] und

---

[1] Ausnahmen stellen z.B. die vom Bundesamt für Migration und Flüchtlinge in Auftrag gegebene Studie (vgl. Kohls 2012) oder auch eine gezielte Befragung in der Hansestadt Hamburg
dar, die für 2005 von ca. 2.900 pflegebedürftigen Menschen mit Migrationshintergrund über
55 Jahren ausgeht und diese Zahl für 2015 auf knapp 4.500 schätzt – was in etwa 10% aller
Pflegebedürftigen in Hamburg entspricht (vgl. Friedrich-Ebert-Stiftung 2015, S. 37).

noch seltener die im Laufe des Lebens verwendeten Sprachen mit erhoben werden (vgl. die Ausführungen dazu im Bericht der Friedrich-Ebert-Stiftung, 2015, S. 37 und im Pflege-Report von Jacobs et al., 2017, S. 73). Die vorliegenden Zahlen sind damit als Schätzungen einzustufen, denen zufolge „der Anteil der Pflegebedürftigen dem in der Gesamtbevölkerung [ähnelt]" (ebd.). Zugleich wird dort als durchschnittliches Alter für Pflegebedürftigkeit von Menschen mit Migrationshintergrund 62,1 Jahre im Vergleich zu 72,7 Jahre der „autochthonen Bevölkerung" (ebd., S. 74) angegeben. In welcher Weise dieser logische Widerspruch aufgelöst werden kann, wird dort nur sehr kondensiert benannt. Letztlich bietet sich – neben einer weiten Definition von „ähneln", die 10 Jahre nicht als nennenswerten Unterschied ansieht – der Rückgriff auf oben bereits ausgeführten Unterschied in der Altersstruktur der Menschen mit und ohne Migrationshintergrund an: Menschen mit Migrationshintergrund sind im Durchschnitt jünger, weisen aber zugleich einen gleichen Anteil an Menschen mit Pflegebedürftigkeit auf, da diese im Durchschnitt früher in selbige geraten (und dies ist wiederum mit dem ebenfalls bereits ausgeführten anders gearteten Gesundheitsrisiko verbunden). In der Studie der Friedrich-Ebert-Stiftung (2015, S. 38) wird hingegen das Problem klar benannt: „Da keine validen migrationsspezifischen Pflegequoten vorliegen, werden für die Personen mit Migrationshintergrund die gleichen Pflegequoten angesetzt, wie sie für die Gesamtbevölkerung vorliegen"[2]. Die auf dieser Prämisse beruhenden Berechnungen und Prognosen pflegebedürftiger Menschen mit Migrationshintergrund sehen eine Zahl von 257.600 im Jahr 2013 und ein Anstieg auf 481.200 Personen für 2030 (bei insgesamt 3,53 Mio. pflegebedürftiger Personen in Deutschland) vor (vgl. ebd.). Aus der entsprechenden Abbildung („Anzahl pflegebedürftiger Migrant_innen 2013–2030 bei konstanten Pflegequoten" ebd., S. 39) ist für 2020 von einer ungefähren Zahl von 350.000 Personen auszugehen.

Welche Bedürfnisse und Besonderheiten bringt nun diese zahlenmäßig als nicht kleines Randphänomen einzuschätzende Gruppe an Menschen mit? Unter Berücksichtigung der o. g. Limitationen in der Vergleichbarkeit der Bedürfnisse innerhalb der Gruppen von entsprechenden Personen mit Migrationshintergrund sei darauf hingewiesen, dass Aussagen darüber existieren, inwiefern von Gemeinsamkeiten und Unterschieden zwischen Pflegebedürftigen mit und ohne Migrationshintergrund ausgegangen werden kann. So verweist der Pflege-Report (Jacobs et al., 2017, S. 75) auf Ähnlichkeiten, wie z. B. im vorrangig geäußerten Wunsch,

---

[2]Inwiefern diese Prämisse als gerechtfertigt angesehen werden kann, soll an dieser Stelle nicht weiter ausgeführt werden. Für eine solide Meinung dazu existieren schlichtweg zu wenig Studien und verallgemeinerbare Ergebnisse (vgl. auch hierzu die bereits angesprochenen Hinweise aus dem Pflege-Report von Jacobs et al., 2017, S. 74).

von Familienangehörigen und so lange wie möglich im eigenen Heim gepflegt zu werden. Unterschiede werden in der sprachlichen Situation und daraus resultierenden Nachteilen der Informationsbeschaffung gesehen (ebd., S. 76). Des Weiteren wird an unterschiedlichen Stellen (ebd. und Kohls, 2012, S. 2) darauf hingewiesen, dass Pflegebedürftige mit Migrationshintergrund häufiger in einer höheren Pflegestufe eingruppiert sind[3], das Pflegegeld häufiger für den Lebensunterhalt notwendig ist und Angehörige häufiger dem Wunsch nach familialer Pflege nachkommen (vgl. den Wert von 98 % zu Hause gepflegter türkeistämmiger Personen im Pflege-Report von Jacobs et al., 2017, S. 76 unter Verweis auf Okken et al., 2008). Dabei wird für den letzten Punkt ein Wandel in Richtung Akzeptanz professioneller Pflege und entsprechender Einrichtungen prognostiziert (vgl. Jacobs et al., 2017, S. 77).

Hinsichtlich der Zusammensetzung dieser in sich heterogenen Gruppe lassen sich wiederum aus mittlerweile bekannten Gründen keine gesicherten Aussagen treffen. Die oben zitierten statistischen Zahlen legen jedoch nahe, von Vertretern aus den drei größten Migrantengruppen auszugehen, womit russisch-, türkisch- und polnischsprachige Pflegebedürftige determiniert wären. Hinsichtlich ihrer Verteilung differieren die Angaben wiederum: Einige gehen von der größten Gruppe Türkeistämmiger aus, wie es Schouler-Ocak (mit Verweis auf eine nicht mehr aufrufbare Quelle von Kohls 2015) tut und von der größten Gruppe von 65-jährigen und älteren Personen „aus der Türkei, gefolgt von Polen und der Russischen Föderation" spricht (Schouler-Ocak, 2018, S. 38). Die Grundlage ist dabei einerseits die allgemein verbreitete Annahme, dass dies die insgesamt angenommene größte Migrantengruppe in Deutschland sei und andererseits die historische Entwicklung der Migration aus der Türkei: Eine Vielzahl kam als Gastarbeiter nach Deutschland und verblieb hier bis zum aktuellen Zeitpunkt. Mittlerweile sind sie in dem vulnerablen Alter angekommen, das eine Pflegebedürftigkeit wahrscheinlich macht. Diese Dominanz des Türkischen lässt sich leicht in der aktuellen (Wissenschafts)Debatte ablesen: Von den in überschaubarer Anzahl vorliegenden Studien zu Bedarfen und Besonderheiten von pflegebedürftigen Migrant/innen

---

[3] Hieraus auf einen erhöhten Pflegebedarf zu schließen (wie es im Pflege-Report von Jacobs et al. 2017, S. 76 unter Verweis auf Kohls, 2012 geschieht), ist m.E. zu kurz gegriffen. Hier müsste zumindest die Debatte um Diagnose und mögliche Testung von älteren Menschen mit Migrationshintergrund und daraus resultierender Einstufung in die Pflegegrade aufgegriffen werden. Hier ist von einer hohen Zahl an Fehldiagnosen durch mangelnde sprachliche und kulturelle Sensibilität auszugehen.

entfällt ein großer Teil auf die Türkischsprachigen[4], wohingegen nur einige Studien, aber auch einige Angebote für russischsprachige Pflegebedürftige existieren, für polnischsprachige Betroffene hingegen kaum. Andere Schätzungen gehen jedoch von einem überproportional großen Anteil russischsprachiger Menschen aus, wie ebenfalls Schouler-Ocak schreibt (2018, S. 38), die hier auch die Gruppe der Spätaussiedler mit bedenkt. Gleiches konstatiert der vom Bundesministerium für Familie, Senioren, Frauen und Jugend in Auftrag gegebene Wegweiser Demenz. Dies erscheint auch vor dem Fakt wahrscheinlich, dass die russischsprachige sog. vierte Migrationswelle, einsetzend mit Beginn der Perestrojka (vgl. z. B. Karl, 2012, S. 40), alle Altersstufen umfasste, damit also bereits zu dem Zeitpunkt auch ältere Menschen nach Deutschland kamen, hier durch die besseren Lebensbedingungen vergleichsweise (noch) älter wurden und aus gleichem Grund mehr von ihnen über die Jahrzehnte hinweg in die älteren Lebensjahre kommen. Vergleichbare Zahlen für das Polnische sind mir nicht bekannt[5], für alle Gruppen gilt hier, dass gesicherte Zahlen nicht existieren. Dennoch ist schlussfolgernd davon auszugehen, dass unter der identifizierten Gruppe pflegebedürftiger Menschen mit anderssprachigem Hintergrund in Deutschland Personen mit Russisch als (einer) ihrer Erstsprache zu einem nicht geringen Anteil vertreten sind (dies bestätigen auch Gladis et al., 2014, S. 25, die Personen aus Russland als zahlenmäßig größte Gruppe an Pflegebedürftigen mit Migrationshintergrund in Baden-Württemberg identifizieren. Interessanterweise deckt sich die Zahl fast mit der o.g. Zahl von Personen aus der ehemaligen Sowjetunion und liegt bei 16,9 %).

Widmet man sich nun der Frage, welche Gründe hinter einer Pflegebedürftigkeit stehen, so muss dies mit dem Hinweis auf den Zusammenhang von Alter, Pflegebedürftigkeit und Demenz beantwortet werden. Die steigende Prävalenz

---

[4]Diese Aussage basiert aktuell auf einer recht subjektiven Einschätzung und dem momentanen Stand meiner Recherchen in diesem Bereich. Eine erste Überschlagsrechnung, basierend auf den bibliographischen Angaben aus dem Pflege-Report (Jacobs et al., 2017) untermauert dies: Von den insgesamt 41 angegebenen Quellen tragen 11 den Verweis auf die türkeistämmigen Personen im Titel, bei 3 weiteren fokussiert sich der Inhalt auf sie. Dem steht nur ein Eintrag mit Verweis auf Russisch gegenüber, kein einziger für Polnisch. Eine Studie, die dies untermauert und dabei auch die allgemeine Sichtbarkeit der unterschiedlichen Migrantengruppen ins Kalkül zieht, ist in Planung.

[5]Diese Gruppe scheint die größte Tendenz zu haben, in der Debatte nicht berücksichtigt zu werden. Dies hängt sicherlich auch mit der allgemeinen anders gearteten Sichtbarkeit der polnischen Migrantengruppe in Deutschland zusammen. Zugleich zeigt sich jedoch in den Pflegeheimen, dass diese Gruppe unter den Menschen mit anderssprachigem Hintergrund momentan am stärksten zunimmt. Damit klaffen die Wahrnehmung und die Realität anscheinend auseinander – auch dies soll Gegenstand der bereits angekündigten vergleichenden Studie sein.

der Pflegebedürftigkeit mit steigendem Alter ist z. B. im Pflege-Report (Jacobs et al., 2017, S. 258) eindeutig dargelegt: Bei der Gruppe von Menschen bis 60 Jahre betrifft dies eine Person von hundert, steigt für die 60–65-Jährigen auf 2,5, bis 79-Jahre betrifft es bereits jeden Zehnten, bis 84 jeden Fünften und steigert sich bei den über 90-Jährigen auf mehr als die Hälfte aller Personen (60,4 %). Grundsätzlich wird mit einem Anstieg der erwarteten Zahlen von Pflegebedürftigen ausgegangen, was vor allem mit einem Anstieg der sog. „Hochaltrigen" – gemeint sind hier Menschen, die 80 Jahre und älter sind – verbunden ist (vgl. hierzu die Zahlen der Deutschen Alzheimer Gesellschaft, 2016, S. 3, die von einer Steigerung dieser Personengruppe von 5 % der Gesamtbevölkerung im Jahr 2013 auf prognostizierte 12 % für das Jahr 2060 ausgehen). Dies wiederum hängt mit den besseren Gesundheitsbedingungen und dem demografischen Wandel zusammen (vgl. ebd.). Hier sei auch auf den wachsenden Geschlechterunterschied hingewiesen: Grundsätzlich sind mehr Frauen als Männer von Pflegebedürftigkeit betroffen, was sich mit wachsendem Alter noch verschärft (vgl. z. B. Pflege-Report von Jacobs et al., 2017, S. 258) – dies hängt u. a. mit der höheren Lebenserwartung von Frauen zusammen.

Als einer der wichtigsten Gründe für Pflegebedürftigkeit im Alter ist eine demenzielle Erkrankung zu nennen. Laut dem Robert Koch-Institut (Weyerer, 2005, S. 7) ist sie gar der häufigste Grund für Pflegebedürftigkeit. Demenz ist dabei auf zweierlei Weisen mit Pflegebedürftigkeit und Alter verbunden: Zum einen steigt die Prävalenz für Demenz mit zunehmendem Alter (vgl. Deutsche Alzheimer Gesellschaft, 2016, S. 3, wo für 65-69-Jährige eine Prävalenz von 1,5 % angegeben wird, die auf rund 40 % in der Gruppe der über 90-Jährigen steigt), und zum zweiten steigt im Verlauf der demenziellen Erkrankung die Wahrscheinlichkeit, pflegebedürftig zu werden (vgl. Pflege-Report von Jacobs et al., 2017, S. 77 und Deutsche Alzheimer Gesellschaft, 2016, S. 6, die auf eine 100%ige Pflegebedürftigkeit im schweren Stadium verweisen). Dies gilt besonders mit den Änderungen des Ersten Pflegestärkungsgesetzes (Bundesgesundheitsministerium, 2015), in deren Folge die Anerkennung von Pflegegraden gerade für Demenzerkrankte verbessert wurde (Informationen dazu finden sich u. a. auf der Internetseite Wegweiser Demenz (wegweiser-demenz.de) des Bundesministeriums für Familie, Senioren, Frauen und Jugend).

Was die Zahlen Demenzerkrankter in Deutschland anbelangt, so sind diese bereits ohne Berücksichtigung von Mehrsprachigkeit bzw. Migration „unbefriedigend" (Deutsche Alzheimer Gesellschaft, 2016, S. 2), da weder Statistisches Bundesamt noch die Statistischen Landesämter rechtlich befugt sind, diese gesundheitlichen Daten zu erheben (vgl. ebd.). Die Angaben in z. B. Statistiken von Pflege- und Krankenversicherungen „basieren nicht auf validierten

Diagnosen" (ebd.). Die Deutsche Alzheimergesellschaft führt daher aus, dass die verlässlichste Zahl auf demografischen Angaben (wie Altersstrukturen) und der Prävalenzrate für Demenzerkrankungen beruht und zieht selbst die Raten heran, die durch das Projekt EuroCoDe von Alzheimer Europe ermittelt wurden (vgl. ebd., S. 3). Für das Jahr 2016 ergaben diese eine Krankenzahl von ca. 1,6 Mio. Menschen in Deutschland, im Jahr 2018 veröffentlichte das Informationsblatt 1 der Deutschen Alzheimergesellschaft die Zahl von rund 1,7 Mio. Menschen mit mehr als 300.000 Neuerkrankungen pro Jahr und einem mittleren Anstieg der Zahl um 40.000. Die aktuellsten Zahlen, auch wiederum von H. Bickel im Auftrag der Deutschen Alzheimer Gesellschaft erstellt, sind im Informationsblatt 1 von Juni 2020 veröffentlicht. Interessanterweise ist hier von einer etwas niedrigeren Zahl als 2018 zu lesen („rund 1,6 Mio.") bei gleicher Höhe an Neuerkrankungen, die Hochrechnungen für das Jahr 2050 liegen zwischen 2,4 und 2,8 Mio. Erkrankten (vgl. Deutsche Alzheimer Gesellschaft, 2020, S. 1).

Bezogen auf die Gruppe von Menschen mit Migrationshintergrund können abermals die bereits hinlänglich kommentierten statistischen Unzulänglichkeiten ins Feld gezogen werden. Dennoch gibt es auch hierzu geschätzte Zahlen, die sicherlich als ungefähre Orientierung dienen können. So zitiert Schouler-Ocak (2018, S. 38) eine Quelle aus dem Jahr 2016, die eine Zahl von 108.000 Menschen mit Migrationshintergrund und einer Demenz angibt. Die Studie der Friedrich-Ebert-Stiftung (2015) berechnete mit Bezugsjahr 2013 (92.300 Menschen) den Zuwachs an Demenzerkrankungen bei Personen mit Migrationshintergrund für das Jahr 2020 (ca. 130.000) und 2030 (203.300)[6]. Geht man für diese Zahl nun davon aus, dass sie (zumindest über kurz oder lang) in die Pflegebedürftigkeit geraten, so wird klar, von welcher Relevanz dieses Thema im Bereich der Pflege und damit auch der Pflegekommunikation ist[7].

---

[6]Ergänzend hierzu möchte ich noch auf die Zahlen aus dem Informationsblatt 1 der Deutschen Alzheimer Gesellschaft (2020, S. 1) verweisen, die sich allerdings nur auf die Bevölkerung ohne deutsche Staatsangehörigkeit (und damit auf ein anderes und deutlich kleineres Sample) beziehen. Dort wird für die „ältere Bevölkerung" von 51.000 und für die unter 65-Jährigen von „mehr als 25.000" Betroffenen ausgegangen.

[7]An dieser Stelle möchte ich ein kleines Rechenexperiment einbauen, das allerdings nur der beispielhaften Hochrechnung der Fallzahlen für Russischsprachige dienen und nicht als valide ermittelte Zahl verstanden werden soll: Gehen wir von der oben abgeleitet angesetzten Zahl von 350.000 pflegebedürftigen Personen mit Migrationshintergrund im Jahr 2020 in Deutschland aus und übernehmen die Aussage von Schouler-Ocak (2018), dass die Russisch-sprachigen dort vermehrt vertreten sind, so lässt sich (unter Berücksichtigung der ministerial angesetzten 16,8 % Menschen aus der ehemaligen Sowjetunion) eine (hypothetisch und der Einfachheit dienende) Zahl an möglicherweise 20% dieser Zahl Russischsprachiger annehmen. Daraus folgt, dass womöglich im Jahr 2020 ca. 70.000 Personen mit Russisch als (einer

Schlagen wir nun den Bogen zur Verteilung der Pflegebedürftigen auf die unterschiedlichen (Langzeit-)Versorgungsformen (zu Hause durch Angehörige, zu Hause mit ambulantem Pflegedienst und vollstationär in Pflegeheimen). Hier soll zunächst die Zahl des Statistischen Bundesamtes (Destatis, 2019) zugrunde gelegt werden, die von 3,4 Mio. Pflegebedürftigen in Deutschland für 2017 ausgeht. Von ihnen werden 76 % zu Hause versorgt – der Großteil durch Angehörige (51,7 %), 24,3 % mit Unterstützung von ambulanten Pflegediensten. 24 % (dies entspricht 820.000) von ihnen sind vollstationär in einem Pflegeheim versorgt.

Diese Angaben lassen sich dabei jedoch keineswegs auf die Gruppe von Personen mit Migrationshintergrund umrechnen. Wie bereits oben erwähnt, fließt hier eine Vielzahl an Besonderheiten ein, die eine Verschiebung der Versorgungsformen verursachen. Oben wurde bereits eine angenommene Zahl von 98 % der Menschen mit türkischem Hintergrund angesprochen, die von Angehörigen gepflegt werden. Aus der Studie von Gladis et al. (2014, S. 26) entstand eine aufschlussreiche Aufgliederung von Pflegebedürftigen verschiedener Herkunftsländer auf die Einrichtungsarten in Baden-Württemberg. Hier entfallen für die Türkei 88 % auf ambulante und nur 12 % auf stationäre Pflege, während sich dies für Russland leicht zugunsten der stationären Pflege verschiebt, jedoch eine Dominanz der ambulanten Form bestehen bleibt (32,2 % zu 67,8 %) und sich für die Polnischsprachigen gar umkehrt (knapp 60 % stationär vs. 40 % ambulant). Damit ist offensichtlich, dass hier bedeutende Unterschiede zwischen den Migrantengruppen vorliegen, die auch aus Studien zur Akzeptanz der unterschiedlichen Versorgungsformen unter älteren Migrant/innen in anderen Teilen Deutschlands hervorgehen und bestätigen, dass für die russischsprachige Gruppe eine stärkere Skepsis gegenüber vollstationären Einrichtungen zu beobachten ist und somit auch für diese Gruppe eine überdurchschnittlich hohe Anzahl an zu Hause Gepflegten angenommen werden muss (vgl. die Ergebnisse der Befragung, die durch die Friedrich-Ebert-Stiftung (2015, S. 44) unter 78 Personen mit Migrationshintergrund über 65 Jahren durchgeführt wurde und ergab, dass speziell die Personen aus der ehemaligen Sowjetunion der stationären Pflege ablehnend gegenüberstehen). Für die Wahl der Pflegeform fallen dabei unterschiedliche Gründe für die jeweiligen Gruppen ins Gewicht. Während z. B. für Türkeistämmige ein freundlicher und respektvoller Umgang sowie Pflege durch gleichgeschlechtliches Personal im Vordergrund stehen, benennen Russischsprachige die Relevanz

---

ihrer) Erstsprache in Deutschland pflegebedürftig sind. Davon entfallen, auch wieder unter Rückgriff auf die oben ermittelte Zahl von 130.000 an Demenz erkrankten Menschen mit Migrationshintergrund für das Jahr 2020 in Deutschland (und gleichermaßen angenommenen 20 % davon mit russischem Sprachhintergrund) ca. 26.000 auf demenziell erkrankte russischsprachige Personen.

einer Pflege in ihrer Muttersprache (vgl. ebd.). Je nach existierendem Angebot
in den unterschiedlichen Institutionen und Regionen und der Möglichkeit der
Informationsbeschaffung aufseiten der Betroffenen können so die Prozentzahlen
bzgl. der Versorgungsformen extrem variieren (vgl. hierzu die Aufschlüsselungen
der Versorgungszahlen von Menschen mit Migrationshintergrund in ländlichem,
mittelstädtischem und großstädtischem Raum in Baden-Württemberg von Gladis
et al., 2014, S. 16). So sind bspw. in Ballungszentren mehr und diversere Pflegeheime aufzufinden, die mit speziellen sprachlichen und kulturellen Angeboten
eine gezielte Klientel ansprechen und für diese attraktiv sein können, wie es z. B.
in Pflegeheimen der Fall ist, die russischsprachige Stationen einrichten, in denen
ausschließlich russischsprachiges Personal die Pflege übernimmt. Kultursensible
Angebote existieren mittlerweile in vielen Einrichtungen. Insgesamt muss konstatiert werden, dass in allen Versorgungsformen das Bewusstsein für mehrsprachige
und kulturspezifische Pflege gewachsen ist und unterschiedliche Ansätze gesucht
werden, diese speziellen Bedürfnisse abzudecken (vgl. hierzu u. a. Zanier, 2015,
Marquardt et al., 2016 und die Ausführungen und exemplarischen Beispiele der
Friedrich-Ebert-Stiftung, 2015; S. 44 ff., wenngleich der Pflege-Report von Jacobs
et al., 2017, S. 79 zu Recht anmahnt, dass hier noch ein weiter Weg zu gehen ist,
der nach Meinung der Autoren stärker in Richtung allgemeiner Diversität gelenkt
werden sollte). Welche speziellen Angebote hier in welchen Kontexten existieren und wie diese wiederum von den unterschiedlichen Gruppen angenommen
und evaluiert werden, ist Gegenstand einer eigenen Untersuchung, die bislang –
zumindest flächendeckend bzw. kontrastierend – noch aussteht. Momentan bleibt
zu konstatieren, dass es punktuelle Angebote gibt, jedoch keineswegs von einer
übergreifenden Strategie im Bereich Sprache und Kultur in der Pflege die Rede
sein kann. Dies korreliert mit einer überproportional großen Zahl an Pflegebedürftigen mit Migrationshintergrund, die (noch?) zu Hause (kombiniert durch
ambulante und dort auch häufig sprachlich spezialisierte Dienste) gepflegt werden.

Die konkretesten Zahlen liefert Kohls (2012, S. 5), der davon ausgeht, dass
sich 2009 die Zahl pflegebedürftiger Personen mit Migrationshintergrund (insgesamt 192.000 Pflegefälle) abgeschätzt verteilt auf „8 % der Pflegebedürftigen
in Privathaushalten, 7 % der von ambulanten Diensten Betreuten sowie 9 %
der vollstationär Versorgten" (eine übersichtliche Aufschlüsselung und Interpretation dieser Daten inkl. Erhebungshintergrund bietet Neuffer, 2014). Eine
umfangreichere Erhebung zur Versorgungssituation älterer Menschen mit Migrationshintergrund in der Pflege erhoben Gladis et al. (2014) für Baden-Württemberg
und kommen hier auf eine vergleichbare Zahl von 9,7 % an Versorgten mit Migrationshintergrund bezogen auf die Gesamtgruppe in stationären Einrichtungen

(ebd., S. 14). Bei Anwendung dieser Prozentzahl auf die Zahl der Pflegebedürftigen in stationären Einrichtungen insgesamt (820.000 für 2017) ergibt sich eine Rundung von 80.000 pflegebedürftigen Menschen mit Migrationshintergrund in stationären Einrichtungen bundesweit, von denen wiederum geschätzt (unter der Prämisse der hergeleiteten knapp 20 %) ca. 16.000 auf Russischsprachige entfallen. Dabei ist von einer sehr hohen Wahrscheinlichkeit auszugehen, dass ein großer Anteil von ihnen (zusätzlich) an Demenz erkrankt ist.

Damit ist einschätzbar, von welcher Relevanz die im Folgenden im Fokus stehende Gruppe von russischsprachigen, an Demenz erkrankten Pflegebedürftigen im Bereich der Pflege und der Pflegekommunikation ist. Studien, die sich spezifisch auf ihre sprachliche Situation in deutschsprachigen Pflegeheimen konzentrieren, sind mir nicht bekannt. Mit der vorliegenden Ausarbeitung soll somit ein erster Schritt in die Richtung gemacht werden, diese Situation zu beleuchten.

Was bedeutet Pflegebedürftigkeit für Mehrsprachige? Einblicke in sprachliche Konstellationen

Was geschieht, wenn Menschen mit einer mehrsprachigen Sprachbiografie in ein höheres Alter kommen und damit einhergehend ihr Risiko steigt, an altersspezifischen Krankheiten zu leiden und in die Pflegebedürftigkeit zu geraten? Hier stoßen mehrsprachig geprägte Lebensroutinen auf deutschsprachige institutionelle Kontexte – ein nicht immer reibungsloser Ablauf ist vorprogrammiert. Vieles wird durch Familie und Angehörige bzw. das soziale Netzwerk aufgefangen und dadurch abgemildert. Dennoch kommt es zu Reibungsverlusten, die am deutlichsten werden, wenn das familiäre Umfeld nicht die Pflege übernimmt, sondern die mehrsprachige Person in ein Pflegeheim zieht. Dort trifft sie auf sprachliche Routinen und Kommunikationsverhalten, denen sie sich anpassen muss, wozu sie zugleich aber krankheitsbedingt nicht mehr zwangsläufig in der Lage ist. Besonders nachdrücklich zeigt sich dies bei allen Krankheitsbildern, die die kognitiven und damit einhergehend sprachlichen und kommunikativen Fähigkeiten beeinträchtigen, wie es bei allen demenziellen Erkrankungen der Fall ist. Im Verlauf einer Demenz fällt es den Erkrankten immer schwerer, sich der Situation angemessen zu artikulieren, weswegen die Kommunikation mit an Demenz Erkrankten für alle Pflegenden eine besondere Herausforderung darstellt. Welche Besonderheiten diese Kommunikationssituation aufweist, zeigen Sachweh (z. B. 2000) und Posenau (2014) in ihren Studien, die sich jedoch ausschließlich auf einen rein deutschsprachigen Kontext konzentrieren. Dabei illustrieren sie eindrücklich, zu welchen vielfältigen Herausforderungen es für alle Beteiligten kommt. Was

somit unter monolingualen Bedingungen bereits nachgewiesen ist, erscheint für
mehrsprachige Kontexte nicht minder komplex. Es liegt nahe, für mehrsprachige
Erkrankte ähnliche kognitive und daraus resultierende kommunikative Schwierigkeiten anzusetzen, die jedoch durch eine andere Sprachbiografie zu anderen
Verhaltensweisen und damit kommunikativen Ausprägungen führen. Welcher Art
diese genau sind, ist bislang nur sehr selten Gegenstand von wissenschaftlichen
Studien gewesen. Ein Desiderat ist dabei die Untersuchung der Kommunikation zwischen mehrsprachigen demenziell erkrankten Pflegebedürftigen und ihren
Pflegekräften in deutschen Pflegeheimen. Gerade dieser Gegenstandsbereich ist
jedoch vor dem Hintergrund der demografischen Entwicklung und prognostizier-
ten Zahlen für entsprechende Erkrankte und ihre Versorgung von wachsender
zukünftiger Relevanz. Hier gilt es, die aktuelle, noch zahlenmäßig überschaubare
Situation in Augenschein zu nehmen, zu beschreiben und daraus Ansätze abzuleiten, die helfen können, die zukünftigen Herausforderungen und wachsenden
Fallzahlen zu meistern.

In diesem mehrsprachigen Kontext stellt sich eine Vielzahl an Fragen, wie
jene, die sich um den mehrsprachigen erkrankten Sprecher ranken (z. B. nach
der Verteilung der Sprachen und damit auch nach Sprachbiografie und aktu-
ellem Sprachstand, nach Art und Grad der Erkrankung, Verlust der Sprachen
im Verlauf der Erkrankung etc.), jene, die die Pflegekräfte in den Blick nehmen (z. B. ihren sprachlichen Hintergrund, ihre Erfahrungen im mehrsprachigen
und interkulturellen Kontext, ihre kommunikativen Strategien, ihre Probleme,
die sich aus der mehrsprachigen Situation ableiten lassen etc.) und jene, die
die individuelle Ebene verlassen und den institutionellen (und gesellschaftlich-
politischen) Blickwinkel einnehmen (wie z. B. Sprachenpolitik des Pflegeheims,
Verteilung der Pflegebedürftigen auf unterschiedliche Versorgungsformen, spezifische Unterstützungsangebote, Sichtbarkeit der Bedürfnisse etc.). Diese Felder sind
in unterschiedlicher Intensität in der Vergangenheit forschungsseitig angerissen
worden, zugleich jedoch nicht detailliert oder flächendeckend erforscht.

Die vorliegenden Ausführungen können nicht allen diesen Fragen gerecht werden, geschweige denn, sie alle umfangreich darstellen und Lösungsansätze ausarbeiten. Dies ist vielmehr eine gesellschaftlich relevante Aufgabe der zukünftigen
Forschung. Hier sollen aus dieser Vielzahl einige Fragestellungen aufgegriffen
werden. Im Konkreten handelt es sich dabei um die Frage danach, wie sich die
Kommunikationssituation im Pflegeheim für Mehrsprachige gestalten kann. Hierfür sollen insgesamt drei mögliche Konstellationen zunächst in Kürze dargestellt
und die sprachlichen Routinen zugeordnet werden. Diese werden im Anschluss
mit jeweils einem Fallbeispiel illustriert. Dabei sind diese Konstellationen aus
Sicht des Pflegebedürftigen charakterisiert und fokussieren sich darauf, in welcher

Sprache die Kommunikation mit ihm stattfindet. Es wird dabei nicht berücksichtigt, ob es andere Pflegebedürftige mit weiteren Sprachen oder ihrerseits mehrsprachige Pflegekräfte gibt. Es geht also um die Darstellung der sprachlichen Situation aus Sicht einer konkreten pflegebedürftigen Person, die – in diesen Fällen – eine andere Sprache mitbringt als die Umgebungssprache Deutsch.

In der ersten Konstellation handelt es sich um den Fall, dass ein Mensch mit einer anderen Erstsprache als Deutsch in ein grundsätzlich deutschsprachig orientiertes Pflegeheim kommt und dort von deutschsprachigen Pflegekräften versorgt wird. Die Person befindet sich damit in einer quasi monolingualen Sprachumgebung innerhalb des Heimes und ist dort gezwungen, in ihrer nicht Erstsprache zu kommunizieren. Die andere Sprache – ihre Erstsprache – kann sie nur im Austausch mit Personen außerhalb des Heimes pflegen. Damit bleibt die Person natürlich mehrsprachig (im Sinne unserer Definition aus Teil I dieses Buches), ist aber in der überwiegenden Mehrheit in einer einsprachig deutschen Sprachumgebung.

Im zweiten Fall lebt ein mehrsprachiger Pflegebedürftiger zwar in einem grundsätzlich deutschsprachig orientierten Pflegeheim, dort aber arbeiten mehrsprachige Pflegekräfte, die gleichsprachigen Pflegebedürftigen zugeordnet werden. In dieser Konstellation trifft der/die mehrsprachige Pflegebedürftige auf Pflegekräfte, die mit ihm entweder Deutsch (als Erst- oder auch Zweitsprache) oder seine eigene Erstsprache sprechen. Es handelt sich dabei um ein nicht ausgewogenes bilinguales Setting, in dem meist die deutsche Sprache überwiegt (so z. B. auch mit anderen Bewohner/innen des Heimes), dennoch aber der Kontakt zur Erstsprache auch innerhalb des Heimes in der Pflegekommunikation bestehen bleibt.

Die dritte Konstellation tritt bislang eher selten auf und ist dadurch charakterisiert, dass es sich um ein Pflegeheim (bzw. meistens eine Station oder auch eine feste Zuordnung von Bewohner/innen und Pflegekräften) handelt, in dem alle Pflegekräfte und Bewohner/innen die gleiche Sprache – und dabei nicht Deutsch – sprechen. Solche Einrichtungen gibt es in unterschiedlicher Anzahl in Ballungsgebieten in Deutschland (vgl. für einen Überblick Schwarzer, 2017), ein Pflegeheim mit einer solchen rein russischsprachigen Station nimmt seit drei Jahren als Kooperationspartner an UnVergessen teil. Als Sonderform dieser Konstellation ist zu nennen, wenn ein Pflegeheim eine feste Zuordnung von Pflegekräften zu Bewohner/innen aufgrund der gleichen Sprache trifft. In allen diesen beschriebenen Fällen ist aus Perspektive der/s Bewohners/in eine quasi monolinguale Sprachsituation anzusetzen: Seine Kommunikation innerhalb des Heimes bzw. mit den ihm zugeordneten Pflegekräften findet (meist ausschließlich) in seiner Erstsprache statt. Hier ist nicht länger von einer mehrsprachigen Sprachsituation auszugehen, da aus Perspektive des Pflegebedürftigen jegliche

Kommunikation mit ihm in seiner Erstsprache stattfindet. Die Umgebungssprache Deutsch wird nicht mehr verwendet.

Konstellation 1: Pflegebedürftige Person in der Interaktion mit deutschsprachigen Pflegekräften (monolingual deutsche Pflegekommunikation)

In dieser Konstellation verlässt die pflegebedürftige Person mit dem Umzug in das Pflegeheim ihre vertraute meist mehrsprachig oder in der Erstsprache (nicht Deutsch) einsprachig geprägte Sprachumgebung und befindet sich in einer quasi monolingualen deutschsprachigen (nicht ihre Erstsprache) Versorgung. Meist ist dabei nur durch den Außenkontakt (Besuche der Familie/Freunde, Telefonate oder Medienkonsum) der Kontakt zur Erstsprache möglich. Mit dem Umzug in ein Pflegeheim geht also eine doppelte Heimatlosigkeit einher: Nicht nur die vertraute Wohn- sondern auch die vertraute Sprachumgebung wird verlassen. Negative psychische und physische Konsequenzen sind dabei keine Seltenheit.

In der Forschungsliteratur (vgl. hier z. B. Plejert et al., 2017) und auch in Berichten aus der Pflege finden sich schnell – häufig anekdotische – Berichte über solche Personen. Ich möchte jedoch auf die Aufbereitung dieser Forschung verzichten, sondern stellvertretend eine betroffene Person zu Wort kommen und für diese Gruppe sprechen lassen. Es handelt sich dabei um eine russischsprachige Frau, die von Beginn des Projektes an von UnVergessen begleitet wird. Somit ist sie seit fünf Jahren Teil des Projektes. Wir haben sie in vielen unterschiedlichen Situationen begleitet und vielfältige eigene Eindrücke gewinnen können, die durch gezielte Befragung und Aufnahmen ihrer Pflegekräfte ergänzt wurde. Durch diese Daten liegt ein recht umfangreiches Bild von ihr als Person und von ihren jeweiligen sprachlichen und kommunikativen Fähigkeiten vor. Dieses möchte ich hier mithilfe von zwei kurzen Ausschnitten aus mündlichen Aufnahmen von ihr darstellen. Wichtig ist zu betonen, dass diese Frau keinesfalls als Stereotyp für alle Pflegebedürftigen in mehrsprachigen Konstellationen verstanden werden soll, sondern vielmehr ein lebendiges Beispiel für diese Personengruppe ist. Letztere ist natürlich genauso divers wie jeder einzelne Mensch im Vergleich zu anderen ist.

Die russischsprachige Frau, die hier porträtiert werden soll, wird mit Frau S. abgekürzt[8]. Sie ist Anfang 70, in der ehemaligen UdSSR geboren, hat Russisch als ihre Erstsprache erworben und ist im Erwachsenenalter nach Deutschland gekommen. Dort war sie noch berufstätig, sodass über mehrere Jahre von einer mehrsprachigen Lebenswirklichkeit mit Russisch als Erstsprache und dominanter Sprache und Deutsch als Umgebungssprache ausgegangen werden kann. Über die Deutschkompetenzen vor Einzug in das Pflegeheim ist nichts bekannt, da es keinen Kontakt zu Familienangehörigen und somit keine gesicherten Auskünfte darüber gibt. Frau S. ist 2008 in das Pflegeheim gezogen und ist an Demenz erkrankt. Sie befindet sich in der mittleren Phase der Demenz, der Abbau ihrer Fähigkeiten durch die Erkrankung ist seit ihrer Projektteilnahme dokumentiert. Sie ist seit 2016 im Projekt dabei und wird seit dieser Zeit jährlich wechselnd von einer/m neuen studentischen Teilnehmer/in wöchentlich besucht. Dabei werden regelmäßig Audioaufnahmen von ihr gemacht.

Zusammenfassend zur Sprachsituation kann bei Frau S. gesagt werden, dass Russisch ihre dominante Erstsprache ist und sie in einer deutschsprachigen Umgebung lebt (Deutsch ist also die Umgebungssprache). Im Pflegeheim hat sie keine Möglichkeit, ihre russische Erstsprache aktiv zu verwenden, da keine der Pflegekräfte Russisch spricht und auch keine weiteren russischsprachigen Bewohner/innen auf ihrer Station sind, sie lebt damit also in einer quasi monolingualen Umgebung, die aber nicht mit ihrer Erstsprache übereinstimmt. Besuche bekommt Frau S. fast gar nicht. Lediglich seit Projektbeginn hat sie einmal die Woche die Möglichkeit, sich auf Russisch zu verständigen. Subjektiv lebt Frau S. in einer mehrsprachigen Umgebung (Russisch „in ihrem Kopf", Deutsch als in der Umgebung verwendete Sprache), objektiv hat sie jedoch kaum Möglichkeiten, ihre Erstsprache zu verwenden. Zugleich sind ihre Ausdrucksfähigkeiten im Deutschen so gering, dass sie kaum mehr in der Lage ist, das Deutsche aktiv zu verwenden. Damit stellt sich also die Situation dar, dass sie die dominante Sprache, die sie aktiv noch verwenden kann (wie ich unten darstellen werde) in ihrem Alltag nicht einsetzen kann, während sie die im Alltag verwendete und an sich notwendige Sprache aktiv nicht (mehr?) beherrscht. Damit kommt es zu einer starken Asymmetrie der sprachlichen Kompetenzen zwischen den Gesprächsteilnehmern. Eine Konstellation, die in der Mehrsprachigkeitsforschung eigentlich als Übergangsphänomen beschrieben wird, da sie meist dann auftritt, wenn ein Mensch

---

[8]In diesem Teil werden die Namen der Bewohner/innen mithilfe von Abkürzungen anonymisiert. In den anderen Teilen dieses Buches arbeiten wir mit der Vergabe anderer Namen (Vor- und Familienname), um eine bessere Wiedererkennung und auch größere Nähe herzustellen.

mit einer anderen Erstsprache neu in eine Umgebung mit einer anderen Sprache kommt, wie bei Migration oder im klassischen Fremdspracherwerb. Meist ändert sich diese Situation im Laufe des kontinuierlichen Erwerbs der Umgebungssprache. In diesem Fall ist sie jedoch durch die Lebensumstände und die demenzielle Erkrankung hervorgerufen und eine dauerhafte Situation, die sich perspektivisch – durch den Verlauf der Krankheit – noch zuspitzen wird. Der Fall von Frau S. ist dabei kein Einzelfall. Da, wie oben bereits dargestellt, Demenz als eine der wichtigsten Gründe für Pflegebedürftigkeit genannt werden muss, sind viele Pflegebedürftige an Demenz erkrankt und zugleich werden mehrsprachige Pflegebedürftige häufig erst im weiteren Verlauf einer Demenzerkrankung von ihren Angehörigen in eine pflegende Institution gegeben. Die familiale Pflege wird häufig so lang wie möglich gedehnt, sodass unter den mehrsprachigen Pflegebedürftigen in vollstationären Einrichtungen demenzielle Erkrankungen überproportional vertreten sind. Diese sprachliche Asymmetrie zwischen den Pflegekräften als Interaktionspartner und den Pflegebedürftigen kommt im Kontext einer solchen mehrsprachigen Pflegesituation noch zu den bereits oben erwähnten von Sachweh und Posenau identifizierten Asymmetrien hinzu.

Frau S. wird in der Befragung der Pflegekräfte als sympathische, ruhige Person dargestellt, die kaum kommuniziert, wenig auf sich aufmerksam macht und sich zugleich in Pflegesituationen kooperativ zeigt. Sie ist entweder auf ihrem Zimmer oder passiv bei Aktivitäten dabei, sitzt ruhig auf ihrem Stuhl und lächelt freundlich, wenn sie angesprochen wird. In letzter Zeit schläft sie vermehrt ein, ist aber, wenn sie geweckt wird, dennoch freundlich. Sprachlich reagiert sie kaum mit eigenständigen Äußerungen, teilt sich aber auf nonverbale Art mit. Ihr Äußeres und eine gepflegte Erscheinung sind ihr sehr wichtig.

Als Eindruck für eine typische Interaktion zwischen ihr und ihren deutschsprachigen Pflegekräften sollen hier Auszüge aus einer Aufnahme wiedergegeben werden, die im Rahmen der Morgenpflege entstanden sind. Auf den Aufnahmen sind die Pflegekraft und Frau S. zu hören, weitere Personen sind nicht anwesend, beide Personen waren über die Aufnahme informiert und haben ihr zugestimmt (bzw. im Fall von Frau S. der gesetzliche Vertreter). Die Aufnahmen wurden mithilfe der Platzierung zweier portabler Aufnahmegeräte erstellt. Eines befand sich im Zimmer von Frau S. neben dem Bett, ein zweites im Badezimmer. Die Pflegekraft ist selbst Sprecherin einer anderen Erstsprache als Deutsch (Bulgarisch), spricht jedoch sicher und flüssig auf Deutsch. Die Kommunikation zwischen ihr und Frau S. findet ausschließlich auf Deutsch statt. Die Gesamtlänge der Aufnahme beträgt 16:55 min und umfasst den Moment, an dem die Pflegekraft das

Zimmer von Frau S. betritt, sie weckt und alle erforderlichen Schritte der Morgenpflege durchführt bis zu dem Moment, an dem die Pflegekraft das Zimmer wieder verlässt und Frau S. bereit zum Frühstück ist.

Ich möchte im Folgenden einige wichtige Charakteristika der Interaktion zwischen den beteiligten Personen skizzieren[9]. So erscheint von Beginn an recht charakteristisch, dass die Pflegekraft Frau S. sehr deutlich und langsam anspricht. Sie weist dabei keine Anzeichen des sog. Secondary Baby Talk auf – einer vereinfachten und verniedlichten Sprachform, die häufig in der Interaktion mit Kindern oder Pflegebedürftigen auftritt – verlangsamt aber deutlich ihr Sprechtempo. Sie adressiert Frau S. durchgängig mit Frau + Nachname + Sie. Dies zeugt zwar einerseits von Respekt (und ist in dem Fall dieses Pflegeheimes Konvention), schafft zugleich aber auch eine gewisse Distanz (davon wird wiederum häufig im Fall der Pflege und Adressierung Demenzerkrankter abgeraten). Lange Teile der Morgenpflege laufen im Schweigen ab, viele Aktivitäten werden rein nonverbal begleitet. Dennoch ist in klassischer Weise jeweils die Ankündigung der Pflegehandlung durch die Pflegekraft verbalisiert, in manchen Fällen wird sie auch sprachlich begleitet, wiederum nur manchmal entsprechend abgeschlossen.

Zur Illustrierung dessen ist hier ein kurzer Ausschnitt aus der Morgenpflege als Transkript eingefügt[10]. Dort ist nachzulesen, wie die Pflegekraft in das Zimmer kommt, Frau S. begrüßt (dies geschieht mit Frau + Nachname) und sie auffordert, aufzustehen. Wie (nicht) zu lesen ist, erfolgt keine verbale Reaktion von Frau S., es wird aber in der verbalen Folgehandlung der Pflegekraft klar, dass sie der Aufforderung folgt:

.

---

[9]Dies soll keine umfassende gesprächsanalytische Darstellung sein, da es hier vorrangig um Einblicke in die sprachliche Gesamtsituation geht, die für diese Zwecke möglichst gut nachvollziehbar zusammengefasst werden sollen. Eine detaillierte Analyse erfolgt in meinem noch unveröffentlichten Manuskript, in dem die hier dargestellten Aufnahmen gründlicher analysiert und wissenschaftlich zur Publikation in einer Zeitschrift aufbereitet werden.

[10]Für die Zwecke dieser Publikation wurde bewusst auf die Transkripte und nicht auf die Originaltonaufnahmen zurückgegriffen. Zwar geht durch die Verschriftlichung ein Teil der Informationen und der besonderen Atmosphäre verloren, dennoch erscheint dies vor dem Hintergrund dieser sensiblen Daten als besserer Weg, der zudem die Anonymität der Sprecher/innen gewährleistet. Bei Interesse an den Tondateien können Sie per Mail Kontakt zu mir aufnehmen: katrin.karl@rub.de.

Transkript 1:[11] *Ausschnitt aus der Morgenpflege, Interaktion zwischen einer deutschsprachigen Pflegekraft und einer russischsprachigen an Demenz erkrankten Pflegebedürftigen: Begrüßung*

Dauer der Aufnahme: 10 Sekunden
Sprecher/innen: Pflegerin (P1) in einem Altenheim,
                      Bewohnerin eines Pflegeheims (B1) (hier ohne Wortbei-
                      trag)

Transkription:

P1   guten morgen frau s *(2 Sek. Pause)* einmal aufstehen *(5 Sek. Pause)* so,
      langsam

Über die gesamte Dauer der Aufnahme der Morgenpflege hört man nur an drei Stellen Äußerungen von Frau S., alle anderen Reaktionen laufen nonverbal ab. Diese drei Äußerungen umfassen jeweils genau eine einzige Wortform: einmal ein *ja* und zweimal der Versuch ‚heiß' zu sagen (das erste Mal ist es nicht verständlich, evtl. sogar der Versuch, es auf Russisch zu sagen, beim zweiten Mal ist es ein sehr leises abgebrochenes *hei*, das die Pflegekraft jedoch aus dem Kontext heraus versteht).

Auch hier sind die entsprechenden Ausschnitte illustrierend als Transkript beigefügt. In der folgenden Wiedergabe lässt sich erschließen, wie die Pflegekraft Frau S. zu einer verbalen Aussage führt. Dies tut sie – in für die empfohlene

---

[11]Die Transkripte sind hier bewusst in einer allgemein verständlichen und lesbaren Art angeführt. Sie folgen damit nicht den wissenschaftlichen Transkriptionskonventionen, wie sie auf z.b. gesprächslinguistische Analysen Anwendung finden. Die Transkripte sind hier gezielt auf die Informationen ausgerichtet, die für die Zwecke dieser Ausführungen relevant sind, andere Inhalte werden ausgeblendet. Für die Darstellung wird durchgehend auf eine Großschreibung verzichtet, erläuternde Informationen werden in Klammern und kursiv hinter die betreffende Äußerung gesetzt. Pausen werden ebenfalls in Klammern angezeigt. Überschreiten diese eine Sekunde, erfolgt die Angabe der Dauer in Sekunden. Es wird eine angepasste Orthografie verwendet, die umgangssprachliche Wendungen aufgreift, zugleich aber keine phonetische Wiedergabe sein soll. Ein Beispiel dafür ist die umgangssprachliche Aussprache von *(wir) haben* zu *(wir) ham*. Abbrüche werden mit/gekennzeichnet. In den Fällen, wo die Kommunikation nicht rein auf Deutsch abläuft, wird im Anschluss eine wörtliche Übersetzung geliefert. Russische Äußerungen werden in der wissenschaftlichen Transliteration dargestellt, auch hier werden umgangssprachliche Aussprachen übernommen, auf eine genaue phonetische Wiedergabe zugleich verzichtet, wie bspw. die Aussprache von *sejčas* ‚jetzt' zu *ščas*.
Für die Hilfe bei der Erstellung der Transkripte danke ich Anna Danzeglocke sehr herzlich!

Kommunikation mit an Demenz erkrankten Personen klassischer Weise – durch eine geschlossene Frage und die Aufforderung, mit „Ja" oder „Nein" zu antworten. Wie die Reaktion *ja* zeigt, war dies erfolgreich, wenn sie zugleich auch sehr leise realisiert wurde:

Transkript 2: Ausschnitt aus der Morgenpflege, Interaktion zwischen einer deutschsprachigen Pflegekraft und einer russischsprachigen an Demenz erkrankten Pflegebedürftigen: Sprachliche Äußerung der Pflegebedürftigen

Dauer der Aufnahme: 7 Sekunden
Sprecher/innen: Pflegerin (P1) in einem Pflegeheim,
                           Bewohnerin eines Pflegeheims (B1)

Transkription:

P1   haben sie gut geschlafen frau s? *(2 Sek.)* sagen sie ja oder nein?
B1   ja *(sehr leise)*
P1   ja gut

Im dritten Transkript sind die zwei weiteren Äußerungen von Frau S. enthalten. Beim Waschen fragt die Pflegekraft nach, ob ihr das Waschen gut tue, daraufhin reagiert Frau S. und möchte mitteilen, dass das Wasser, mit dem sie gewaschen wird, zu heiß ist. Im ersten Versuch versteht die Pflegekraft sie nicht – die Äußerung ist in der Tat auch auf der Aufnahme nicht eindeutig zu identifizieren, im Transkript ist die rekonstruierte Äußerung eingetragen, die aber nicht eindeutig zu hören ist – und denkt anscheinend, dass Frau S. versucht hat, etwas auf Russisch zu sagen. In der Folge fordert sie sie auf, es ihr „auf Deutsch" noch einmal zu wiederholen. Mit dieser Aufforderung lässt sich eine bislang in der Literatur noch nicht beschriebene Gesprächsstrategie beobachten: die Thematisierung der Sprache und die Aufforderung, die jeweils notwendige Sprache zu wählen. Auch in diesem Fall führt die gewählte Strategie der Pflegekraft zum gewünschten Erfolg: Frau S. wiederholt ihre Äußerung (auf Deutsch) und dieses Mal versteht die Pflegekraft sie und kann reagieren, die Situation wurde gelöst:

Transkript 3: Ausschnitt aus der Morgenpflege, Interaktion zwischen einer deutsch-
sprachigen Pflegekraft und einer russischsprachigen an Demenz erkrankten Pflege-
bedürftigen: Zwei sprachliche Äußerungen der Pflegebedürftigen

Dauer der Aufnahme: 15 Sekunden
Sprecher/innen: Pflegerin (P1) in einem Pflegeheim,
                                        Bewohnerin eines Pflegeheims (B1)

Transkription:

P1   tut das gut? *(Pause)* nein? *(Pause)* möchten sie sich nicht waschen?
B1   *(kaum hörbare Reaktion, rekonstruiert: gorjačaja)*
P1   auf deutsch!
B1   hei/
P1   heiß? ist zu heiß? *(Pause)* oh tschuldigung!

Im Laufe der gesamten Aufnahme wird deutlich, dass die Pflegekraft mit Frau
S. und ihrem nonverbalen Verhalten gut vertraut ist. Die Interaktion läuft auf
bewährte Weise zwischen ihnen ab und die Morgenpflege gelingt. Dennoch
muss man festhalten, dass es kaum zu nennenswerten sprachlichen Äußerungen
zwischen ihnen kommt, Frau S. erscheint als nahezu sprachlos.

Nun könnte man meinen, dass diese Sprachlosigkeit im Kontext der demenziellen Erkrankung und ihres fortgeschrittenen Stadiums zu erklären ist. Schließlich
ist der Verlust von Sprache und Kommunikationsfähigkeit wie oben dargestellt
ein Charakteristikum der Krankheit. Allerdings lässt sich dies durch die Beobachtungen, die wir durch das Projekt von Frau S. machen konnten, sehr schnell
widerlegen. Hat sie die Möglichkeit, in ihrer Erstsprache zu kommunizieren,
präsentiert sich eine vollkommen andere Person mit zwar krankheitsbedingten
Einschränkungen, die aber in der Lage ist, an einem Gespräch aktiv teilzunehmen,
sprachliche Aufgaben erfolgreich auszuführen und sich auf einem hohen Niveau
mit vollständigen Sätzen und komplexen grammatischen Formen auszudrücken.
Als kleiner Eindruck soll hier ein kurzer Ausschnitt wiederum als Transkript zur
Verfügung gestellt werden. Hier ist sie im Gespräch mit einem russischen Studenten, der ihr eine Bildergeschichte (den „Sturz ins Tulpenbeet") gezeigt hat
und sie gebeten hat, diese nachzuerzählen. Bei dem Ausschnitt schildert sie, was
ein Mädchen und ein Junge tun, macht eine kurze Pause und schließt dem, auf
Nachfrage des Studenten, eine Schilderung dessen an, was der Vater (‚Mann') tut.

Besonders bemerkenswert erscheint dabei die Beschreibung, wie die Kinder ‚ermüdet' (*устаеиие / ustavšie*[12]) – Frau S. verwendet hier ein schriftsprachliches Partizip – auf der Bank sitzen:

Transkript 4: Ausschnitt aus dem Gespräch zwischen einer russischsprachigen an Demenz erkrankten Pflegebedürftigen und einem russischen Studenten: Nacherzählung einer Bildergeschichte

Dauer der Aufnahme: 21 Sekunden
Sprecher/innen: Bewohnerin eines Pflegeheims (B1),
                           Studentischer Teilnehmer (S1) des Projekts UnVergessen

Transkription:

B1   mal'čik i devočka vsp spuskajutsja vnis, opjat'
S1   chmm *(Pause)* a čto potom proischodit na vtoroj kartinke? *(2 Sek. Pause)*
B1   nu mužčina rasskazyvaet vsë pro kart / *(weiter unverständlich)*
S1   chmm *(3 Sek. Pause)*
B1   a oni deti ustavšie sidjat

Übersetzung:

B1   ein junge und ein mädchen gehen wieder hinunter
S1   mhm *(Pause)* und was passiert dann auf dem zweiten bild? *(2 Sek. Pause)*
B1   nun der mann erzählt alles über *(weiter unverständlich)*
S1   mhm *(3 Sek. Pause)*
B1   und sie die kinder sitzen ermüdet

Auch wenn nicht alle Äußerungen von Frau S. einwandfrei verständlich sind, so zeigt doch dieser kurze Ausschnitt, dass sie von Sprachlosigkeit weit entfernt ist und durchaus zu zusammenhängenden, logischen und komplexen Aussagen in der Lage ist. Sicherlich sind dabei die Gesprächskonstellationen nicht miteinander vergleichbar. In dem einen Fall ist die Aufnahme im Pflegekontext entstanden, die, wie oben dargestellt, auch in der Kommunikation höchst funktional ausgerichtet ist. Aber auch die zweite Aufnahme findet nicht in einem vollkommen privaten Rahmen ohne vorgegebenes Thema statt. Durch die Aufgabe der Nacherzählung der Bildergeschichte ist auch hier der Gesprächsrahmen

---

[12] Hier und im Folgenden werden russische Beispiele zunächst mit der kyrillischen Schreibweise wiedergegeben, im Anschluss erfolgt eine Transliteration ins lateinische Alphabet.

offizieller und der Gesprächsverlauf determiniert. Der Grad der Vertrautheit zwischen den Interaktionspartnern erscheint dabei auch relativ vergleichbar. Mit der Pflegekraft ist Frau S. seit Jahren bekannt, den Studenten kennt sie zwar zu dem Zeitpunkt erst seit einigen Monaten, durch die wöchentlichen und exklusiven Besuche bei ihr ist jedoch eine Beziehung aufgebaut. Insofern handelt es sich nicht um im klassischen Sinn vergleichbare Aufnahmesituationen, dennoch erscheint es logisch anzunehmen, dass die Unterschiede im sprachlichen Verhalten von Frau S. nicht auf die Unterschiede im Setting – und auch tendenziell nicht auf persönliche Affinitäten zu den Personen[13] – zurückzuführen sind, sondern auf die unterschiedliche Sprache. Zudem muss auf direkt vergleichbare Aufnahmen identischer Situation in jeweils beiden involvierten Sprachen (also Russisch und Deutsch) im Fall von Frau S. zwangsläufig verzichtet werden, da sie in eben jener oben beschriebenen Situation lebt, dass ihre Sprachumgebung im Pflegeheim monolingual deutsch ist. Es gibt keine russischsprachigen Pflegekräfte, mit denen entsprechende Vergleichsaufnahmen hätten durchgeführt werden können.

In der Zusammenfassung lässt sich festhalten, dass die hier dargestellte Person Frau S. in den beiden Sprachen wie zwei unterschiedliche Personen erscheint, deren sprachlichen Kompetenzen stark differieren. In der Interaktion auf Deutsch zeigt sich eine Person, die kaum mehr in der Lage ist, verbal zu kommunizieren und vermehrt auf nonverbale Kanäle ausweicht. In der Konsequenz passt sich die Pflegekraft diesen kommunikativen Strategien an, spricht selbst nur das Notwendigste und versucht, so viel wie möglich außersprachlich aufzufangen. Dass dies gelingt, zeigt die Tatsache, dass die Morgenpflege erfolgreich durchgeführt werden konnte. Insofern ist durch die Asymmetrie in der Sprache nicht die Pflegetätigkeit gefährdet. Zugleich ist es jedoch so, dass bei der Pflegekraft der Eindruck entsteht, dass die Pflegebedürftige durch ihre Erkrankung zu nicht mehr Kommunikation als die gezeigte in der Lage ist. Und gerade darin liegt die Brisanz dieser Konstellationen. Wie der kontrastive Einblick in die sprachlichen Fähigkeiten derselben Person in ihrer anderen Sprache, der L1, zeigt, ist sie auf der kognitiven Ebene zu weitaus mehr in der Lage. Sie kann komplexe Sätze bilden, besondere grammatische Formen produzieren und zugleich Geschichten nacherzählen und an einem Dialog gleichberechtigt teilnehmen. All diese linguistischen, narrativen und kommunikativen Fähigkeiten bleiben in der Interaktion auf Deutsch verborgen und sind damit zwangsläufig den Pflegekräften unbekannt. Sie urteilen daher

---

[13]Zu dieser Aussage komme ich, da wir Schilderungen des gleichen kommunikativen Verhaltens von Frau S. durch andere Pflegekräfte haben. Zudem zeigen die Aufnahmen von und mit den anderen drei Student/innen, die Frau S. besucht haben, eine ähnliche Kommunikationsfähigkeit im Russischen. Damit ist es zumindest nicht auf die jeweilige Einzelperson zurückzuführen.

über die kognitiven Fähigkeiten der Pflegebedürftigen nur auf der ihnen zugänglichen Ebene, die jedoch nicht die gesamte Realität abbildet. Sie ist letztlich nur ein Spiegel dessen, wie gut die sprachlichen Kompetenzen im Deutschen abrufbar sind, aber keineswegs ein Hinweis darauf, dass die Person nicht zu mehr Kommunikation in der Lage ist.

Die Anpassung der kommunikativen Strategien der Pflegekraft an die spärlichen sprachlichen Äußerungen der Pflegebedürftigen ist ihr dabei nicht vorzuwerfen. Es ist ein natürlicher Mechanismus, dass die Komplexität der eigenen Äußerungen der des Gegenübers angeglichen wird. Dennoch verbirgt sich hier die Gefahr einer Abwärtsspirale für die betroffene Pflegebedürftige. Durch die vereinfachte Form der Kommunikation und vermehrtes Ausweichen auf den nonverbalen Austausch wird sie dauerhaft kognitiv unterfordert. Sie kann damit die Fähigkeiten, über die sie eigentlich noch verfügt, nicht mehr einsetzen. Dies kann zu einer Frustration und vermehrtem Gefühl des Verlusts der Selbstständigkeit sowie in der Folge zu einem schnelleren Abbau der an sich noch vorhandenen Kompetenzen führen.

Diese Konstellation ist zunächst einmal aus Sicht der Pflegekräfte nicht weiter dramatisch. Aus dieser Perspektive kommt es zu keinem Reibungsverlust: Die Pflege ist durch entsprechende Ausweichstrategien möglich, der notwendigste Austausch funktioniert. Den Nachteil trägt hier vorrangig die anderssprachige pflegebedürftige Person, die dauerhaft hinter ihren eigentlichen Möglichkeiten bleibt. Je nach Persönlichkeit und Grad der Pflegebedürftigkeit bzw. auch Art der Erkrankung ist die Folge dessen sehr unterschiedlich und kaum zu verallgemeinern. Festzuhalten bleibt jedoch, dass hier keine optimale Förderung stattfindet und eine Beeinträchtigung der Psyche fast unausweichlich erscheint. Tragischerweise verfügt diese Person zugleich nicht über die Möglichkeiten, ihren Zustand zu verbalisieren, somit ist sie von Angeboten von außen bzw. Sprachrohren abhängig.

Konstellation 2: Pflegebedürftige Person in der Interaktion mit deutsch- und gleichsprachigen Pflegekräften (bilinguale Pflegekommunikation)

In dieser Konstellation leben Pflegebedürftige mit einer anderen Erstsprache als Deutsch in einem Pflegeheim, in dem die Pflegekommunikation mit Pflegekräften sowohl in der Umgebungssprache Deutsch als auch in der Erstsprache des jeweiligen Pflegebedürftigen stattfindet. Auch diese Konstellation soll anhand eines Fallbeispiels illustriert werden. Es handelt sich hier um einen russischsprachigen

Mann, Herrn M. Er ist zum Zeitpunkt der Aufnahme 80 Jahre alt, lebt seit 2 Jahren im Pflegeheim und ist an Demenz erkrankt. Er befindet sich in der mittleren Phase und weist die dafür typischen kognitiven Einschränkungen auf: Er hat Einschränkungen in der Erinnerungsfähigkeit, ist aber durchaus in der Lage, in der Situation adäquat zu reagieren. Sein sprachliches Verständnis ist da, seine Ausdrucksfähigkeit zumindest im Russischen gegeben. Herr M. ist in der ehemaligen UdSSR geboren. Er hat Russisch als seine Erstsprache erworben und die meiste Zeit seines Lebens in russischsprachiger Umgebung gelebt. Er ist im höheren Erwachsenenalter nach Deutschland gekommen und hat in zweiter Ehe eine deutschsprachige Frau geheiratet, die mittlerweile verstorben ist. Über seine Kenntnisse des Deutschen vor seiner demenziellen Erkrankung ist nichts bekannt, da auch Herr M. keinen Besuch von Angehörigen oder nahen Freunden bekommt. Dennoch ist aus seinen jetzigen Sprachkenntnissen und dem aus den Aufnahmen ersichtlichen Verständnis abzuleiten, dass Herr M. über Kenntnisse des Deutschen verfügt (hat). Man kann also durchaus eine über mehrere Jahre, wohl eher Jahrzehnte andauernde mehrsprachige Lebenswirklichkeit annehmen, die in seiner jetzigen Lebenssituation fortgeführt wird. Herr M. wird vonseiten der Pflegekräfte als freundlicher Mann beschrieben, der vorrangig den Austausch mit weiblichen Pflegekräften sucht und ihnen gerne Komplimente macht. Bedingt durch Begleiterkrankungen ist Herr M. in regelmäßigen Abständen zeitweilig im Krankenhaus. Meist gehen diese Aufenthalte mit einer Verschlechterung seiner Orientierung und seines emotionalen Zustandes einher. In der Interaktion mit anderen Pflegebedürftigen wird Herr M. als freundlich, aber schweigsam bezeichnet. Er spielt gerne Karten, spricht dabei aber ausschließlich Russisch, sodass Gespräche mit anderen Bewohner/innen nicht möglich sind. Herr M. lebt in einem Pflegeheim, in dem es russischsprachiges und deutschsprachiges Pflegepersonal gibt (ebenso sind weitere Sprachen vertreten, die hier jedoch nicht von Relevanz sind). Dabei werden keine festen Zuordnungen zwischen Pflegepersonal und Bewohner/innen getroffen, sodass die einzelnen Bewohner/innen von jeweils wechselnden Pflegekräften betreut werden. Somit kommt es im Fall von Herrn M. dazu, dass er abwechselnd von Pflegekräften gepflegt wird, die ihrerseits russischsprachig sind, und von solchen, die kein Russisch sprechen. Die Pflegekommunikation findet dabei mit russischsprachigem Personal vorrangig auf Russisch statt (allerdings klassisch geprägt durch die Kontaktsituation mit dem Deutschen, was z. B. durch die beiderseitige Verwendung deutscher Lexik ersichtlich ist), während im anderen Fall die Pflegekraft Herrn M. auf Deutsch anspricht. Wie unten ersichtlich wird, bedeutet dies nicht, dass entsprechend Herr M. auch auf Deutsch reagiert. Vielmehr ist diese Interaktion dadurch geprägt, dass es zur fast konsequenten Verwendung zweier unterschiedlicher Sprachen durch die Gesprächspartner kommt. Interessanterweise führt das jedoch nicht dazu, dass die Pflege nicht erfolgreich durchgeführt werden kann, ist aber in Hinblick auf den Austausch von Begleitinformationen als hinderlich einzuschätzen. Somit lässt sich zunächst zusammenfassen, dass sich Herr M. in einem bilingualen Pflegesetting befindet. Er kommt in unterschiedlichem Umfang in der Pflegekommunikation mit beiden Sprachen in Kontakt.

Dabei gestaltet sich die Interaktion mit den Pflegekräften abhängig von der jeweiligen Sprache. Im Fall von Herrn M. wurden an unterschiedlichen Tagen innerhalb von zwei Wochen Aufnahmen der Morgenpflege mit unterschiedlichen Pflegekräften durchgeführt. Es handelt sich insgesamt um sechs Aufnahmen mit deutschsprachigen Pflegekräften (diese umfassen vier Personen, zwei sind jeweils an mehr als einem Tag vertreten, z. T. haben die Pflegekräfte eine andere Sprache als Deutsch als ihre Erstsprache, kommunizieren mit Herrn M. aber ausschließlich auf Deutsch) und um sieben Aufnahmen von insgesamt drei unterschiedlichen russischsprachigen Pflegekräften. In welcher Weise sich die Sprachwahl auswirkt, soll hier mithilfe von Auszügen aus zwei Aufnahmen illustriert werden: Einer Aufnahme der Morgenpflege mit einer deutschsprachigen Pflegekraft und einer mit einer russischsprachigen.

Um einen Eindruck zu vermitteln, werden auch hier wieder Transkripte zur Verfügung gestellt. Dabei liegt erneut der Schwerpunkt auf der Zusammenfassung der wichtigsten Charakteristika der Interaktion, auf gesprächsanalytische Details soll verzichtet werden. Diese Ausführungen dienen dem Zweck, einen ersten Einblick in den Sprachalltag der jeweiligen Pflegebedürftigen zu bekommen.

In allen Aufnahmen mit deutschsprachigen Pflegekräften wird Herr M. von der jeweiligen Person mit seinem offiziellen Vornamen verbunden mit dem Pronomen der 2. Person Singular *Du* angesprochen. Diese Anrede entspricht den Konventionen dieses Pflegeheimes. Übergreifend über alle Pflegekräfte ist auffällig, dass, vergleichbar, aber zugleich stärker ausgeprägt als im Fall der oben ausgeführten Sprachdaten bei Frau S., eine sehr deutliche und langsame Aussprache festzuhalten ist, die hier z. T. mit überdeutlich ausgeprägter Intonation einhergeht. Dies sind Anzeichen von Secondary Baby Talk, der sich u. a. durch genau diese Merkmale charakterisieren lässt. Von einer vollausgeprägten Variante mit weiteren Merkmalen wie vermehrten Diminutivformen, vereinfachten Sätzen etc. kann hier jedoch in keiner der Aufnahmen die Rede sein. Auch in diesen Aufnahmen sind die sprachlichen Äußerungen der Pflegekräfte sehr ähnlich zu beschreiben wie im obigen Fall bei Frau S. Die Morgenpflege startet in allen Fällen mit einer Begrüßung und sehr häufig mit der Frage nach dem Schlaf. Dem folgt – variierend nach der erfolgten Antwort von Herrn M. und dem Abschluss dieses Gesprächsabschnitts – die Aufforderung zum Aufstehen und das Hinüberbegleiten in das Badezimmer. Der weitere Ablauf des Waschens und Ankleidens wird auch hier von sprachlichen Handlungen begleitet, z. T. mit unterschiedlichen Nebengesprächen ausgekleidet. Die Länge der Aufnahmen und damit auch die Durchführung der Morgenpflege variiert hier z. T. recht stark und reicht von der kürzesten mit 12:45 min zu einer, die mit 24:14 min fast doppelt so lang ist. Diese Varianz hängt dabei zum einen von der Tagesform und den notwendigen Schritten v. a. im Badezimmer ab (längerer Toilettengang, gründlicheres Waschen etc.), aber auch von der Anzahl und Dauer der begleitenden Nebengespräche.

Insgesamt gesehen sind die Gesprächsanteile von Herrn M. in allen Aufnahmen als gering zu bezeichnen. Auf Deutsch spricht er kaum, wenn, dann verbalisiert er Floskeln oder einzelne Wörter, dabei reagiert er aber adäquat auf Anweisungen und führt diese entsprechend aus. Über die Dauer einer Aufnahme hört man Herrn M. an vielen Stellen stöhnen. Eine weitere Strategie, die übergreifend bei ihm festzustellen ist, ist ein Lachen, mit dem er bestimmte für ihn evtl. unangenehme Situationen überspielt. Dies können intime Momente sein, aber auch Situationen, in denen er versucht, sich sprachlich mitzuteilen, und dies aber nicht gelingt. Auch in der Interaktion mit Pflegekräften, die kein Russisch verstehen und sprechen, wechselt Herr M. regelmäßig (in jeder Aufnahme mehrfach) ins Russische und führt z. T. lange Passagen auf Russisch aus. Entsprechend kommt es auch hier zu der bereits oben beschriebenen Strategie der Pflegekräfte, die Sprachwahl zu kommentieren und Herrn M. aufzufordern, auf Deutsch zu sprechen. Dem kommt er in einigen wenigen Fällen nach, meist folgt dem jedoch Schweigen.

Als Illustration sollen hier zwei Ausschnitte dienen, in denen die oben genannten Merkmale deutlich werden: Die floskelhaften deutschsprachigen Reaktionen von Herrn M., der Wechsel in die russische Sprache sowie daraus resultierende unterschiedliche Kommentare von den Pflegekräften zur Sprachwahl.

Im ersten Beispiel betritt die Pflegekraft das Zimmer, begrüßt Herrn M. und fragt ihn, wie er geschlafen hat. Nach einer adäquaten deutschen Reaktion *(ja)* erfolgt prompt der Wechsel ins Russische, den die Pflegekraft kommentiert:

Transkript 5: Ausschnitt aus der Morgenpflege: Interaktion zwischen einem russischsprachigen an Demenz erkrankten Pflegebedürftigen und einer deutschsprachigen Pflegekraft, Bsp. 1

Dauer der Aufnahme: 15 Sekunden
Sprecher/innen: Pflegerin (P1) in einem Pflegeheim,
                                    Herr M., Bewohner eines Pflegeheims (B2)

Transkription:

P1 was soll ich sagen, guten morgen oder mahlzeit? *(Pause)* du hast heute so lange geschlafen! *(Pause)* gut geschlafen?

B2 ja *(gedehnt)*

P1 ja?

B2 vot ne davno prosnulsja

P1 oh! *(gedehnt)* hab ich kein übersetzer!

Übersetzung:

P1 was soll ich sagen, guten morgen oder mahlzeit? *(Pause)* du hast heute so lange geschlafen! *(Pause)* gut geschlafen?

B2 ja *(gedehnt)*

P1 ja?

B2 bin erst vor kurzem aufgewacht

P1 oh! *(gedehnt)* hab ich kein übersetzer!

Ähnlich gelagert ist es in dem Folgebeispiel. Auch hier betritt die Pflegekraft das Zimmer und begrüßt Herrn M. Er erwidert den Gruß – interessanterweise sogar mit einer sehr ähnlichen Intonation. Die Pflegekraft schließt wieder die Frage nach dem Schlaf an, auf die Herr M. in diesem Fall sogar mit *ja* und *jawoll* antwortet, um dann jedoch seinerseits ins Russische zu wechseln. Er möchte ganz eindeutig der Pflegekraft mitteilen, dass ihm etwas fehlt (*кое-что не хватает / koe-čto ne chvataet*), diese versteht ihn jedoch nicht, reagiert durch eine eingeschobene Interjektion *(oooh!)*, übergeht aber letztlich seinen Versuch, indem sie ihrerseits einen neuen Turn mit neuer Frage beginnt. Hier wiederholt sich das oben beschriebene Muster: Herr M. versteht ganz eindeutig die Pflegekraft, reagiert aber seinerseits auf Russisch, was einen Kommentar der Pflegerin hervorruft:

Transkript 6: Ausschnitt aus der Morgenpflege: Interaktion zwischen einem russischsprachigen an Demenz erkrankten Pflegebedürftigen und einer deutschsprachigen Pflegekraft, Bsp. 2

Dauer der Aufnahme: 33 Sekunden
Sprecher/innen: Pflegerin (P1) in einem Pflegeheim,
Herr M., Bewohner eines Pflegeheims (B2)

Transkription:

P1   guten morgen! *(sehr gedehnte und stark intonierte Aussprache)*
B2   guten morgen *(greift die Aussprache auf)*
P1   na? gut geschlafen?
B2   ja, jawoll!
P1   ja, wunderschön. [komm/
B2   [tol'ko koe-čto ne chvataet]
P1   oooh! *(Intonation geht nach unten)* ich hab gehört dass du heute um fünf
      uhr wach warst
B2   was/
P1   fünf uhr jaaa
B2   vot vot ėto to i est' ja na/
P1   jooaaa, das weiß ich nicht leider

Übersetzung:

P1   guten morgen! *(sehr gedehnte und stark intonierte Aussprache)*
B2   guten morgen *(greift die Aussprache auf)*
P1   na? gut geschlafen?
B2   ja, jawoll!
P1   ja, wunderschön. [komm/
B2   [aber irgendetwas fehlt]
P1   oooh! *(Intonation geht nach unten)* ich hab gehört dass du heute um fünf
      uhr wach warst
B2   was/
P1   fünf uhr jaaa
B2   genau das ist es ja. ich/
P1   jooaaa, das weiß ich nicht leider

Dieses Muster zieht sich durch die gesamte Interaktion mit dieser und auch anderen deutschsprachigen Pflegekräften. Dabei kommt es immer wieder zu den oben bereits beschriebenen Situationen, in denen die Kommunikation mehr oder weniger stark aneinander vorbeiläuft. Ein weiteres Beispiel soll dies noch einmal stärker illustrieren. Hier ist die Situation zu beobachten, dass Herr M. während der Morgenpflege versucht, die Pausen zu überbrücken und beginnt, auf Russisch zu sprechen. Dabei ist aus der Adressierung nicht ganz klar, ob er diese Äußerungen für sich formuliert – in dem Wissen, dass seine Gesprächspartnerin ihn sowieso nicht versteht –, oder ob er sie tatsächlich konkret an die Pflegekraft richtet in der Hoffnung, dass sie ihn versteht. In diesem Fall macht Herr M. im gesamten Verlauf der Morgenpflege der Pflegekraft Komplimente und kommt an unterschiedlichen Stellen immer wieder darauf zurück, ihr mitteilen zu wollen, wie schön und toll er sie findet und dass sie ‚seine Freude' sei (*ты моя радость / ty moja radost'*). Dies findet ausschließlich auf Russisch statt, in den meisten Fällen übergeht die Pflegekraft diese Äußerungen (sie scheint daran, wie auch aus Gesprächen mit ihr bestätigt, gewohnt zu sein), in dem folgenden Ausschnitt greift sie sie jedoch auf und fragt nach, was denn dieses immer wieder wiederholte Wort *радость / radost'* ‚Freude' bedeutet:

Transkript 7: Ausschnitt aus der Morgenpflege: Interaktion zwischen einem russischsprachigen an Demenz erkrankten Pflegebedürftigen und einer deutschsprachigen Pflegekraft, Bsp. 3

Dauer der Aufnahme   17 Sekunden
Sprecher/innen   Pflegerin (P1) in einem Pflegeheim
                                  Herr M., Bewohner eines Pflegeheims (B2)

Transkription:

B2   radost'
P1   was ist denn rades? was ist das?
B2   rado/ vot kogda radueš'sja, vot
P1   vodka gorbačov?
B2   aaaa, nee, nee, nee!
P1   nee?
B2   nee!
P1   *(lacht)*

Übersetzung:

B2   freude
P1   was ist denn rades? was ist das?
B2   freu/ also wenn du dich freust, ja
P1   vodka gorbačov?
B2   aaaa, nee, nee, nee!
P1   nee?
B2   nee!
P1   *(lacht)*

Besonders bemerkenswert an diesem Ausschnitt ist die Tatsache, dass Herr M. auf die Frage der Pflegerin, was denn *rades* bedeuten soll, in vollkommener Hinsicht adäquat reagiert und ansetzt, die Bedeutung des Wortes *радость* / *radost'* ‚Freude‘ zu erklären. Dieser Erklärungsansatz ist dabei korrekt (*вот когда радуешься* ... / *vot kodga radueš'sja* ‚nun, wenn du dich freust...‘), nur leider auf Russisch realisiert, sodass die Pflegerin ihn logischerweise nicht versteht. Vielmehr schnappt sie eine phonetische Ähnlichkeit auf und assoziiert mit der Lautfolge [vot kʌgda] das ihr bekannte lautlich ähnliche Wort *Wodka* und nutzt dies, um die Situation zu lösen. Aus Herrn M.s Reaktion ist wiederum herauszudeuten, dass er durchaus in der Lage ist zu verstehen, dass diese Gesprächswendung an sich thematisch nicht passend ist. Im weiteren Gesprächsverlauf versucht er, das aufzuklären, allerdings wieder auf Russisch.

Dieser Wechsel zwischen russischen Äußerungen vonseiten Herrn M.s und deutschen vonseiten der Pflegekraft zieht sich dabei durch alle Aufnahmen. Wie die einzelnen Situationen gelöst werden, unterscheidet sich dabei jeweils, sehr häufig kommt es entweder zur Thematisierung dessen, dass die Pflegekraft ihn nicht versteht, zur Bitte bzw. Aufforderung, Deutsch zu sprechen, oder aber zur Nichtthematisierung und Versuch des Themenwechsels.

Aus all diesen Beispielen und aus den restlichen Aufnahmen geht zweifelsfrei hervor, dass Herr M. alle deutschsprachigen Äußerungen der Pflegekräfte versteht, aber in vielen Fällen nicht in der Lage ist, entsprechend auf Deutsch zu reagieren. Hingegen kann er sich durchaus – auch ausführlicher – auf Russisch mitteilen, dies kommt aber logischerweise bei der Pflegekraft nicht an. In der Folge ist die Pflegekraft damit in der unangenehmen Situation, ihn nicht zu verstehen und damit auch nicht den konventionellen Gesprächsregeln gemäß adäquat reagieren zu können. Herr M. ist zugleich in der z. T. misslichen Situation, nicht verstanden zu werden. Dies ist in einigen Fällen evtl. nur auf der pragmatischen, bzw. allgemeinen Beziehungs- und emotionalen Ebene als ungünstig anzusehen, in anderen Fällen kann es jedoch durchaus relevant sein und zu Nachteilen auf seiner Seite führen. Ein Beispiel ist dafür, dass bei einer der Aufnahmen Herr M. versucht mitzuteilen, dass er Schmerzen hat, die Pflegekraft ihn aber nicht verstehen kann und damit diese Information ins Leere läuft.

Grundsätzlich ist, ebenso wie im Fall von Frau S., zu konstatieren, dass die konkrete Pflegesituation erfolgreich abläuft. In allen Fällen ist die Morgenpflege durchführbar und kann mit dem gewünschten Ziel abgeschlossen werden. Ebenso gibt es sehr viele Situationen, in denen sich die Pflegekräfte sehr bemühen, Herrn M. zu verstehen und sich ihm insgesamt freundlich zuwenden. Dies bestätigt auch Natalja Friesen in ihren Ausführungen im fünften Teil dieses Bandes, in denen sie ebenfalls diese Kommunikationssituation untersucht und in einigen wichtigen

Aspekten darstellt. Es lässt sich in der Mehrzahl der Fälle eine Zugewandtheit feststellen, gesichtsbedrohende Akte kommen sehr selten vor. Zugleich hält auch Friesen die Verwendung von Secondary Baby Talk-Strategien bei fast allen deutschsprachigen Pflegesituationen fest. In der Zusammenfassung kann damit gesagt werden, dass in allen vorliegenden Morgenpflegeaufnahmen mit dieser sprachlichen Konstellation die Pflege erfolgreich durchgeführt wurde und sich beide Seiten darum bemühen, eine Kommunikation aufzubauen und sich auch über die reine Pflege hinaus auszutauschen. Dabei kommt es jedoch zu Situationen, in denen die zur Verfügung stehenden Kommunikationsmittel nicht (mehr) ausreichen und es zu Missverständnissen oder ins Leere laufenden Informationen kommt. Es wird aus diesen Aufzeichnungen ersichtlich, dass neben der reinen Gewährleistung der Morgenpflege noch vielfältige andere Aspekte in der Pflegekommunikation eine Rolle spielen, die hier, wie aus den Ausschnitten ersichtlich wurde, unter der Sprachkonstellation leiden.

Im Fall von Herrn M. und der in diesem Pflegeheim vertretenen Situation der Mehrsprachigkeit vonseiten der Pflegekräfte liegen Aufnahmen mit russischsprachigen Pflegekräften vor, die eine kontrastive Analyse erlauben und Einblicke geben können, in welcher Weise die Sprachwahl die Pflegekommunikation beeinflusst. Wie oben bereits beschrieben, handelt es sich um sieben Aufnahmen der Morgenpflege, womit eine direkte Vergleichbarkeit in diesem Fall gewährleistet ist. Die Länge der einzelnen Aufnahmen variiert hier zwischen knapp 12 min und 17:22 min – eine im Rahmen der morgendlichen Pflege durchaus normale Abweichung, die auch keinen nennenswerten Unterschied zu den deutschen Aufnahmen zeigt.

Hinsichtlich der überwiegenden Anredeform ist jedoch ein Unterschied zu bemerken. Herr M. wird von allen russischsprachigen Pflegekräften überwiegend mit der im Russischen üblichen höflichen Form der 2. Person Plural (*Вы* / *Vy*) adressiert, in einigen konkreten Fällen geschieht ein Wechsel in die 2. Person Singular (*ты* / *ty*), meist kombiniert mit einer imperativischen Form, wenn einer Bitte mehr Nachdruck wie z. B. bei Wiederholung verliehen wird. Dies überrascht wenig: Die Form *Вы* / *Vy* entspricht der üblichen höflichen Anrede und auch ein Wechsel zum familiäreren ‚Du' in solchen pragmatisch zu begründenden Fällen ist durchaus keine Seltenheit und sowohl von Sachweh (u. a. 2000) als auch von Posenau (2014) bereits für den Pflegekontext beschrieben. Überraschend erscheint hingegen die auf allen Aufnahmen zu beobachtende Form der Adressierung mit *Herr* und Nachname (auf Deutsch). Im russischen Kontext wäre hier die Kombination mit Vornamen und Vatersname zu erwarten, die familiärere Option sieht eine Verwendung einer Variante des Vornamens (dann allerdings kombiniert mit *mы / ty* ‚du') vor. Mit der Anrede *Vy + Herr M.* liegt also eine eindeutig kontaktbedingte Variante vor, die nur aus dem deutschsprachigen Umfeld zu erklären ist. Dabei passen die jeweils gewählten höflichen Distanzformen zusammen, es kommt aber zu einer hybriden russisch-deutschen Form, die zugleich in anderen Arbeiten zur russisch-deutschen Kontaktsituation bereits beschrieben ist und damit keineswegs als Novum oder Besonderheit einzelner Sprecher bzw. dieser Konstellation gelten kann. Sie kann damit als Zeichen gewertet werden, dass diese russischsprachige Kommunikation in einem bilingualen Setting verortet ist und entsprechende Merkmale bilingualer Ausdrucksweisen aufweist.

Im Gegensatz zu den deutschsprachigen Aufnahmen sind in allen russischsprachigen Aufnahmen keinerlei Anzeichen für Secondary Baby Talk zu finden. Das Sprechtempo erscheint normal, die Intonation ebenfalls. Hier liegt somit der zweite Unterschied vor. Der wohl wichtigste Unterschied ist jedoch im Gesprächsverhalten von Herrn M. zu finden. Hier ist zunächst ein quantitativer Unterschied zu verzeichnen: Herr M. spricht insgesamt mehr. Aber auch qualitativ kommt es zu gewichtigen Unterschieden: Es ist in den Interaktionen ein normaler Gesprächsablauf zu beobachten. Herr M. reagiert angemessen auf Fragen, führt Dinge und Bedürfnisse aus und stellt von sich aus aktiv Fragen. Gerade letzteres ist im Zusammenhang mit einer demenziellen Erkrankung von großer Relevanz, da dies ein wichtiger Punkt in Bezug auf die Einschätzung des Grades der Erkrankung ist. Er wird in seinen Äußerungen von der Pflegekraft verstanden, wodurch ein Gespräch und ein Austausch ermöglicht wird. Als weiterer Hinweis für die Qualität dieser Interaktionen ist die Frequenz des Lachens anzusetzen. Im Kontrast ist zu beobachten, dass in den russischsprachigen Aufnahmen Herr M. und auch die Pflegekraft häufig gemeinsam lachen. Insgesamt wirkt die Atmosphäre entspannter und freundlicher.

Um diesen Unterschied aussagekräftig illustrieren zu können, müssten längere Ausschnitte aus beiden Gesprächssituationen kontrastiert werden, wozu hier jedoch der Raum und die inhaltliche Ausrichtung fehlen. Es soll dennoch nicht auf ein Beispiel für eine Interaktion mit einer russischsprachigen Pflegekraft verzichtet werden. Um eine Vergleichbarkeit zu gewährleisten, wurde auch hier die Eingangssituation gewählt. Die Pflegekraft betritt den Raum und begrüßt Herrn M. auf Russisch. Er reagiert mit dem Gegengruß und einer familiären Adressierung der Pflegerin (mit *солнышко / solnyško* ‚wörtl. kleine Sonne', hier als Kosename verwendet). Auf die folgende Frage nach seinem Nachtschlaf reagiert er zunächst mit *ничего / ničego* (in der umgangssprachlichen Form *ничё / ničё*), was hier soviel wie ‚normal' bedeutet und führt kurz darauf noch einmal etwas länger mit einem vollständigen Satz aus: *спал хорошо! / spal chorošo!* ‚Ich habe gut geschlafen!' Aus diesem Beispiel geht ein natürlicher Wechsel zwischen den Gesprächsbeiträgen der beiden Personen hervor, die nicht durch sprachliche Schwierigkeiten oder den Wechsel in eine andere Sprache gestört werden. Es entwickelt sich ein ungehindertes und entspanntes Gespräch. Dies ist über die Dauer der gesamten Aufnahme, die hier nicht in Gänze wiedergegeben werden kann, ersichtlich.

Transkript 8: Ausschnitt aus der Morgenpflege: Interaktion zwischen einem russischsprachigen an Demenz erkrankten Pflegebedürftigen und einer russischsprachigen Pflegekraft

Dauer der Aufnahme: 13 Sekunden
Sprecher/innen: Pflegerin (P1) in einem Pflegeheim,
　　　　　　　　　Herr M., Bewohner eines Pflegeheims (B2)

Transkription:

P1   dobroe utro!
B2   dobroe utro, solnyško!
P1   kak vam spalos' segodnja chmm?
B2   a ničë!
P1   normal'no spalos'?
B2   spal chorošo *(gedehnt)*
P1   ėto zamečatel'no!

Übersetzung:

P1   guten morgen!
B2   guten morgen, sonnenschein!
P1   wie haben sie heute geschlafen hmm?
B2   ganz normal!
P1   normal geschlafen?
B2   ich habe gut geschlafen! *(gedehnt)*
P1   das ist großartig!

Diese blitzlichtartigen Impressionen sollen verdeutlichen, dass es einen großen Unterschied macht, in welcher Sprache die Pflegekommunikation abläuft und dieser Unterschied zu einem anderen Verhalten des Pflegebedürftigen führt. Zwar wurde betont, dass in keiner der aufgezeichneten Fälle die Pflege im deutschsprachigen Setting gefährdet war bzw. das entsprechende Ziel der Morgenpflege aus sprachlichen Gründen nicht erreicht werden konnte, dennoch konnten einige

wichtige Unterschiede zwischen der Interaktion mit einer Pflegekraft, die nicht
die Erstsprache des Pflegebedürftigen spricht, und einer, die sie spricht, herausgearbeitet werden. Dass diese Unterschiede Folgen auf die konkrete Gesprächssituation und auf das psychische Empfinden beider Gesprächsteilnehmer haben,
mag wohl jedem klar sein, der sich einmal in einer vergleichbaren Situation
sprachlicher Asymmetrie befand. Ein wichtiger Unterschied liegt dabei auch in
der beobachteten unterschiedlichen Verwendung des Secondary Baby Talks. Wo
dieser in den deutschen Aufnahmen z. T. zumindest in Ansätzen erscheint, sind
dafür keinerlei Anzeichen in den russischsprachigen Aufnahmen zu finden. Die
Verwendung von Secondary Baby Talk durch den Sprecher geht normalerweise
mit dem individuell und subjektiv eingeschätzten kognitiven Zustand des Hörers
einher: Je geringer seine kognitiven Fähigkeiten angesehen werden, umso mehr
wird auf diese Gesprächsstrategie zurückgegriffen. Gerade im Zusammenhang mit
der Interaktion mit an Demenz erkrankten Personen mehren sich Anzeichen von
Secondary Baby Talk im Verlauf der Erkrankung (vgl. hierzu Posenau, 2014),
wenngleich dies nicht immer als positiv und erstrebenswert gewertet wird (vgl.
dazu auch die entsprechenden Ausführungen oben). Häufig entzieht sich dabei der
Einsatz dieser sprachlichen Charakteristika dem Bewusstsein, es handelt sich um
eine intuitive Anpassung an die vermeintlichen Fähigkeiten des Gegenübers. Vor
diesem Hintergrund lässt sich vermuten, dass der hier beobachtete Unterschied
im Einsatz dieser Gesprächsstrategie darauf hindeutet, dass die russischsprachigen Pflegekräfte den kognitiven Zustand von Herrn M. als besser einschätzen,
als es die deutschsprachigen Pflegekräfte tun. Und damit ist der Bogen zu den
Beobachtungen im Fall von Frau S. geschlagen. Auch dort wurden die Fähigkeiten, die aus der deutschsprachigen Interaktion interpretiert wurden, als weitaus
schlechter eingeschätzt als die im Rahmen der russischsprachigen. Die aus dieser Fehleinschätzung resultierenden Folgen für die/den Pflegebedürftigen wurden
bereits oben skizziert. Im Fall der hier beschriebenen Konstellation erscheinen sie
dabei als nicht ganz so dramatisch, da es hier den Ausgleich durch die jeweils
russischsprachigen Pflegekräfte gibt.

Konstellation 3: Pflegebedürftige Person in der Interaktion mit gleichsprachigen (nicht umgebungssprachigen) Pflegekräften (quasi monolinguale Pflegekommunikation)

Die letzte hier zu schildernde Konstellation kommt dann zustande, wenn die
pflegebedürftige Person ausschließlich mit Personen interagiert, die die gleiche
Sprache wie die Erstsprache der pflegebedürftigen Person sprechen, die in diesem

Fall nicht der Umgebungssprache entspricht. Dies sind Pflegeheime mit explizit sprachlich ausgerichteten Stationen bzw. einer entsprechenden Einstellungs- und Belegungspolitik, in der die Sprache oder auch die Kultur ein ausschlaggebendes Kriterium darstellt. Mittlerweile gibt es, gerade in Ballungsgebieten, einige Einrichtungen mit wachsender Zahl, die z. B. russisch- oder auch türkischsprachige Stationen eingerichtet haben, andere fokussieren sich auf kultursensible Pflege, weitere richten sich nach dem Glauben aus. Auch aufseiten der Angebote in den Pflegeheimen wächst die Diversität.

Kommt eine entsprechende pflegebedürftige Person in eine solch ausgerichtete Einrichtung, so verlässt sie die bisher in den meisten Fällen mehr oder weniger stark ausgeprägte mehrsprachige Lebenswirklichkeit und gelangt in eine quasi monolinguale Sprachumgebung. Dadurch, dass dennoch das Pflegeheim in Deutschland ist, sind natürlich Interaktionen auf Deutsch nicht ausgeschlossen. Ebenso kommt es auch in diesen Konstellationen zu sprachlichen Kontaktprodukten, die auf die allgemeine Kontaktsituation zurückzuführen sind. Dennoch ist es aus Sicht der pflegebedürftigen Person möglich, jedwede Kommunikation in ihrer Erstsprache zu führen. Je nach Ausrichtung der Institution und Gesundheitszustand inkludiert dies die Kommunikation mit anderen Bewohner/innen, in jedem Fall jedoch die Pflegekommunikation.

Auch für diese Konstellation soll stellvertretend eine Person porträtiert werden. Hier handelt es sich um die 95-jährige russischsprachige Frau E. Sie ist ebenfalls in der ehemaligen UdSSR geboren, war dort als Leiterin eines Krankenhauses tätig und ist im höheren Erwachsenenalter nach Deutschland gekommen. Sie ist an Demenz erkrankt und befindet sich im Spätstadium der Krankheit. Laut Auskunft ihrer Familienangehörigen, von denen sie Besuch bekommt, hat sie vor ihrer Erkrankung Deutsch verstanden und gesprochen. Mittlerweile sind jedoch ihre sprachlichen Ausdruckfähigkeiten krankheitsbedingt sehr stark eingeschränkt. Da die Angehörigen beobachtet haben, wie stark und schnell die Kommunikation im Deutschen eingeschränkt wurde, entschieden sie sich bewusst für dieses Pflegeheim, in dem sichergestellt werden konnte, dass Frau E. auf Russisch gepflegt werden würde. Frau E. ist in allen Bereichen sehr stark eingeschränkt. Sie ist kaum mehr in der Lage, sich verständlich mitzuteilen. Ihre Äußerungen beschränken sich auf einzelne Wörter, die sie zum Teil wiederholt bzw. lautiert. Ihre Aussprache ist dabei stark von der Demenz geprägt. Die Lautstärke ist lauter als normal, die Intonation monoton. Frau E. legt ein sog. herausforderndes Verhalten an den Tag. Dies ist in diesem Stadium der demenziellen Erkrankung keine Seltenheit und umfasst lautes Schreien, Gewalttätigkeiten, Verweigerung der Kooperation etc. Dies wird bei Frau E. häufig ausgelöst, wenn sie doch einmal – abweichend – auf Deutsch angesprochen wird. Die Pflegekräfte berichteten von vielen solcher Zwischenfälle, weswegen sie mittlerweile bewusst vermeiden, dass Frau E. mit der deutschen Sprache in Berührung kommt. Dies wird v.a. durch die Zuteilung ausgewählter russischsprachiger Pflegekräfte erreicht, die mit Frau E., ihrem Verhalten und auch ihren Reaktionen gut vertraut sind. Somit lässt sich hier zusammenfassend sagen, dass eine Kommunikation auf Deutsch mit Frau E. überhaupt nicht mehr möglich ist. Abgesehen davon, dass sie nicht in der Lage wäre, sich mitzuteilen, würde sie die Interaktion verweigern.

Auf Russisch hingegen sind viele Dinge noch möglich. In den zwei Aufnahmen der Morgenpflege von ihr mit zwei russischsprachigen Pflegerinnen zeigt sich eine sehr eingeschränkte Kommunikation, dennoch reagiert Frau E. verbal, kann sich mitteilen und wird verstanden. Unterm Strich lassen sich sogar quantitativ mehr und verständlichere Wörter zählen, als es im Vergleich bei Frau S., der ersten porträtierten Frau in der mittleren Phase der Demenz in der deutschsprachigen Interaktion der Fall war. Dazu muss allerdings gesagt werden, dass die Pflegerinnen davon berichten, dass die Interaktion von Frau E. stark tagesformabhängig ist und die Aufnahmen jeweils an einem guten Tag erfolgten.

Die Morgenpflege erstreckt sich bei Frau E. nicht bloß auf das Wecken, Waschen und Ankleiden, sondern umschließt auch das Füttern, da Frau E. dazu nicht mehr in der Lage ist. Damit weisen die Aufnahmen eine breitere Fülle an Interaktionen mit entsprechenden sprachlichen Begleithandlungen auf. Zudem sind hier die Gesprächsstrategien der Pflegekräfte stark von dem Grad der Krankheit geprägt. Beiden Pflegerinnen gelingt es dabei, eine angenehme Gesprächsatmosphäre zu schaffen und Frau E. emotional zu adressieren. Dies spiegelt sich auch in ihrer gewählten Anredeform. Diese entspricht ganz klassisch (und hier nicht durch den Kontakt mit dem Deutschen beeinflusst) den russischen Konventionen der Höflichkeit, gerade älteren Menschen gegenüber: Frau E. wird überwiegend mit Vorname + Vatersname + *Вы* / *Vy* angesprochen. Allerdings wechselt die Pflegekraft in einigen Fällen ins *ты* / *ty* (familiäre Anrede mit ‚Du'). Diese Situationen zeichnen sich dann allerdings passend dadurch aus, dass die Pflegekraft versucht, eine größere Nähe aufzubauen, um z. B. Frau E. besser zu erreichen und zu einer Handlung zu führen. Ihre Pflegehandlungen begleiten die Pflegerinnen mit sehr viel positivem Lob und wiederholen die Aufforderungen sehr oft. Daneben verwenden sie recht viele Diminutiva (wie z. B. *спасибочки* / *spasibočki, ложечки* / *ložečki, потихонечку* / *potichonečku* oder *ручки* / *ručki* – jeweils Verkleinerungsformen von ‚Danke', ‚Löffel', ‚langsam/ruhig' und ‚Hand'). Die Intonation ist langsam, die Aussprache deutlich, aber beides nicht über Gebühr übertrieben. Damit sind einige Charakteristika des Secondary Baby Talk zu finden, es wird in den Gesprächen mit Frau E. zugleich aber in einer angepassten und dabei deutlich gesichtswahrenden Form verwendet.

Die Äußerungen von Frau E. sind ausschließlich reaktiv. Dabei erfolgen sie meist erst nach mehrmaliger Aufforderung und auf geschlossene Fragen. Meist wiederholt sie dabei das vorher von der Pflegekraft Gesagte oder reagiert mit Routineformeln. Dabei beschränken sich ihre Äußerungen auf einige wenige Wörter, vorrangig sind dies: *хорошо / chorošo* ‚gut‘, *нет нет / net net* ‚Nein, Nein‘, *буду / будем / budu/budem* ‚(ich/wir) werde/n‘ als Bestätigung, *ладно / ladno* ‚in Ordnung‘ bzw. die besagten Wiederholungen der Äußerungen der Pflegekraft.

Illustrierend für diese Ausführungen soll auch hier ein Transkript der Begrüßung angeführt werden. Die Pflegekraft kommt ins Zimmer und begrüßt Frau E. Nach einer Wiederholung des Morgengrußes spiegelt ihn Frau E. Die Pflegerin erkundigt sich nach ihrem Schlaf, worauf Frau E. eine ihrer Standardantworten *хорошо! / chorošo!* ‚gut!‘ gibt. Es ist festzuhalten, dass es sich dabei um eine Reaktion handelt, der nicht eine geschlossene Frage vorherging. Die Pflegekraft erläutert ihr daraufhin, welche Pflegehandlungen sie im Folgenden durchführen wird (aus dem Bett heben, waschen und anziehen) und bekommt als Reaktion eine verbale Zustimmung von Frau E. (wieder in der obigen Form):

Transkript 9: Ausschnitt aus der Morgenpflege: Interaktion zwischen einer russischsprachigen an Demenz erkrankten Pflegebedürftigen und einer russischsprachigen Pflegekraft, Beispiel 1

Dauer der Aufnahme: 20 Sekunden
Sprecher/innen: Pflegerin (P1) in einem Pflegeheim,
                    Frau E., Bewohnerin (B3) eines Pflegeheims

Transkription:

P1   dobroe utro vika borisowna[14]! dobroe utro moja rodnaja, dobroe utro!
B3   dobroe utro! *(sehr laut und gleichförmig)*[15]
P1   kak pospali?
B3   chorošo!
P1   chorošo! toda[16] ja vas ščas podnimu s koečki i pomoju i odenu, chorošo?
B3   chorošo!
P1   nu molodcy, vstavajte togda

---

[14]Der Name wurde geändert.

[15]Frau E.s Aussprache ist durchgehend sehr laut und mit einer sehr gleichförmigen Intonation.

[16]Umgangssprachliche Aussprachen werden hier phonetisch vereinfacht übernommen (hier anstelle von *тогда / togda*), gleiches gilt für *сейчас / sejčas* zu *ščas* und im nächsten Beispiel *будем / budem* ‚wir werden‘ zu *bum*.

Übersetzung:

P1 guten morgen vika borisowna! guten morgen meine liebe, guten morgen!
B3 guten morgen!
P1 wie haben sie geschlafen?
B3 gut!
P1 gut, dann hole ich sie jetzt aus dem bettchen und wasche sie und ziehe sie an, gut?
B3 gut!
P1 na prima, dann stehen sie auf

Als abschließendes Beispiel für die Interaktion mit Frau E. soll hier ein etwas längeres Transkript eines Ausschnittes von ca. einer Minute Länge präsentiert werden, der das Ende der Aufnahme einleitet. Die Pflegerin hat Frau E. gefüttert und fragt sie zunächst, ob sie satt ist. Hier ist ein Wechsel, wie oben beschrieben, in die familiäre Form der Anrede mit ‚Du' zu beobachten. Darauf antwortet ihr Frau E. Im Anschluss daran stellt ihr nun die Pflegerin die Frage, was sie als nächstes machen möchte. Zunächst tut sie dies in Form einer offenen Frage, bekommt jedoch keinerlei Reaktion. Daraufhin reformuliert sie ihre Frage in etwas einfacheren Wörtern, bleibt jedoch weiterhin bei einer offenen Form. Auch diese bleibt reaktionslos. Die Pflegerin überbrückt das Schweigen durch Aufzählung der erfolgten Aktivitäten – hier wählt sie die ‚Wir'-Form, die in Pflegekontexten recht verbreitet ist und stellt dann anschließend eine Entweder-oder-Frage. Auch auf diese bekommt sie keine Reaktion. Es folgen einige Wiederholungen, Aufforderungen zu antworten und erneute Ansprachen, die auch wiederum ohne Reaktion bleiben. Erst in dem Moment, als sich die Pflegerin für eine geschlossene Frage mit der Antwortmöglichkeit *Ja* bzw. *Nein* entscheidet, erfolgt die verbale Reaktion von Frau E.: sie will nicht spazieren gehen (*нет нет!* / *net net!* ‚Nein, Nein'!) aber fernsehen (*будем!* / *budem!* ‚(wir) werden!'). Dieser Ausschnitt ist insofern gesprächstechnisch sehr interessant, als er sehr deutlich illustriert, wie wichtig es ist, in der Interaktion mit Menschen mit Demenz in dieser fortgeschrittenen Phase der Erkrankung in möglichst geschlossener Form zu sprechen. Der Dreischritt von einer ganz offenen über eine Wahlmöglichkeit hin zur Ja/Nein-Antwort spiegelt hier sehr gut wider, welche Optionen einem Sprecher grundsätzlich zur Verfügung stehen und welche in dieser speziellen Interaktion zum gewünschten Erfolg – der verbalen oder auch nonverbalen Reaktion – führen. Nicht umsonst ist die Formulierung geschlossener Fragen ein vielfach zu findender Rat in entsprechenden Pflegehandbüchern.

Zugleich wird an dieser Stelle offensichtlich, dass eine Pflegekraft die kognitiven und reaktiven Fähigkeiten der pflegebedürftigen Person überschätzt und sich gezwungen sieht, ihre Strategien nach unten hin anzupassen. Dies steht im Gegensatz zu den oben geschilderten Konstellationen, in denen in der deutschsprachigen Pflegeinteraktion von einem zu niedrigen kognitiven Zustand ausgegangen wurde. Mit der auf diese Weise doch erfolgten Reaktion von Frau E. ist die Morgenpflege abgeschlossen und die Pflegerin zufrieden. Sie wiederholt noch einmal, was sie als nächstes tun wird und verlässt danach das Zimmer.

Transkript 10: Ausschnitt aus der Morgenpflege: Interaktion zwischen einer russischsprachigen an Demenz erkrankten Pflegebedürftigen und einer russischsprachigen Pflegekraft, Beispiel 2

Dauer der Aufnahme: 1:16
Sprecher/innen: Pflegerin (P1) in einem Pflegeheim,
Frau E., Bewohnerin (B3) eines Pflegeheims

Transkription:

P1 vsë nakušalas'?
B3 kušala!
P1 nakušalas'. *(Pause)* chočeš' eščë jogurt?
B3 net net!
P1 net? vsë? syta? bol'še kušat' ne chočeš'?
B3 ne choču!
P1 ne chočeš'? *(Pause)* a čë ty chočeš'? *(3 Sek. Pause)* a čto, na čto želanie u tebja est' vika borisowna? *(2 Sek. Pause)* čto ty chočeš'? *(2 Sek. Pause)* hm? skaži mne! *(4 Sek. Pause)* čto ty chočeš'? *(Pause)* čto bum ščas delat'? *(3 Sek. Pause)* pomylis', odelis', pokušali *(Aufzählungsintonation)* *(2 Sek. Pause)* čto bum ščas delat'? *(4 Sek. Pause)* hmm? *(2 Sek. Pause)* televizor smotret' ili guljat' pojdëm? *(5 Sek. Pause)* čto bum delat'? televizor smotret' ili guljat' pojdëm? *(4 Sek. Pause)* podumaj! *(2 Sek. Pause)* čto ty chočeš' vika borisowna? *(3 Sek. Pause)* vika borisowna! *(2 Sek. Pause)* televizor bum smotret' ili guljat' pojdëm? *(5 Sek. Pause)* nu, skaži mne! *(bittende Intonation)(3 Sek. Pause)* čto my budem ščas delat'? *(3 Sek. Pause)* a? *(5 Sek. Pause)* vika borisowna! nu razgovarivaj so mnoj! *(drängendere Intonation)* *(Pause)* guljat' pojdëm?
B3 net net!
P1 a televizor budem smotret'?

B3 budem!
P1 novosti budem smotret'?
B3 budem!
P1 nu chorošo! ščas ja togda vključu televizor, ladno?
B3 ladno!
P1 nu klassno!

Übersetzung:

P1 alles aufgegessen?
B3 gegessen!
P1 aufgegessen. *(Pause)* möchtest du noch joghurt?
B3 nein nein!
P1 nein? alles? bist du satt? willst du nichts mehr essen?
B3 ich will nicht!
P1 du willst nicht? *(Pause)* und was willst du? *(3 Sek. Pause)* und was, was wünschst du dir, vika borisowna? *(2 Sek. Pause)* was willst du? *(2 Sek. Pause)* hm? sag es mir! *(4 Sek. Pause)* was willst du? *(Pause)* was werden wir jetzt machen? *(3 Sek. Pause)* wir haben dich gewaschen, angezogen und wir haben gegessen *(Aufzählungsintonation) (2 Sek. Pause)* was machen wir jetzt? *(4 Sek. Pause)* hmm? *(2 Sek. Pause)* schauen wir fernsehen oder gehen wir spazieren? *(5 Sek. Pause)* was machen wir jetzt? schauen wir fernsehen oder gehen wir spazieren? *(4 Sek. Pause)* überleg! *(2 Sek. Pause)* was willst du vika borisowna? *(3 Sek. Pause)* vika borisowna! *(2 Sek. Pause)* schauen wir fernsehen oder gehen wir spazieren? *(5 Sek. Pause)* sag es mir! *(bittende Intonation) (3 Sek. Pause)* was machen wir jetzt? *(3 Sek. Pause)* a? *(5 Sek. Pause)* vika borisowna, sprich mit mir! *(drängendere Intonation) (Pause)* gehen wir spazieren?
B3 nein nein!
P1 werden wir fernsehen?
B3 werden wir!
P1 werden wir nachrichten schauen?
B3 werden wir!
P1 das ist gut! dann schalte ich jetzt den fernseher ein, okay?
B3 okay!
P1 das ist super!

Diese Ausschnitte und die Ausführungen dazu zeigen, wie immens wichtig es ist, gerade in der letzten Phase einer demenziellen Erkrankung eine adäquate, liebevolle und entspannte Interaktion zu ermöglichen. Welche Rolle dabei die vertraute Erstsprache spielt, ist wohl offensichtlich. Der Fall von Frau E. spiegelt dies in jeder nur erdenklichen Klarheit: Eine Interaktion und damit auch die Pflege in einer anderen Sprache als ihrer Erstsprache ist nicht mehr möglich, wird sie jedoch in ihrer Erstsprache angesprochen und ihrem Krankheitszustand angemessen adressiert, verläuft die Pflege erfolgreich, auch wenn sie deutlich Empathie, Geduld und Zeit erfordert.

Abschließende Bemerkungen

Die Schilderung dieser drei sprachlichen Konstellationen, zu denen es im Fall der Pflegebedürftigkeit Mehrsprachiger in vollstationären Einrichtungen kommen kann, fokussierte sich auf die Perspektive der jeweiligen pflegebedürftigen Person. Diese Perspektive wurde bewusst gewählt, da es letztlich die Pflegebedürftigen sind, die dauerhaft in dieser Situation leben. Es ist ihre alltägliche Lebenswirklichkeit, die vergleichsweise wenig Varianz aufweist. Neben dem Austausch mit den Pflegekräften und ggf. den anderen Bewohner/innen kommt es nur selten (meist nur durch Besuche) zu Kontakten zu anderen Gruppen bzw. zur Außenwelt. Dies wird im Fall von mehrsprachigen Pflegebedürftigen, zumindest für die durch das Projekt UnVergessen begleiteten Personen, meist noch verstärkt. Wie oben ausgeführt, findet ein Großteil der Pflege unter russischsprachigen Personen im familiären Kontext statt. Der Umzug ins Pflegeheim ist meist nur dann eine Option, wenn entweder die entsprechende Krankheit (meist Demenz) so weit fortgeschritten ist, dass eine Pflege zu Hause erschwert ist oder aber – wie in unseren Fällen ebenfalls häufig beobachtet – die Angehörigen örtlich entfernt leben, das Verhältnis zu ihnen beeinträchtigt ist bzw. es sie nicht gibt. Dies bedingt zwangsläufig, dass der Kontakt mit ihnen entweder gar nicht stattfindet oder auf ein Minimum reduziert ist. Die Interaktion im Pflegeheim ist damit häufig die einzige Kommunikationsmöglichkeit für diese Personen, wodurch sie eine große Relevanz bekommt.

In allen drei Fallbeispielen wurde die gleiche Kommunikationssituation – die Situation der Morgenpflege und Interaktion während dieser – dargestellt. Dabei wurde im Sinne einer Vergleichbarkeit darauf geachtet, dass in allen Fällen die Situation der Begrüßung und damit des Beginns der Pflegehandlung thematisiert wurde.

Aus diesen exemplarischen Beispielen lässt sich natürlich keine Verallgemeinerung auf die Situation anderer mehrsprachiger Pflegebedürftiger ziehen. Sie bleiben Fallbeispiele und sind mit ihren individuellen Charakteristika zu sehen und zu interpretieren. Wie aus den Schilderungen ersichtlich wurde, bedarf es jeweiliger Hintergrundinformationen und Kenntnisse der Person sowie der Pflegeumstände, um bestimmte Phänomene einschätzen zu können. Daher soll hier keinesfalls der Eindruck erweckt werden, man könne von diesen drei einzelnen Lebensumständen abstrahieren und allgemeingültige Aussagen treffen.

Dennoch treten zumindest zwei wesentliche Dinge aus den Darstellungen zu Tage, die abschließend noch einmal fokussiert werden sollen: zum einen die Relevanz der Erstsprache, die eine entspanntere und vertrautere Gesprächsatmosphäre für die Pflegebedürftigen schafft bzw. diese überhaupt erst ermöglicht und zum zweiten die Gefahr der Unterschätzung der kognitiven Fähigkeiten der Pflegebedürftigen, wenn die Kommunikation in einer anderen als der Erstsprache erfolgt. Auf die möglichen Folgen einer solchen dauerhaften Unterschätzung wurde dabei hingewiesen.

Vor dem Hintergrund dieser Ausführungen erscheint es notwendig, zumindest für diese beiden Punkte zu sensibilisieren und zunächst die Situation und die Belange mehrsprachiger Pflegebedürftiger mehr in den Fokus der Aufmerksamkeit zu rücken. Im Anschluss daran steht die Hoffnung, die Suche nach Konzepten anzustoßen, wie zu einer Verbesserung der Situation dieses Personenkreises beigetragen werden kann. Hier sind z. T. bereits Ansätze vorhanden (für einen Überblick über die konzeptionelle Öffnung stationärer Altenpflegeeinrichtungen in Deutschland in Richtung Interkulturalität verweise ich auf Schwarzer, 2017), es gibt aber in der Umsetzung noch deutlich Ausbaupotenzial. Ein wichtiger Ansatz ist hier sicherlich die Sensibilisierung für die Thematik aufseiten der Pflegekräfte bereits in ihrer Ausbildung bzw. durch entsprechende Fortbildungsmaßnahmen. Einem anderen Ansatz soll der folgende Teil dieses Buches gewidmet werden: dem Projekt UnVergessen, das vor genau diesem geschilderten Hintergrund ansetzt und versucht, eine besondere Form der Unterstützung für mehrsprachige Pflegebedürftige zu bieten.

Literatur

Aichberger, M. C., & Rapp, M. A. (2011). Migranten im Alter. In W. Machleidt & A. Heinz (Hrsg.), *Praxis der interkulturellen Psychiatrie und Psychotherapie. Migration und psychische Gesundheit* (S. 271–276). Elsevier Urban & Fischer Verlag. https://doi.org/10.1016/B978-3-437-24570-1.10028-5.

Baykara-Krumme, H. (2007). *Gar nicht so anders: Eine vergleichende Analyse der Generationenbeziehungen bei Migranten und Einheimischen in der zweiten Lebenshälfte.* Wissenschaftszentrum Berlin für Sozialforschung. https://www.ssoar.info/ssoar/bitstream/handle/document/11097/ssoar-2007-baykara-krumme-gar_nicht_so_anders_eine.

pdf?sequence=1&isAllowed=y&lnkname=ssoar-2007-baykara-krumme-gar_nicht_so_anders_eine.pdf.

Baykara-Krumme, H., Motel-Klingebiel, A., & Schimany, P. (2012). *Viele Welten des Alterns: Ältere Migranten im alternden Deutschland. Springer VS.* https://doi.org/10.1007/978-3-531-19011-2.

Brehmer, B. (2007). Sprechen Sie Qwelja? Formen und Folgen russisch-deutscher Zweisprachigkeit in Deutschland. In T. Anstatt (Hrsg.), *Mehrsprachigkeit bei Kindern und Erwachsenen. Erwerb, Formen, Förderung* (S. 163–185). Attempto Verlag.

Bundesamt für Migration und Flüchtlinge. (2019). *Minas: Atlas über Migration, Integration und Asyl* (9. Ausg.). https://www.bamf.de/SharedDocs/Anlagen/DE/Statistik/Migration satlas/migrationsatlas-2019-11.pdf?__blob=publicationFile&v=6.

Bundesgesundheitsministerium. (2015). *Erstes Pflegestärkungsgesetz (PSG I).* https://www.bundesgesundheitsministerium.de/index.php?id=1218.

Bundesgesundheitsministerium. (2016). *Sechster Bericht der Bundesregierung über die Entwicklung der Pflegeversicherung und den Stand der pflegerischen Versorgung in der Bundesrepublik Deutschland.* https://www.bundesgesundheitsministerium.de/fileadmin/Dateien/5_Publikationen/Pflege/Berichte/6.Pflegebericht.pdf.

Destatis. (2019). Bevölkerung und Erwerbstätigkeit: Bevölkerung mit Migrationshintergrund. Ergebnisse des Mikrozensus 2018. Statistisches Bundesamt (Fachserie 1, Reihe 2.2). https://www.destatis.de/DE/Themen/Gesellschaft-Umwelt/Bevoelkerung/Migration-Int egration/Publikationen/Downloads-Migration/migrationshintergrund-2010220187004.pdf?__blob=publicationFile.

Deutsche Alzheimer Gesellschaft e. V. (2016). Zahlen zu Häufigkeit, Pflegebedarf und Versorgung Demenzkranker in Deutschland. Berlin.

Deutsche Alzheimer Gesellschaft. (2018). Informationsblatt 1: Die Häufigkeit von Demenzerkrankungen. Berlin.

Deutsche Alzheimer Gesellschaft. (2020). Informationsblatt 1: Die Häufigkeit von Demenzerkrankungen. Berlin. https://www.deutsche-alzheimer.de/fileadmin/alz/pdf/factsheets/infoblatt1_haeufigkeit_demenzerkrankungen_dalzg.pdf.

Dornblüth, G., Franke, T. (7 Mai 2018). *Russen in Deutschland. Leben zwischen alter und neuer Heimat.* Deutschlandfunk Kultur. https://www.deutschlandfunkkultur.de/russen-in-deutschland-leben-zwischen-alter-und-neuer-heimat.976.de.html?dram:article_id=417381.

Drescher, A., Rüchel, U. & Schöne, H. (2018). *Bis ins vierte Glied. Transgenerationale Traumaweitergabe* (2. Aufl.). Landesbeauftragte für Mecklenburg-Vorpommern für die Aufarbeitung der SED-Diktatur.

Friedrich-Ebert-Stiftung. (2015). Auswirkungen des demografischen Wandels im Einwanderungsland Deutschland. http://library.fes.de/pdf-files/wiso/11612.pdf.

Gladis, S., Kowoll, M., & Schröder, J. (2014). *Versorgungssituation älterer Menschen mit Migrationshintergrund in der Pflege (VäMP).* http://sozialministerium.baden-wuerttemb erg.de/fileadmin/redaktion/m-sm/intern/downloads/Downloads_Pflege/Studie_Abschl ussbericht_VaeMP_2014.pdf.

Glaesmer, H. (2014). Traumatische Erfahrungen in der älteren deutschen Bevölkerung. Bedeutung für die psychische und körperliche Gesundheit auf Bevölkerungsebene. *Zeitschrift für Geronotologie und Geriatrie, 47*(3), 194–201. https://doi.org/10.1007/s00391-014-0624-y.

Karl, K. B. (2012). *Bilinguale Lexik: Nicht materieller lexikalischer Transfer als Folge der aktuellen russisch-deutschen Zweisprachigkeit.* Otto Sagner.

Jacobs, K., Kuhlmey, A., Greß, S., Klauber, J., & Schwinger, A. (2017). *Pflege-Report: Die Versorgung der Pflegebedürftigen.* Schattauer. https://www.wido.de/fileadmin/Dateien/Dokumente/Publikationen_Produkte/Buchreihen/Pflegereport/2017/Kapitel%20mit%20Deckblatt/wido_pr2017_gesamt.pdf.

Kohls, M. (2012). *Pflegebedürftigkeit und Nachfrage nach Pflegeleistungen von Migrantinnen und Migranten im demografischen Wandel.* Bundesamt für Migration und Flüchtlinge. https://www.bamf.de/SharedDocs/Anlagen/DE/Forschung/Forschungsberichte/fb12-pflegebeduerftigkeit-pflegeleistungen.pdf?__blob=publicationFile&v=11.

Marquardt, G., Delkic, E., & Motzek, T. (2016). Wenn Migranten alt werden: Das Altenpflegesystem zwischen Versorgungslücken und Entwicklungspotenzialen. *ifo Dresden berichtet, 23(1),* 26–32. https://www.ifo.de/DocDL/ifodb-16-01-Marquardt-Einwandereralterung.pdf.

Neuffer, S. (2014). Pflegebedürftigkeit – Migration – Kultursensible Pflege. Wissenschaftliche Aspekte zu den Herausforderungen des sozialen und demografischen Wandels. *Statistisches Monatsheft Baden-Württemberg, 2,* 13–21.

Okken, P. K., Spallek, J. & Razum, O. (2008). Pflege türkischer Migranten. In U. Bauer, & A. Büscher (Hrsg.), *Soziale Ungleichheit und Pflege* (S. 369–422). VS Verlag für Sozialwissenschaften.

Pabst, B. (2007). *Russisch-deutsche Zweisprachigkeit als Phänomen der multikulturellen Gesellschaft in Deutschland.* Peter Lang.

Plejert, C., Lindholm, C., & Schrauf, R. W. (2017). *Multilingual interaction and dementia.* Multilingual Matters. https://doi.org/10.21832/9781783097678.

Posenau, A. (2014). *Analyse der Kommunikation zwischen dementen Bewohnern und dem Pflegepersonal während der Morgenpflege im Altenheim.* Verlag für Gesprächsforschung.

Radebold, H. (2009). *Die dunklen Schatten unserer Vergangenheit: Hilfen für Kriegskinder im Alter.* Klett-Cotta.

Razum, O. (2006). Migration, Mortalität und der Healthy-migrant-Effekt. In M. Richter, & K. Hurrelmann (Hrsg.), *Gesundheitliche Ungleichheit* (S. 255–270). VS Verlag für Sozialwissenschaften. https://doi.org/10.1007/978-3-531-90357-6_15.

Razum, O., & Rohrmann, S. (2002). Der Healthy-migrant-Effekt: Bedeutung von Auswahlprozessen bei der Migration und Late-entry-Bias. *Das Gesundheitswesen, 64(2),* 82–88. https://doi.org/10.1055/s-2002-20271.

Razum, O., & Spallek, J. (2012). Erklärungsmodelle zum Zusammenhang zwischen Migration und Gesundheit im Alter. In H. Baykara-Krumme, P. Schimany, & A. Motel-Klingebiel (Hrsg.), *Viele Welten des Alterns. Alter(n) und Gesellschaft* (Bd. 22, S. 161–180). VS Verlag für Sozialwissenschaften.

Razum, O., Zeeb, H., Meesmann, U., Schenk, L., Bredehorst, M., Brzoska, P., Dercks, T., Glodny, S., Menkhaus, B., Salman, R., Saß, A. C., & Ulrich, R. (2008). *Schwerpunktbericht der Gesundheitsberichterstattung des Bundes: Migration und Gesundheit.* Robert Koch-Institut. https://www.rki.de/DE/Content/Gesundheitsmonitoring/Gesundheitsberichterstattung/GBEDownloadsT/migration.pdf?__blob=publicationFile.

Sachweh, S. (2000). *„Schätzle hinsitze!" Kommunikation in der Altenpflege* (2. Aufl.). Peter Lang.

Schouler-Ocak, M. (2018). Alt, demenzkrank und Migrationshintergrund – ein sich potenzierendes Problem? *Frankfurter Forum: Diskurse, 18*, 36–43. http://frankfurterforum-dis kurse.de/wp-content/uploads/2018/10/Heft_18_Gesamtausgabe.pdf.

Schwarzer, B. (2017). *Pflegeheime in der Einwanderungsgesellschaft: Zur interkulturellen Öffnung stationärer Altenpflegeeinrichtungen in Deutschland* [Dissertation zum Erwerb des Doktorgrades, Universität Kassel]. Kassel University Press. https://d-nb.info/117363 7206/34.

Spallek, J., & Zeeb, H. (2010). Bedarf und Inanspruchnahme psychiatrischer Versorgung durch Menschen mit Migrationshintergrund in Deutschland. In T. Hegemann, & R. Salman (Hrsg.), *Transkulturelle Psychiatrie* (S. 58–68). Psychiatrie-Verlag.

Teczan-Güntekin, H., Breckenkamp, J., & Razum, O. (2015). Pflege und Pflegeerwartungen in der Einwanderungsgesellschaft: Expertise im Auftrag der Beauftragten der Bundesregierung für Migration, Flüchtlinge und Integration. *Sachverständigenrat deutscher Stiftungen.* https://www.integrationsbeauftragte.de/resource/blob/72490/392732/4b9f196e32ba 930064ba84c94f11e80f/gesundheit-svr-studie-data.pdf?download=1.

Teczan-Güntekin, H., & Razum, O. (2015). Pflege von Menschen mit Migrationshintergrund: Spezifische Bedürfnisse erkennen. *Deutsches Ärzteblatt*, 112(39). https://www.aerzte blatt.de/archiv/172279/Pflege-von-Menschen-mit-Migrationshintergrund-Spezifische-Beduerfnisse-erkennen.

Weyerer, S. (2005). *Gesundheitsberichterstattung des Bundes.* Heft 28-Altersdemenz. Robert Koch-Institut. https://www.gbe-bund.de/pdf/heft28_und_wertetabellen.pdf.

Zanier, G. (2015). *Altern in der Migrationsgesellschaft: Neue Ansätze in der Pflege – Kultursensible (Alten-)pflege und interkulturelle Öffnung.* Bundeszentrale für politische Bildung. https://www.bpb.de/gesellschaft/migration/kurzdossiers/211007/altern-in-der-migrationsgesellschaft.

Teil III: Das Projekt UnVergessen

Katrin Bente Karl

In diesem Teil des Buches steht eine genaue Schilderung des Projektes UnVergessen im Fokus. Die Darstellung beginnt bei der Entstehung der Projektidee, führt weiter zur Entwicklung des Projektes und einer detaillierten Beschreibung des Projektablaufes inkl. seiner curricularen Anbindung. Dem schließt sich die Weiterentwicklung und Ausrichtung auf das Forschende Lernen an. Somit wird hier der hochschuldidaktische Blick eingenommen. Ein eigener Abschnitt widmet sich den besonderen Herausforderungen, vor denen UnVergessen im Frühjahr 2020 durch die Corona-Pandemie stand und schildert die daraus hervorgegangenen neuen Aktivitäten und gestärkten Kontakte. Nachfolgend werden die diversen wissenschaftlichen Potenziale der durch die mehrjährige Projektarbeit gesammelten Erfahrungen und Daten verdeutlicht. Eindrücke über die Auswirkungen des Projektes auf die teilnehmenden Studierenden, ihre Persönlichkeitsbildung, Gruppenzusammenhalt und soziales Engagement runden diesen Teil ab.

K. B. Karl (✉)
Seminar für Slavistik/Lotman-Institut, Ruhr-Universität Bochum, Bochum, Deutschland
E-Mail: katrin.karl@rub.de

© Der/die Autor(en) 2021   79
K. B. Karl (Hrsg.), *Mehrsprachige Pflegebedürftige in deutschen Pflegeheimen und das Projekt UnVergessen,*
https://doi.org/10.1007/978-3-658-33868-8_4

Von der Idee zur ersten Projektrunde[1]

Der Wissenschaft hängt allzu oft der Nimbus an, im Elfenbeinturm Erkenntnisse zu generieren, die kaum einen Weg nach außen in die „echte" Welt finden. Dies gilt gleichermaßen für die Linguistik – der Wissenschaft von der Sprache. Häufig hört man als Germanist die Frage, warum ein Deutschsprachiger denn noch Deutsch studieren müsse. Auf noch mehr Unverständnis trifft ein deutschsprachiger Mensch, der eine andere Sprache als seine Muttersprache, wie z. B. Russisch studiert: „Es gibt doch mehrere Millionen Menschen, die Russisch schon können, warum studierst du denn dann das?"

Dabei gibt es sehr viele Bereiche, in denen studierte Linguist/innen – egal welcher Sprache – mit ihrem sprachlichen Wissen und analytischen Verfahren etwas in der Welt verändern können und reale Bedürfnisse aus der praktischen Erfahrung in die Wissenschaft tragen oder andersherum. Gerade im Bereich der Sprache ergeben sich viele Überschneidungen und gegenseitige Befruchtungen zwischen Anwendung und Wissenschaft, dies im Besonderen in Bereichen, in denen zwei oder mehr Sprachen aufeinandertreffen, wie es in unserer mehrsprachigen Gesellschaft mittlerweile alltäglich ist.

Ein solches Beispiel ist die Genese des Projektes UnVergessen, das seit dem Wintersemester 2016 an der Ruhr-Universität Bochum am Seminar für Slavistik/Lotman-Institut verankert ist. Den Ursprung nahm das Projekt, indem die Studentin Anna Tusche in ihrer Abschlussarbeit des Bachelor-Studiums die sprachliche Situation einer Frau beschrieb, die als russischsprachige Demenzerkrankte in einem deutschsprachigen Pflegeheim lebte und dort keine Möglichkeit

---

[1] Dieser Abschnitt, sowie die folgenden zwei weiteren Abschnitte bestehen aus z. T. wörtlich übernommenen, z. T. adaptierten Ausführungen von mir, die ich an anderer Stelle bereits publiziert habe. Da sich die jeweils geschilderten Inhalte decken, habe ich die Formulierungen hier übernommen und in einen aktualisierten Kontext gestellt. Bei allen übernommenen Textstücken handelt es sich ausschließlich um von mir formulierte Textteile.

In diesem Abschnitt habe ich vorrangig einen Artikel, der als Gastbeitrag in den BBE Europa-Nachrichten mit dem Schwerpunkt „Bürgerschaftliches Engagement gegen Einsamkeit" erschienen und unter der URL https://www.b-b-e.de/europa-nachrichten/europa-nachrichten-nr-6-vom-972020/karl-universitaeres-engagement-gegen-einsamkeit/vergessen/ abrufbar ist, eingefügt (Karl, 2020). Die Weiterverwendung erfolgte in Absprache und mit freundlicher Genehmigung der BBE Europa-Nachrichten.

In den beiden Folgeabschnitten werden die Teile aus einem gemeinsamen Beitrag von Y. Behrens und mir (aus Karl & Behrens, 2020) übernommen, die aus meiner Autorenschaft stammen. Hier erfolgte die Wiederverwendung und Anpassung an den neuen Inhalt mit Erlaubnis der Springer Nature Customer Service Centre GmbH für die angegebene Quelle (Karl & Behrens, 2020).

mehr hatte, ihre gewohnte Muttersprache zu sprechen. Sie wurde ausschließlich auf Deutsch gepflegt, hatte jedoch zugleich durch ihre Erkrankung ihre Deutschkenntnisse weitestgehend verloren. In dieser Arbeit wurden die daraus erwachsenden kommunikativen Herausforderungen für alle Beteiligten eindrucksvoll geschildert (vgl. Tusche, 2015). Die Lektüre dieser Arbeit, die Einblicke in die tägliche sprachliche Praxis bot, setzte einen Gedankenprozess bei mir als Betreuerin in Gang, der zunächst in der Recherche nach vergleichbaren Ergebnissen bzw. nach Zahlen vergleichbarer Schicksale mündete. Beides stellte sich als ein Unterfangen heraus, dem nicht auf normalen wissenschaftlichen Rechercheewegen nachgegangen werden konnte. In den wissenschaftlichen Datenbanken fand sich damals eine sehr überschaubare Anzahl an Einträgen über Demenz und Mehrsprachigkeit allgemein, noch weniger, wenn man die Institution Pflegeheim hinzunahm, und schon gar keine mehr, wenn man es auf Russisch oder eine andere slavische Sprache begrenzte. Ähnlich schwierig zeigt es sich, verlässliche Zahlen von betroffenen Personen zu erhalten. Hier stellt sich das Hindernis von zwei Seiten: Weder Sprache noch Pflegebedürftigkeit bzw. deren Ursache werden statistisch erhoben.

Soviel zum Stand der Wissenschaft im Jahr 2016 – der kleine Ausschnitt aus der Praxis sprach jedoch seine so eindrückliche Sprache, dass sich ein weiterer Gedankengang anschloss: Wo sich eine betroffene Person mit einem solchen sprachlichen Schicksal findet, findet sich sicher mindestens eine zweite. Setzt man dies fort, ergibt sich die Schlussfolgerung, dass es eine wachsende Anzahl an mehrsprachigen Personen in Deutschland gibt, die sich ihr Leben lang in einer gelebten Mehrsprachigkeit bewegten und mit dem Eintritt in die Pflegebedürftigkeit und dem Einzug in ein Pflegeheim diese aufgeben und in einer deutsch-dominierten Sprachumgebung leben müssen. Damit ergibt sich für diese Menschen nicht nur der bekanntermaßen belastende Wechsel der vertrauten Wohnumgebung, sondern auch der vertrauten Sprachheimat. Und was der Verlust der Sprache bedeutet, kann wohl jeder Mensch, der einmal im Ausland gewesen ist, nachempfinden. Was er jedoch auch noch unter Krankheitsbedingungen bedeuten mag, bei denen sprachliche Fähigkeiten schrittweise verloren gehen, erscheint doppelt dramatisch. Eine solche eindrucksvolle Erkenntnis tritt in einem wissenschaftlichen Leben selten ein, doppelt schwer wiegt sie dann auch noch, wenn dies einer Linguistin klar wird – die überragende Macht der Sprache und die Tragik ihres Verlustes können kaum offensichtlicher werden.

Was aber kann nun die Wissenschaft tun, um ein solches, in der Praxis offensichtlich bestehendes Problem zu lindern? Die Wissenschaft kann natürlich zunächst beschreibend tätig werden und für eine Sichtbarkeit der Lage sorgen, daneben kann sie jedoch auch durch ihre Verankerung an der Institution Universität und der damit verbundenen Lehre neue Wege einschlagen. Warum sollte die Wissenschaft nicht versuchen, aus ihrem sprichwörtlichen Elfenbeinturm herauszutreten und Sprache in die Welt zu tragen? Die Vision, Brücken zwischen Institutionen, Generationen, Menschen und Sprachen zu bauen, stand Pate bei der Entwicklung des Projektes UnVergessen. Im Kern steht die Idee, Studierende der Universität mit russischem oder polnischem sprachlichen Hintergrund mit entsprechenden russisch- oder polnischsprachigen Pflegebedürftigen in Pflegeheimen zusammenzubringen. Diese Vision konnte mit finanzieller Unterstützung der Robert Bosch Stiftung im Rahmen der „Werkstatt Vielfalt" erstmalig im Winter 2016 umgesetzt werden. Es fand sich eine interessierte Studierendengruppe, die als Pioniere in drei Bochumer Pflegeheimen auf Pflegebedürftige trafen und sie für die Dauer von acht Monaten wöchentlich besuchten. Sie waren jeweils einer festen Person mit gleichem sprachlichen Hintergrund zugeordnet und verbrachten mit ihr gemeinsame Zeit, während der die pflegebedürftige Person ungeteilte Aufmerksamkeit und vor allem die z. T. einzige Gelegenheit bekam, in ihrer Erstsprache zu kommunizieren. Die Betreuungsarbeit der Studierenden wurde dabei durch mich als Projektleiterin vorbereitet, intensiv begleitet und aufgearbeitet.

Der erste Durchlauf stand im Zeichen eines explorativen Feldzuganges. Es mussten in allen beteiligten Bereichen interessierte Projektteilnehmer/innen und Kooperationspartner/innen gefunden und diese erstmalig miteinander in Kontakt gebracht werden. Durch die universitäre Verankerung am Institut für Slavistik kam der Kontakt zu Studierenden mit slavischsprachigem Hintergrund zustande, ein Kooperationspartner an der Hochschule für Gesundheit – der Hochschullehrer André Posenau – vermittelte Ansprechpartner in Pflegeheimen rund um Bochum. Nachdem der erste und bis heute mit zwei Einrichtungen im Projekt vertretene Kooperationspartner auf überregionaler Ebene (das Evangelische Johanneswerk) sowie ein Bochumer Heim (St. Marienstift) aus studentischer Initiative gewonnen werden konnten, sprach sich das Angebot unter den Pflegeheimen herum, sodass ein weiterer Kooperationspartner (die Einrichtung „Glockengarten" der SBO/Senioreneinrichtungen Bochum gGmbH) von sich aus die Teilnahme am Projekt initiierte. So startete das Projekt mit drei beteiligten Pflegeheimen, in denen insgesamt sieben russisch- und polnischsprachige Bewohner/innen lebten, für die eine Teilnahme am Projekt infrage kam. Auf studentischer Seite kam eine Gruppe von sieben Studierenden zusammen, die sehr gute (meist muttersprachliche) Kenntnisse im Polnischen und Russischen mitbrachten und unterschiedliche Studiengänge besuchten (Slavische Philologie, Russische Kultur und Geschichte). Das Studienangebot in Form eines zweisemestrigen Moduls wurde in den (für Studierende vieler Fakultäten offenen) Optionalbereich eingespeist und mit 10

CP für die gesamte Laufzeit vergütet. Die Studierenden besuchten über einen mehrmonatigen Zeitraum (von Januar bis August) einen ihnen fest zugeordneten pflegebedürftigen Menschen und tauschten sich mit ihm in seiner Muttersprache aus. Im Laufe der Monate knüpften alle Teilnehmer/innen ein enges Band. Die Studierenden berichteten in den wöchentlichen Austauschtreffen von vielen bewegenden Momenten und unterstrichen dabei vor allem immer wieder, als wie wichtig es empfunden wird, den Pflegebedürftigen die Möglichkeit zu geben, in ihrer vertrauten Sprache zu sprechen. Die Auswirkungen dieser sprachlichen Begleitung konnten dabei nicht nur die Studierenden beobachten, auch unsere Ansprechpartner in den kooperierenden Pflegeheimen berichteten in Austauschtreffen über verblüffende Veränderungen bei den begleiteten Personen. Zugleich stellte sich immer mehr heraus, dass auch die Studierenden durch den Austausch mit einer anderen Generation, mit ihrem Erfahrungsschatz und anderem Blick auf das Leben eine Bereicherung erfuhren, die sich mit wenig anderen Erfahrungen vergleichen lässt. Die Studierenden sammelten diverse Eindrücke, die sie in den Begleittreffen teilten. Über das gemeinsame Sprechen und Diskutieren entstand ein immer reicheres Bild von der Situation mehrsprachiger Pflegebedürftiger, das auf eine solche Weise noch nirgendwo festgehalten und beschrieben wurde.

Nach Beendigung der ersten Projektrunde stand bei allen Beteiligten fest, dass dieses Projekt mit der dort erlebten sozialen Erfahrung und dem Eindruck der Kraft der Erstsprache fortgesetzt werden muss. Und so startete UnVergessen – nun auch mit einem eigenen, von einer Teilnehmerin entworfenen Logo – in das zweite Jahr (Abb. 1).

Die Weiterentwicklung des Projektes[2]

Vor den mehr als positiven Erfahrungen des ersten Durchlaufes wurde das Projekt im zweiten Jahr – zunächst ohne finanzielle Förderung – ab Wintersemester 2017/2018 fortgeführt. Dabei wuchs es in der Anzahl an Kooperationspartnern (auf sieben), an teilnehmenden Pflegebedürftigen (auf 10) und an Studierenden (auf acht) an. Im weiteren Verlauf offenbarten sich immer mehr die Potenziale der Betreuungsarbeit. Darunter fallen nicht nur die Auswirkungen auf die Pflegebedürftigen, der zu beobachtende Zuwachs an sozialer Kompetenz bei den Studierenden, eine Annäherung der Generationen oder die Sensibilisierung für die Situation in Pflegeheimen, sondern nicht zuletzt auch die Erkenntnis, dass

---

[2] Auch in diesen Abschnitt wurden Textteile aus Karl und Behrens (2020) integriert. Diese stammen aus meiner Autorenschaft, für die Erlaubnis der Wiederverwendung vgl. Fußnote 1.

Abb. 1 Logo von
UnVergessen

es in diesem speziellen Bereich an Grundlagenforschung mangelt und sich so
eine Vielzahl an potenziellen wissenschaftlichen Fragestellungen ergibt. Diese
Erkenntnis leitete sodann den zweiten Durchlauf und führte dazu, dass sich Studierende aus der Teilnahme am praktischen Projekt heraus in wissenschaftlicher
Weise mit dem Themengebiet befassten und ihre Abschlussarbeiten dazu schrieben. So entstanden eine Bachelor- und eine Masterarbeit in diesem Zeitraum,
parallel dazu entschied sich eine Teilnehmerin der ersten Runde, ihre Dissertation in diesem Feld anzusiedeln. Dies leitete dazu über, das Projekt in eine
forschungsorientierte Richtung zu lenken und für den dritten Durchlauf unter dem
Fokus des Forschenden Lernens neu auszurichten. Im Rahmen der Förderung von
inSTUDIES[PLUS] (seinerseits gefördert vom Bundesministerium für Bildung und
Forschung, FKZ: 01PL16072) in der Projektlinie Forschendes Lernen[3] ab Juli
2018 (bis Ende Juni 2019) wurde UnVergessen zu UnVergessen[PLUS]. Der entsprechende dritte Durchlauf (Wintersemester 2018/2019 – Sommersemester 2019)
stand unter dem Stern der Ausarbeitung studentischer wissenschaftlicher Arbeiten
vor dem Hintergrund ihrer praktischen, insbesondere sprachlichen Betreuungsarbeit. Dabei wurde vieles von der Konzeption beibehalten. Auch UnVergessen[PLUS]
ist ein zweisemestriges Modul, das aus insgesamt drei Teilen besteht: einem
Vorbereitungsseminar, der sprachlichen Betreuungsarbeit und einem Reflexionsse-
minar. Es ist curricular in mehr Bereiche eingebunden, als es vorher der Fall war.
So können Studierende weiterhin auf Bachelor-Ebene über die Einspeisung des
Moduls in den Optionalbereich teilnehmen, auf Master-Ebene wird die Teilnahme

über die Verankerung im Ergänzungsbereich ermöglicht. Daneben ist für Studierende des Studienganges Empirische Mehrsprachigkeitsforschung die Teilnahme als Praktikum anrechenbar.

Im Durchlauf von Wintersemester 2018/2019 bis Sommersemester 2019 nahmen zehn russisch- und polnischsprachige Studierende mit unterschiedlichen Studiengängen und -phasen teil. In insgesamt neun kooperierenden Pflegeheimen besuchten sie von Januar bis August 2019 elf russisch- und polnischsprachige Pflegebedürftige (Abb. 2).

Zu diesem Zeitpunkt blickte das Projekt bereits auf vielfältige Erfahrungen und Weiterentwicklungen zurück. Es hatte sich universitär etabliert und ein stabiles Grundgerüst aufgebaut. Es war curricular verankert und begleitete die teilnehmenden Studierenden über deren gesamte Teilnahmedauer am Projekt. Dieses Grundgerüst hat sich für den vierten Durchlauf stark bewährt. Dieser startete mit Beginn des Wintersemesters 2019 hoffnungsfroh und mit einer Gruppe von elf motivierten Studentinnen. Sie deckten dabei neben Russisch (sieben) und Polnisch (zwei) auch Chinesisch und Spanisch ab und konnten mit Ende des Jahres in die Pflegeheime an entsprechend gleichsprachige Pflegebedürftige vermittelt werden

Abb. 2 Gruppenfoto der Teilnehmerinnen an UnVergessen[PLUS] mit Projektleiterin und wiss. Mitarbeiterin im Frühjahr 2019, Foto R. Müller

und ihre Besuche starten. Allerdings war diese Projektrunde schon sehr bald darauf besonderen Herausforderungen ausgesetzt. Im Frühjahr 2020 waren auch für die Projektteilnehmerinnen wegen der Corona-Pandemie keinerlei Besuche in den Pflegeheimen mehr möglich – ein schnelles und kreatives Umdenken war erfordert, auf das ich näher im Abschnitt „Das Projekt zu Zeiten von Corona" eingehe. Dass dies überhaupt möglich war, war nicht zuletzt dem so stabilen Netzwerk und den vorherigen positiven Erfahrungen zu verdanken. Und so konnte – wenn auch unter komplett anderen Bedingungen – diese Gruppe das Projekt fortsetzen und ihre sehr besonderen Erfahrungen sammeln. Diese hat sie mittlerweile an eine neue Gruppe übergeben, die sich trotz der anhaltenden Beschränkungen und Unsicherheiten gefunden hat und hochmotiviert ist, in Kontakt zu Pflegebedürftigen zu treten. Die Gruppe des Jahres 2020/2021 besteht aus acht Student/innen. Neben Russisch und Polnisch ist in diesem Jahr auch Finnisch vertreten. Erfreulicherweise konnte bereits zu Ende des Jahres 2020 die finnischsprachige Studentin einen ersten Kontakt zu einer finnischsprachigen Frau aufnehmen, die anderen Teilnehmerinnen warten zum Zeitpunkt der Drucklegung des Buches auf den Erstkontakt, sind aber bereits den Pflegeheimen zugeordnet. Zugleich deutet sich am Horizont mit der Impfmöglichkeit und der Fokussierung auf die Versorgung in den Pflegeheimen ein Hoffnungsschimmer ab, dass vielleicht doch in naher Zukunft Besuche im alten Maßstab wieder möglich sind und die studentischen Teilnehmerinnen dieses Jahres den bewährten Weg gehen können.

Projektablauf, Forschendes Lernen und Netzwerke[3]

Der Einstieg in die Projektarbeit findet im Wintersemester in Form eines universitären, wöchentlich stattfindenden Seminares statt, dessen Ziel es ist, eine wissenschaftliche, soziale und kommunikative Grundlage als Vorbereitung für die avisierte Betreuungsarbeit zu schaffen. Durch die Lektüre und Besprechung wissenschaftlicher Grundlagentexte wird ein elementares Wissen in den thematisch relevanten Bereichen vermittelt: Konzepte und Vorstellung vom Alter(n); zentrale

---

[3] Auch in diesem Abschnitt finden sich Textteile aus Karl und Behrens (2020). Diese stammen aus meiner Autorenschaft. für die Erlaubnis der Wiederverwendung vgl. Fußnote 1.

Weitere Eindrücke von den Projektrunden und den Ergebnissen finden sich unter der Projekthomepage: www.un-vergessen.de auf der Unterseite „Berichterstattung" (https://www.un-vergessen.de/berichterstattung). Hier sind, neben Stimmen aus der Presse über das Projekt, auch studentische Berichte aus den ersten Runden sowie eine Dokumentation der Posterausstellung von 2019 zu finden.

Erkrankungen des Alter(n)s wie (vor allem) Demenz; Sprache und Kommunikation (inkl. entsprechender Strategien) im Pflegeheim sowie die Entwicklung von Mehrsprachigkeit und die Stellung der Sprachen im Laufe des Lebens. Im weiteren Verlauf wird der Bogen zur praktischen Anwendung geschlagen. Nach der Zuordnung der studentischen Teilnehmer/innen zu den Pflegebedürftigen erfolgt eine gezielte Vorbereitung auf die Betreuungsarbeit. Dies geschieht exemplarisch etwa durch die Simulation von ausgewählten Kommunikationssituationen und die Suche nach unterschiedlichen Möglichkeiten, womöglich auftretende (kommunikative) Probleme zu lösen. Hier findet neben der gemeinsamen Vorbereitung im Seminar eine Beratung und Betreuung durch Teilnehmer/innen der vorherigen Durchgänge von UnVergessen statt. In Einzeltreffen wird so eine Peer-to-Peer-Begleitung ermöglicht, in der die Studierenden der letzten Jahre ihre Erfahrungen teilen. In dieser Weise erfolgt – bei Teilnahme der gleichen Pflegebedürftigen in der Folgerunde – eine Art „Übergabe" zwischen den studentischen Teilnehmer/innen. In solch einem Fall finden die ersten Besuche des Pflegebedürftigen gemeinsam mit dem/der Teilnehmenden der vorherigen und der neuen Runde statt.

Der zweite Modulteil umfasst die Betreuung und die sprachlich-soziale Arbeit in den Pflegeheimen. Vorgesehen ist der regelmäßige Besuch (ca. eine Stunde pro Woche) eines Pflegebedürftigen durch jeweils eine/n Studierende/n über den Zeitraum von ca. neun Monaten. Die Ausgestaltung der Besuche hängt von den Fähigkeiten und Bedürfnissen der/des konkreten Pflegebedürftigen und den Interessen der/des Studierenden ab. Sie kann von Alltagskommunikation in der gemeinsamen Sprache, dem Schauen von Filmen oder dem Vorlesen von Büchern (Zeitschriften, Zeitungen etc.) über gemeinsames Singen bis hin zur Begleitung auf Spaziergängen inklusive von Erkundungen der näheren Umgebung reichen. In diesem Teil des Moduls – das im Laufe der Vorlesungszeit im Wintersemester beginnt und sich dann bis zum Ende des Sommersemesters erstreckt – steht der Aufbau einer persönlichen Beziehung zwischen den beiden Tandempartner/innen im Vordergrund. Studierende und Pflegebedürftige sollen sich kennenlernen, die individuellen Besonderheiten (und auch Einschränkungen) wahrnehmen und vor diesem Hintergrund die gemeinsamen Aktivitäten planen. Die Studierenden erlangen hier Einblicke in den Pflegealltag, lernen einen pflegebedürftigen Menschen mit seinen körperlichen und/oder kognitiven Einschränkungen kennen und entwickeln ein Gespür für dessen Besonderheiten und Bedürfnisse.

Vor diesem Erfahrungshintergrund kann im dritten Modulteil das eigenständige Forschende Lernen verfolgt werden. Die Studierenden sollen basierend auf ihren Kenntnissen aus ihren studierten Fächern und unter Einbeziehung der Rahmenbedingungen ihres Projektpartners aus ihrem eigenen Interesse heraus eine Fragestellung formulieren, der sie im Laufe des Sommersemesters nachgehen.

Diese kann in unterschiedlichen Disziplinen verankert sein, soll aber zum allgemeinen Themenbereich von UnVergessen passen. Die Forschungsthemen zeigen, wie vielfältig die studentischen Interessen liegen und auf welch bereichernde Art diese das breite Spektrum des Projektes abbilden. Es lassen sich Arbeiten finden, die schwerpunktmäßig (kern)linguistische Themen betrachten, wie z. B. die Frage, ob unter Demenz eine Beeinträchtigung der Aspektverwendung im Russischen zu beobachten ist. Daneben beschäftigen sich einige Arbeiten mit der Beschreibung bzw. Auswirkung von unterschiedlichen Gesprächsstrategien im Umgang mit Demenzpatienten, zum Teil mit Fokus auf die Kommunikation zwischen einem mehrsprachigen Bewohner und seinem (deutschsprachigen) Pflegepersonal. Eine Studentin greift die (therapeutische) Wirkung von Musik auf und untersucht, in welcher Weise die Melodie bekannter russischer Volkslieder Einfluss auf die Erinnerungsfähigkeit haben kann. Eine vierte Reihe von Arbeiten ist im Bereich der Erforschung von biografisch-historischen, kulturellen und sozialen (intergenerationellen) Aspekten zu verorten. So ging eine Teilnehmerin der Frage nach, welche unterschiedlichen Konzepte von *Heimat* bei Vertretern verschiedener Generationen von ehemaligen Sowjetbürgern zu beschreiben sind. Eine weitere fokussierte sich auf eine introspektive Reflexion des Verhältnisses zwischen ihr als Vertreterin der jungen Generation zu Vertretern der alten Generation mit Hinblick darauf, inwiefern sich ihre Erfahrungen aus dem Projekt darauf auswirken.

Im Laufe des Seminares, das auch im Sommersemester in wöchentlichen Treffen stattfindet, wird im engen Austausch mit allen Teilnehmenden eine geeignete Methode für die jeweilige Forschungsfrage gesucht und ein entsprechendes Forschungsdesign erstellt. Dieses wird im Laufe des Sommersemesters umgesetzt und in seinen einzelnen Schritten im Seminar besprochen. Hierbei folgt das Seminar dem logischen Ablauf von Arbeiten im Bereich des Forschenden Lernens: Nach und während fortlaufender Sichtung der entsprechenden Forschung im Themenbereich erfolgt die Formulierung der Fragestellung, der sich die geeignete Methodenwahl anschließt. Die Ausformulierung des Forschungsdesigns und die exemplarische Erprobung stehen als Folgeschritte an, ebenso wie die (zunächst ebenfalls exemplarische) Auswertung und Konstruktion der Ergebnisse. Als letztes wird die Diskussion der Ergebnisse und die abschließende und umfassende Reflexion des gesamten Prozesses mit seinen Problemen, Lösungen und Perspektiven unternommen. Diese Schritte werden begleitet von entsprechenden Schreib- und Präsentieraufgaben (Zusammenfassung des Forschungsstandes und Formulierung der o.g. Schritte) sowie ihrer gemeinsamen, feedbackorientierten Besprechung im Seminar. So kann der Prozess des Forschenden Lernens unterstützt und reflektiert werden, zugleich dienen die Schreibaufgaben der Erstellung des schriftlichen Endberichtes. Neben diesem erarbeitet die gesamte Gruppe eine weitere Form der Darstellung ihrer geleisteten Arbeit, wobei beide Facetten – die sprachlich-soziale Betreuungsarbeit und die eigene wissenschaftliche Forschung – gleichermaßen berücksichtigt werden sollen. Im dritten Durchlauf geschah dies bspw. in Form einer Posterausstellung, in der anhand von insgesamt zehn Postern das Projektgeschehen visualisiert und einer breiteren Öffentlichkeit präsentiert wurden.

Nach insgesamt zwei Semestern endet die Teilnahme am Projekt und eine neue Runde an Studierenden formiert sich. Bei der Übergabe an die neuen Studierenden steht der Wunsch im Zentrum, die bisher in den Pflegeheimen betreuten Personen auch in der Folgerunde weiter zu begleiten. Dies ist in vielen Fällen gelungen, weshalb eine Reihe an Personen bereits im vierten bzw. bald im fünften Jahr von UnVergessen begleitet wird. Hier findet ein enger Austausch zwischen den jeweiligen Studierenden statt, die dieselbe Person besuchen. Auf diese Weise wird auch hier eine besondere Verbindung ermöglicht: Die „alten" stehen den „neuen" UnVergessen-Teilnehmer/innen als Mentor/innen zur Seite und unterstützen sie. Aus dieser Mentorenidee ist im Lauf des letzten Jahres ein neues Netzwerk entstanden: Es haben sich Alumni aus allen ehemaligen Projektrunden gefunden, die sich untereinander vernetzen und über die aktive Teilnahme am Projekt hinaus in Kontakt stehen. Sie tauschen sich über Neuigkeiten rund um das Themengebiet aus, treffen sich zu gemeinsamen Kinoabenden (z. B. zum Start des Filmes „Romys Salon") und pflegen damit eine besondere Beziehung. Daneben ist aus diesem Alumni-Netzwerk die Initiative entstanden, regelmäßige Sprechstunden für die aktuellen Projektteilnehmer/innen anzubieten. Hier finden sich jeweils wechselnd ehemalige Teilnehmer/innen und stehen in einem festen Zeitraum den aktuellen mit Rat und Tat zur Seite. Dieses Angebot wird sehr gerne angenommen, da es hier studentische Ansprechpartner gibt, die selbst die Erfahrungen gemacht haben und sich in einer vergleichbaren Situation befanden, wie sie selbst momentan. Der unmittelbare Austausch auf Augenhöhe wird dabei sehr geschätzt.

Mit einem Teil dieser sehr engagierten Gruppe an Alumni konnte dabei die bereits länger angedachte Arbeit an einem Sammelband rund um das Projekt umgesetzt werden. Mit ihrem freiwilligen Engagement war es möglich, Beiträge rund um ihre Arbeit und das Projekt zu erstellen und hier in dieser Form der Öffentlichkeit zu zeigen.

So lässt sich also sagen, dass durch das Projekt vielfältige Möglichkeiten erwachsen sind, Brücken zu bauen. Dabei sind die Projektteilnehmer/innen und Alumni in unterschiedlicher Weise Multiplikatoren, die für das Thema und die hier betroffene vulnerable Gruppe an Personen in der Öffentlichkeit sensibilisieren.

Das Projekt zu Zeiten von Corona

Im Wintersemester 2019/2020 startete die vierte Runde von UnVergessen und beschritt, wie oben ausgeführt, den bereits erprobten Weg des Projektes. Dabei fand sich eine Gruppe von elf Studentinnen, die motiviert und mit Unterstützung des neues Alumni-Netzwerkes und ihren Mentor/innen in das Projekt starteten. Im Verlauf des Wintersemesters fand die theoretische Vorbereitung statt, während der parallel die Zuordnungen zu den Pflegeheimen und -bewohner/innen organisiert wurden. Auch in diesem Jahr wurde dabei primär darauf geachtet, bereits bestehende Kooperationen und die Begleitung von Bewohner/innen aus den vorherigen Jahren fortzuführen. Und so konnten zehn Pflegebedürftige vermittelt werden, die in sieben Einrichtungen in und um Bochum leben. Dabei wurde erstmals Spanisch als weitere Sprache in das Projekt aufgenommen, sowie die Begleitung eines chinesischen Pflegebedürftigen gezielt ausgebaut. Zum Ende des Jahres 2019 waren alle Teilnehmerinnen vermittelt und starteten ihre regelmäßigen Besuche in den Einrichtungen. Dabei zeigte sich sehr bald, wie harmonisch und homogen sich diese Projektrunde entwickelte. Durch das ausgebaute Netzwerk und damit den engen Kontakt zu den Ehemaligen entstanden sehr schnell ein familiäres Miteinander und ein sehr befruchtender gemeinsamer Austausch. Dies zeigte sich z. B. in der spontanen Frage einer Teilnehmerin, welche Möglichkeiten es für sie gäbe, auch nach Ablauf ihrer Teilnahme die Besuche bei ihrem Bewohner und ihre Aktivität im Projekt fortzusetzen. Es reihten sich viele Berichte vonseiten der Studentinnen über den schnell hergestellten und sehr freundschaftlichen Kontakt zu ihren Bewohner/innen. Mit Ende des Wintersemesters setzten die Studentinnen ihre Besuche in den Einrichtungen fort. In zwei anberaumten (freiwilligen) Gruppentreffen zwischen den Vorlesungszeiträumen berichteten sie auch hier von vielen schönen, nachdenklichen und z. T. auch wehmütigen Erlebnissen, über die gemeinsam reflektiert wurde. Alle machten sich langsam (z. T. auch schon sehr konkret) auf die Suche nach möglichen Themen für ihre forschenden Ausarbeitungen, die im Lauf des Sommersemesters angestanden hätten. Zeitgleich dazu spitzte sich jedoch die gesundheitliche Pandemie-Situation zu. Mitte März kam dann die für alle Beteiligten einschneidende Nachricht, dass ab sofort keine Besuche in Pflegeeinrichtungen mehr möglich sind. Dies traf die Studentinnen sehr hart, zugleich zeigte sich jedoch in dieser Ausnahmesituation der Zusammenhalt im Projekt und der Gruppe. Schnell stand fest, dass es nicht infrage kam, das Projekt abzubrechen und damit die Kontakte einfach während dieser schweren Zeit der Isolation auszusetzen und danach evtl. neu zu beginnen. Es war allen klar, dass in irgendeiner Weise der Kontakt gehalten werden soll. Da sich jedoch zugleich die Situation in den Pflegeheimen dramatisch zuspitzte, Abläufe unklar und Ansprechpartner über Gebühr eingespannt waren, stand es ebenso fest, dass wir für keine Mehrarbeit aufseiten der Einrichtungen sorgen wollten.

Auf der Suche nach Handlungsoptionen verfielen wir auf zwei kurzfristig umzusetzende Möglichkeiten: telefonischer Kontakt oder Briefe.

Der telefonische Kontakt hat den Vorteil, dass der an sich im Projekt angelegte Gedanke des direkten Austausches fortgesetzt werden kann, jedoch hat er zugleich zwei sehr große Nachteile: zum einen ist es keinesfalls so, dass jede/r Bewohner/in über ein eigenes Telefon verfügt und einfach angerufen werden kann. In vielen Fällen hat die Station einen Anschluss, über den die jeweiligen Bewohner/innen kontaktiert werden können. In diesen Fällen bedeutet also der telefonische Kontakt, dass jeweils eine Pflegekraft eingebunden werden müsste. In einigen Einrichtungen ist dies nach vorheriger Absprache ermöglicht worden. So hält z. B. eine Studentin wöchentlichen Kontakt über das Telefon mit ihrer Bewohnerin. In anderen Fällen ist es jedoch aus Kapazitätsgründen nicht möglich, dies umzusetzen. Der zweite Nachteil liegt darin, dass Telefonate und reale mündliche Gespräche nicht miteinander zu vergleichen sind und gerade bei Menschen, die an Demenz erkrankt sind, einen sehr großen Unterschied machen. Im direkten Gespräch kann die nonverbale Kommunikation Verständnisprobleme auflösen und manchmal sogar nicht bemerkbar machen, Gesprächspausen werden nicht immer als unangenehm empfunden und gemeinsame Aktivitäten, wie z. B. Kartenspielen oder Spazierengehen sind überhaupt erst möglich. Beim Telefonat hingegen sind die Kommunikationspartner auf das gesprochene Wort angewiesen, begleitende Gestik und Mimik entfallen, die Stimme erscheint unter Umständen leiser. All dies sind Dinge, die für einen kognitiv beeinträchtigten Menschen weitaus schwerer ins Gewicht fallen als für gesunde Personen. Hinzu kommt häufig ein schlechteres Gehör. Somit kann ein Telefongespräch für einige unserer Pflegebedürftigen eine so große Herausforderung sein, dass man ihm damit eher mehr Schwierigkeiten bereitet als Freude.

Die andere Möglichkeit, die sich bot, ist die, seiner/m Tandempartner/in Briefe und andere postalische Grüße zu schicken. So wurden die Studentinnen aufgefordert, kreativ zu werden und nach Möglichkeiten zu suchen, ihren Bewohner/innen mit kleinen Grüßen, gebastelten und gemalten Dingen oder anderen kleinen Aufmerksamkeiten etwas Freude zu schicken. Da Ostern vor der Tür stand, boten sich hier viele Möglichkeiten, die durchaus ansprechend genutzt wurden. Alle Teilnehmerinnen verfassten Briefe, schickten z. T. auch Pakete oder ließen ihrer Person Blumensträuße schicken. Auch hierbei galt es, einige Schwierigkeiten zu bedenken: Die von uns begleiteten Pflegebedürftigen sind z. T. recht stark kognitiv eingeschränkt und dadurch nicht mehr in der Lage, selbstständig zu lesen, geschweige denn zu schreiben. Daher mussten Wege gefunden werden sicherzustellen, dass die Grüße auch bei der Person ankommen. Einige Teilnehmerinnen haben dies so gelöst, dass sie die Grüße in der jeweiligen Sprache der Bewohner/innen geschrieben haben und zusätzlich noch einmal übersetzt haben, damit eine Pflegekraft im Zweifel die Grüße vorlesen kann. Auf diese Weise war es allen Studentinnen möglich, ihren Personen Grüße zu schicken und zumindest so aus der Ferne zu zeigen, dass sie auch weiterhin an sie denken.

Um einen kleinen Eindruck von den Aktivitäten zu geben, sind hier Grüße von zwei Studentinnen abgebildet, die sie an ihre Personen im Pflegeheim geschickt haben. Der erste auf Russisch abgedruckte Brief wurde von der Studentin selbst ins Deutsche übersetzt (Abb. 3 und 4, Abb. 5 zeigt ihre Geschenke), die beiden Abb. 6 und 7 wurden nur auf Russisch verschickt und hier im Anschluss übersetzt (Abb. 3, 4 und 5).

Übersetzung:

Abb. 3 Russischer Brief von Nina Heck, Teilnehmerin von UnVergessen, an eine an Demenz erkrankte Bewohnerin

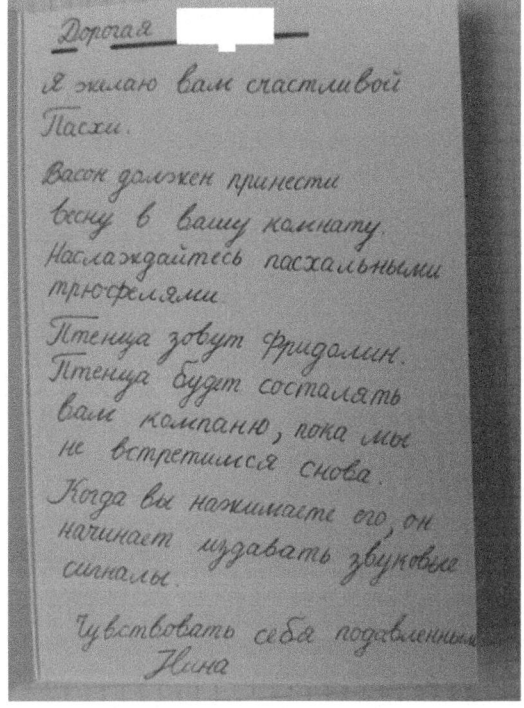

Abb. 4 Übersetzter Brief ins Deutsche von Nina Heck, Teilnehmerin von UnVergessen, an eine an Demenz erkrankte Bewohnerin

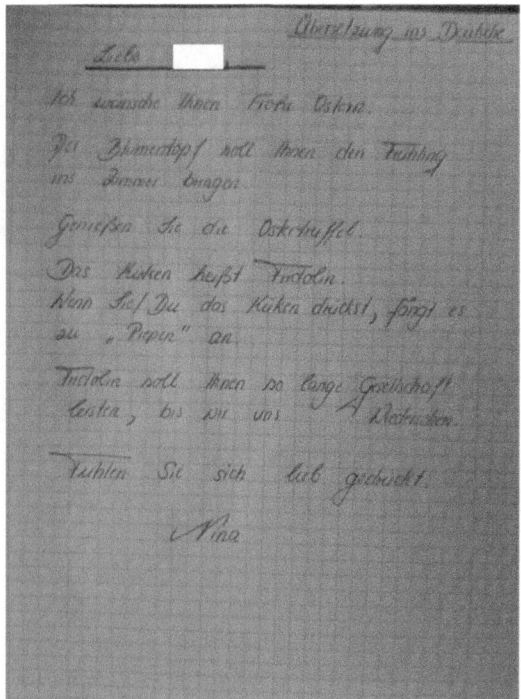

Lieber XXX! Ich hoffe, Sie haben das Bild von der Zigeunerin[4] erhalten. Sie mögen dieses Lied so gerne, dass ich beschloss, Ihnen eine Freude zu machen und dieses Bild für Sie zu malen. Iuliia

Das auf der Zeichnung abgebildete Gedicht ist eine Strophe aus dem Lied von Надежда Кадышева / Nadeža Kadyševa „Цыганочка" / „Cyganočka" ‚Die Zigeunerin'. Dieses Lied hat Iuliia Rzhevkina mit ihrem Bewohner regelmäßig gehört und gesungen. Um an diese gemeinsame Aktivität zu erinnern und ihm eine besondere Freude zu machen, hat sie das Lied und die in der Strophe beschriebenen Merkmale künstlerisch ins Bild übersetzt. In der Strophe wird geschildert, dass eine Frau einen Zigeuner heiraten und mit dem Schal um die Schultern und

---

[4]Ich möchte hier anmerken, dass es sich dabei um ein gleichsprachiges russisches Lied handelt, in dem diese Lexik so verwendet und deswegen hier und auch im folgenden Text übernommen wird.

Abb. 5 Foto von der Karte und den Geschenken von Nina Heck, Teilnehmerin von UnVergessen, an eine an Demenz erkrankte Bewohnerin

den Karten in der Hand unter die Gaukler gehen möchte. Diesen persönlichen Gruß hat Iuliia ins Pflegeheim gebracht und ihrem Bewohner überbringen lassen.

Diese Impressionen stehen stellvertretend für die zahlreichen Grüße, Bilder und Aufmerksamkeiten, die auch in der Zeit des Besuchsverbots von den Teilnehmerinnen in die Pflegeheime gesandt wurden. In vielen Fällen fanden Kombinationen aus Telefonaten und Briefen statt, in einem Fall wurde sogar ein regelmäßiger Video-Chat ermöglicht. Alle Teilnehmerinnen sind aktiv geworden und haben den für sich selbst und ihre/n Tandempartner/in besten Weg gefunden, in Kontakt zu bleiben oder wenigstens Grüße zu senden. Eine Teilnehmerin berichtete dabei sogar, dass ihre Person (an Demenz erkrankt) über das Telefon unerwartet viel spricht. An manchen Tagen sogar mehr als in direkten Gesprächen. Dies überraschte (aus oben ausgeführten Gründen) sehr, war aber ein erhellender Moment, da sich darin zeigt, dass das Verhalten von an Demenz erkrankten Personen nicht vorhersehbar ist und vieles, was wir als ausgeschlossen oder unwahrscheinlich erachten, doch noch funktionieren kann. Für die Studentin war das ein sehr schöner Moment der Bestätigung, für die Bewohnerin sicher eine Erfahrung von Selbstständigkeit, die sie nicht jeden Tag erlebt.

Ich möchte nicht verhehlen, dass trotz aller Bemühungen einige der von uns begleiteten Pflegebedürftigen dennoch in dieser Zeit für uns nicht erreichbar

Abb. 6 Brief von Iuliia
Rzhevkina, Teilnehmerin
von UnVergessen, an einen
russischsprachigen
Bewohner

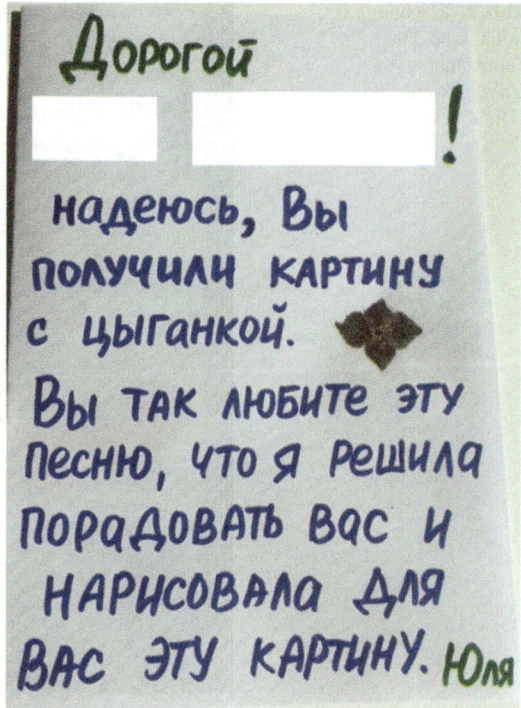

waren. Wie ich bereits erwähnt habe, kann es u.U. schwer sein, den Kontakt telefonisch zu halten, ebenso ist durch eine fortgeschrittene Demenzerkrankung der
schriftliche Austausch erschwert bzw. unmöglich. Hier wäre eine Unterstützung
von außen notwendig, die in einigen Fällen nicht vom entsprechend deutschsprachigem Personal übernommen werden konnte. So hatten wir zwei Personen in
dem Projektdurchlauf, die wir leider für mehrere Wochen nicht begleiten konnten. In beiden Fällen handelte es sich um stark eingeschränkte Personen, eine
von ihnen ist bettlägerig und erblindet. Obwohl alle Seiten sehr viel guten Willen
bewiesen haben, konnten wir diese Personen leider nicht erreichen. Umso schöner
war es dann, als die Pflegeheime wieder für Besucher geöffnet wurden. Dies war
zwar nur unter strengen Auflagen möglich und sehr von der Lage in den einzelnen
Einrichtungen abhängig, dennoch nutzen die Studentinnen dieser beiden Personen
bereits ab Ende Mai/Anfang Juni diese Möglichkeit und fuhren wieder regelmäßig ins Pflegeheim. Hier möchte ich betonen, dass einige der Einrichtungen uns

Abb. 7 Zeichnung von
Iuliia Rzhevkina,
Teilnehmerin von
UnVergessen, zum Lied
„Die Zigeunerin"

in dieser Zeit sehr entgegenkamen und ihrerseits großes Interesse daran hatten, dass unsere Besuche wieder aufgenommen wurden. Sie suchten nach möglichen Besuchszeitfenstern und – da leider in vielen Fällen die von uns besuchten Personen keine weiteren Besuche von z. B. Angehörigen bekommen – teilten uns die erlaubte Stunde zu. Dies ist keineswegs eine Selbstverständlichkeit, sondern ein Zeichen, wie wichtig auch aus Pflegeheimperspektive die Besuche sind. Und dies merkte man auch deutlich in den Schilderungen der Studentinnen, die diese wieder aufnahmen. Sie nahmen ihre Personen nicht mehr so aktiv wahr wie vor der Schließung, viele hörten vonseiten der Pflegekräfte von den negativen Auswirkungen der Isolation auch auf andere, nicht mehrsprachige Bewohner/innen. Insgesamt kam es ihnen oft so vor, als müssten sie von Neuem beginnen, die Person kennenzulernen und ein Vertrauensverhältnis zu ihnen aufbauen.

Hier möchte ich erwähnen, dass nicht alle studentischen Teilnehmerinnen die Besuche wieder aufnahmen. Da diese mit sehr strengen Auflagen und auch einer gewissen Herausforderung für die Studentinnen verbunden war, entschieden wir gemeinsam für jeden Einzelfall, welche Betreuung uns für die nächsten Wochen in der Konstellation am geeignetsten erschien. So war es z. B. klar, dass die Person, mit der der telefonische Kontakt nicht nur möglich, sondern sogar bereichernd war, auch weiterhin telefonisch begleitet werden würde. In einem zweiten Fall erschien die Videotelefonie zielführender – diese wurde dankenswerterweise vom Pflegepersonal ermöglicht. Hier handelte es sich auch um eine demenziell veränderte Person, von der wir wussten, dass sie auf die Masken sehr verwirrt reagiert. Um ihr also den Anblick einer maskierten Person zu ersparen, wählten wir lieber den zwar distanzierteren, aber unmaskierten Weg. Die anderen Teilnehmerinnen bemühten sich, so regelmäßig es ging wieder zu ihren pflegebedürftigen Personen zu fahren. Hier unterschieden sich die einzelnen Einrichtungen z. T. sehr stark. In einigen Fällen lief es sehr gut, die Absprachen waren klar, die Regeln ebenso. In anderen Fällen lief es schwieriger, manchmal fehlten entsprechende Informationen, wer die Besuchsperson ist und warum sie „rein" darf. Aber auch hier bemühten wir uns um Austausch, Aufklärung und vor allem um Verständnis für die so erschwerte Situation in den Einrichtungen. So wurde also für die meisten der Teilnehmerinnen ab Juni, bei manchen etwas zeitlich versetzt, wieder ein direkterer Austausch möglich. Allerdings stand dieser sehr unter dem Zeichen der Pandemie. Als besonders belastend wurden von den Studentinnen das Tragen der Maske und das Verbot der Berührung wahrgenommen. Gerade demenziell veränderte Personen sind stark auf die Mimik angewiesen und können sehr gut Emotionen im Gesicht lesen und verstehen (vgl. hierzu auch die Ausführungen von Y. Behrens im fünften Teil dieses Bandes). Mit einer Maske über dem halben Gesicht ist dies natürlich nicht möglich. Zudem kommt hinzu, dass diese Personen in keiner Weise verstehen können, wozu diese überhaupt nötig ist. In vielen Gesprächen war die Maske entsprechend auch ein zentraler Aufmerksamkeitspunkt: es wurde an ihr herumgezupft, sie abgesetzt, aufgefordert, sie wieder aufzusetzen und natürlich immer wieder thematisiert. So war klar, dass nicht an die Besuche vor der Schließung nahtlos übergangen werden konnte, sondern hier eine zweite Phase des Antastens nötig war. Die meisten Paare meisterten dies gut, und es kamen bald Berichte bei mir an, dass die Besuche wieder eine gewisse Form von routiniertem Ablauf finden. So wie vorher wurde es jedoch nicht mehr. Die Isolation hatte eindeutig Spuren hinterlassen und von unbeschwerten Besuchen kann wohl in keinem Fall die Rede sein. Seien es Ängste, doch jemanden im Heim anzustecken oder die sichtbaren Veränderungen der begleiteten Person – es galt vieles aufzuarbeiten.

In Bezug auf die Veränderungen der Pflegepersonen möchte ich betonen, dass diese in keiner Weise pauschal bei allen gleich zu beobachten waren. Auch hier waren sie höchst individuell und in manchen Fällen auch nur leicht bemerkbar. In allen Fällen wurde jedoch die Gesprächssituation, in der auf Distanz und Maske geachtet werden musste, als Einschränkung wahrgenommen, die sich stark auf den Austausch, die Atmosphäre und die Handlungsmöglichkeiten auswirkte und sehr oft Gesprächsgegenstand war. In anderen Fällen waren deutlich gravierendere Entwicklungen eingetreten. Ich möchte hier nicht darüber mutmaßen, worauf diese zurückzuführen sind und ob sie nicht eventuell auch unter normalen Bedingungen eingetreten wären, da in der Zwischenzeit ja immerhin einige Wochen ins Land gezogen sind, in denen sich Erkrankungen auswirken und auch ohne Isolation zu Veränderungen führen können. Zudem möchte ich auch hier noch einmal betonen, dass alle kooperierenden Pflegeheime überaus aktiv sind und ihnen das Wohl ihrer Bewohner/innen sehr am Herzen liegt. Wäre dies nicht der Fall, wären sie wohl kaum zu Kooperationspartnern geworden. Dies zeigt auch der Austausch mit ihnen, in dem sie auch ihrerseits betonen, was sie alles versucht haben, um die Folgen der Isolation für die Bewohner/innen so gering wie möglich zu halten (darauf führe ich auch das große Interesse vonseiten der Pflegeheime an der Aktion *Briefe gegen die Einsamkeit* zurück, auf die ich im folgenden Abschnitt eingehe). Leider sind jedoch auch hier Grenzen gesetzt, die sich – wieder einmal – in den Fällen anderssprachiger Pflegebewohner/innen schneller und deutlicher zeigen. Ich möchte als Beispiel Herrn Mironow[5] vorstellen, den Sie in den Ausführungen von N. Friesen (vgl. Friesen im fünften Teil dieses Bandes) genauer kennenlernen werden. Herr Mironow ist ein russischsprachiger Mann, der seit drei Jahren von UnVergessen begleitet wird. Er leidet an einer demenziellen Erkrankung und ist infolge dessen bereits recht stark kognitiv eingeschränkt. In der Beobachtung seiner Reaktionen wird klar, dass Herr Mironow Deutsch verstehen kann, er spricht es aber kaum. Zwar verwendet er einzelne Wörter und Floskeln auf Deutsch, seine Hauptkommunikationssprache ist dabei aber Russisch. Auf ihr kann er sich durchaus gut verständigen, spricht in vollständigen Sätzen und Zusammenhängen und nimmt an einem Gespräch teil. Dies zeigen die Berichte und Aufnahmen der Studentinnen und auch russischsprachiger Pflegekräfte, die es in diesem Heim gibt und die mit ihm auch auf Russisch kommunizieren. Über die Dauer der drei begleiteten Jahre hat sich Herr Mironow verändert – das Fortschreiten seiner demenziellen Erkrankung ist spürbar. Besonders geschwätzig war er nie, auf Fragen zu seiner Familie und seinem Beruf ging er auch am Anfang der Besuche nicht ein, dennoch fanden Gespräche statt, an denen er aktiv teilnahm. Schnell zeigte sich seine Vorliebe für das Kartenspiel. So füllten sich die Besuche damit, wobei je nach Tagesform das Spiel mehr oder weniger an den

---

[5]Der Name wurde geändert.

Regeln orientiert ablief. Herr Mironow war zwischenzeitig immer mal wieder –
auch für längere Zeit – im Krankenhaus. Und jedes Mal, wenn er zurückkam,
konnte man eine Verschlechterung seines kognitiven Zustandes bemerken. Er war
verwirrter, konnte sich schlechter konzentrieren und musste stärker motiviert werden, in Interaktion zu treten. Er schien also recht sensibel auf Veränderungen
seines Umfeldes zu reagieren. Nach solchen Krankenhausaufenthalten dauerte es
immer eine Weile, bis wieder ein routinierter Ablauf in die Besuche kam und
er sich z. B. auf das Kartenspiel einließ. Die Veränderungen – wohl durch die
demenzielle Erkrankung hervorgerufen – kamen schleichend und wellenförmig,
häufig ausgelöst durch einen solchen Krankenhausaufenthalt. Als nach zwei Jahren Begleitung die studentische Person wechselte, fiel es der Nachfolgestudentin,
Kristina Harin, schwer, an das häufige Kartenspiel anzuknüpfen. Mittlerweile gab
es keine guten Tage mehr, an denen die Regeln noch präsent waren, an schlechten
Tagen war es ihm anscheinend unklar, was er mit den Karten überhaupt sollte. So
veränderte sich der Modus der Besuche. Nun hatte Herr Mironow mehr Interesse
daran, in Begleitung seiner Studentin im Aufenthaltsraum oder anderen Plätzen,
an denen Leben war, zu sitzen, dieses zu beobachten und ab und an zu kommentieren. Die Beobachtung des Fahrstuhls gehörte mit dazu. Kristina Harin ließ
sich darauf ein und beide Seiten schienen mit den Besuchen zufrieden und einen
Umgang miteinander gefunden zu haben. Das Kartenspiel hatte dabei weiterhin
seinen Platz, es kamen aber andere Aktivitäten hinzu. In ihrem Abschlussbericht
schreibt die Studentin rückblickend:

> „Bei meinem ersten Besuch war ich aufgeregt und nervös, weil ich nicht wusste,
> wie Herr Mironow auf mich reagieren wird. Zu meiner Überraschung verlief der
> erste Besuch besser, als ich gedacht habe. Herr Mironow hat viel gelacht und sogar
> Witze erzählt. Darüber war ich sehr froh und bin mit einem guten Gefühl nach Hause
> gegangen.
>
> Bis Ende Februar verliefen die Besuche sehr gut, Herr Mironow hat zwischendurch
> einiges erzählt, wir haben gemeinsam Karten gespielt, und obwohl wir manchmal uns
> nichts zu sagen hatten war die Atmosphäre angenehm und es war einfach nur ein gutes
> Gefühl mit ihm da zu sitzen und einen Kaffee zu trinken." (Harin, 2020, S. 5).

Dann kam jedoch die Schließung der Heime. Herr Mironow bekam von der Studentin regelmäßig Briefe geschickt. Da wir wussten, dass es russischsprachiges
Personal im Heim gab, hofften wir, dass sie ihm gegeben und ggf. vorgelesen
wurden. Allerdings erreichten ihn die Briefe zunächst nicht, da Herr Mironow
schon kurz darauf erneut im Krankenhaus war. Wir wissen allerdings, dass er die
Briefe bekommen hat, da sie in seinem Zimmer aufgehängt waren, als die Studentin ihn wieder besuchen durfte. Als er aus dem Krankenhaus zurückkehrte, hatte

sich eine Verschlechterung seines Zustandes eingestellt, und so fand ihn Kristina Harin in einem deutlich schlechteren Zustand wieder, als die Besuche bei ihm als eine der ersten bereits Ende Mai wieder möglich und ausgezeichnet koordiniert abliefen. Es war fast kein Austausch mehr möglich, er erschien deutlich irritiert über die Maske, und der Studentin fiel es schwer, einen Zugang zu ihm zu finden. In ihrem Bericht schreibt sie:

> „Herr Mironow war verwirrt, als ich nach langer Zeit wieder zu ihm kam und mit der ganzen Situation überfordert. Er hat nicht verstanden, wieso wir die Masken tragen müssen und wer ich jetzt eigentlich bin. Ich war besorgt um Herrn Mironow, da ich gemerkt habe, dass es ihm nicht mehr gut geht. Bei dem weiteren Treffen ist er im Sitzen eingeschlafen.
>
> Die meiste Zeit ist es vorgekommen, dass ich ins Pflegeheim gefahren bin und er geschlafen hat. Es gab auch Treffen, da war Herr Mironow gut drauf, er hat zwar nicht viel geredet, aber er hat mir zugehört.
>
> Allgemein habe ich gemerkt, dass er noch stiller geworden ist als vorher. Er klagte über Schmerzen und war desinteressiert bei meinen Besuchen und was ich ihm zu erzählen habe." (Harin, 2020, S. 10 f.)

Bei ihrem letzten Besuch erschien Herr Mironow stark abgemagert. Aus dem Pflegeheim erfuhr ich, dass er das Essen verweigert und auch von ihrer Seite zeigte man sich sehr besorgt über seinen Gesundheitszustand. In gegenseitiger Absprache – mit der Studentin und dem Pflegeheim – stellten wir die Besuche bei ihm ein, da sie uns allen als zusätzliche Belastung für Herrn Mironow und auch für die Studentin erschienen.

Ich möchte noch einmal betonen, dass Herrn Mironows Zustand sich über die Jahre hinweg schleichend verschlechtert hat und sich das Pflegeheim als überaus engagiert gezeigt hat, alles zu tun, um seine Situation so angenehm wie möglich zu gestalten. Es kann durchaus sein, dass diese rapide Verschlechterung auch unter normalen Umständen eingetreten wäre, dennoch bleibt der Eindruck, dass die Einschränkungen und die Auswirkungen der Corona-Pandemie hier ein Übriges getan und diese Entwicklung beschleunigt haben. Herr Mironow ist hier ein Einzelbeispiel, leider haben wir jedoch von weiteren Fällen aus den Pflegeeinrichtungen gehört und konnten ähnliche Entwicklungen auch bei anderen unserer begleiteten Personen erkennen. Es ist unzweifelhaft, dass die Pandemie ihre Auswirkungen auf jeden von uns hat – auf diese vulnerable Gruppe jedoch logischerweise umso stärker und mit fataleren Folgen. Ihnen fehlen schlicht die Möglichkeiten und die Zeit, sich von diesen Einschränkungen zu erholen. Was verloren ist, kehrt in ihrem Fall nicht mehr wieder. Umso wichtiger erscheint es, einen speziellen

Fokus auf diese Gruppe von Menschen zu legen und so schnell wie möglich zu einem normalen Austausch mit ihnen zurückzukommen. Es bestehen berechtigte Hoffnungen, dass dies im Laufe des Jahres 2021 eintreten und die momentane Projektrunde ihre Besuche in gewohnter Weise bald wieder aufnehmen kann. Eine Rückkehr zur Zeit davor wird auch dies sicher nicht sein. Aber das liegt in der Natur von Veränderungen und kann auch die Chance auf positive Entwicklung bergen.

Vonseiten des Projektes sind in den letzten Monaten viele neue und durchaus gewinnbringende Erfahrungen hinzugekommen, die den weiteren Weg prägen werden. Um nur einige zu nennen, sind dies eine bewusstere Wertschätzung des direkten Miteinanders, der geschärfte Blick auf Auswirkungen, die Veränderungen im Lebensalltag haben können[6], und in vielerlei Hinsicht eine Sensibilisierung und gewachsenes Verständnis für die Belange und z. T. belastenden Situationen in Pflegeeinrichtungen. Diese Erfahrungen werden uns sicher auf dem weiteren Weg begleiten.

Abschließend möchte ich noch auf eine letzte Erfahrung aus dieser außergewöhnlichen Zeit eingehen: Das Netzwerk zwischen Universität, Pflegeheimen und auch ehemaligen Studierenden ist stabil, funktioniert und konnte sogar ausgebaut werden. Als Zeichen dessen möchte ich ein konkretes Beispiel bringen: Ein kooperierendes Pflegeheim trat an die Projektleitung heran und bat um Hilfe. Den Bewohner/innen war es durch die Kontaktsperre nicht mehr möglich, das Heim zu verlassen und sich private Dinge zu kaufen. Da zugleich die Pflegekräfte durch die besondere Situation vollständig eingebunden waren, konnten diese nicht einspringen. Und so fragte die Leitung an, ob UnVergessen tätig werden könne. Eine entsprechende Bitte habe ich in die Projektrunde und das Alumni-Netzwerk gegeben und innerhalb von zwei Tagen haben sich drei Student/innen (eine aktuelle und zwei ehemalige Teilnehmer/innen) gefunden, die auf ehrenamtlicher Basis über die Dauer des ersten Lockdowns zweimal die Woche zu dem Pflegeheim gefahren sind und dort die Einkaufswünsche der Bewohner/innen erfüllten. Dies war für mich eine Bestätigung, dass das Ziel, eine Brücke zwischen Pflegeheim

---

[6]An dieser Stelle möchte ich ein kleines Beispiel bringen: Normalerweise beinhaltet das Vorbereitungsseminar von UnVergessen eine recht ausführliche Diskussion darüber, welche Veränderungen für Menschen mit dem Renteneintritt durch den Wechsel des Alltags und der veränderten sozialen Kontakte verbunden sind. In dem diesjährigen Seminar konnte das Verständnis dafür unmittelbar hergestellt werden, da sich der Vergleich mit der eigenen Situation zu Zeiten des ersten Lockdowns nahezu aufdrängte und jeder am eigenen Leib erfahren hat, welche psychischen und auch physischen Folgen auch für sie als junge Menschen damit verbunden sein können. Ob diese Erfahrung auch dauerhaft und gesellschaftlich zu einer stärkeren Sensibilisierung vulnerabler Gruppen führt, bleibt abzuwarten und zu erhoffen.

und Universität bzw. in diesem Fall zwischen Hilfesuchenden und Hilfegebenden zu schlagen erreicht ist.

Briefe gegen die Einsamkeit

Aus den oben geschilderten positiven Erfahrungen des neuartigen Kontaktes zwischen Studierenden und Pflegebewohner/innen ist sehr schnell im Frühjahr 2020 die Idee entstanden, diese Form des Austausches auf mehr Beteiligte auszudehnen. Schließlich waren durch die Corona-bedingten Einschränkungen nicht nur die mehrsprachigen Bewohner/innen von Pflegeheimen von Abgrenzung und Isolation betroffen, keiner durfte mehr Besuche bekommen. Dies traf einige sehr hart und unvermittelt, ganz gleich, welche Sprache sie sprechen. Nach Rücksprache mit unseren Kooperationspartner/innen und deren Interessensbekundung habe ich mich dazu entschieden, die Projektarbeit auszudehnen und um eine großangelegte neue Aktion zu erweitern (Abb. 8).

In der Folge ist Ende März 2020 die Aktion „Briefe gegen die Einsamkeit" ins Leben gerufen worden, die einen deutlich größeren Kreis an Menschen anspricht. Über unterschiedliche Kanäle – vorrangig über soziale Netzwerke der Ruhr-Universität Bochum – wurden über das Projekt UnVergessen junge Menschen unter dem Motto „Gemeinsam werden auch neue Wege begehbar!" aufgerufen, ein Zeichen der Solidarität zu setzen und den Pflegeheimen – und im Besonderen den dort lebenden Personen – zu zeigen, dass sie nicht vergessen sind (vgl. für diese Ausführungen hier Karl, 2020).

Abb. 8 Logo „Briefe gegen die Einsamkeit", Graphik P. Wolk

Dies geschah in der Form, dass interessierte junge Menschen Briefe, selbstgebastelte Grüße und andere Aufmerksamkeiten an Menschen in Pflegeeinrichtungen schicken. Gerade über den Brief kann bei den Vertretern einer meist älteren Generation im besten Fall eine Erinnerung an alte Zeiten wachgerufen werden. Zudem ist gewiss, dass sich jeder über einen persönlichen Brief freut – zeigt er doch, dass jemand an einen denkt und sich Zeit nimmt, diesen Gruß zu formulieren.

Im Rahmen der Teilnahme wird jeweils eine interessierte junge Person an eine Person, die in einem unserer kooperierenden Pflegeheime lebt, vermittelt. Die junge Person schreibt einen ersten Brief zur Kontaktaufnahme und schickt diesen in das jeweilige Pflegeheim. Die dort lebende adressierte Person entscheidet selbst, ob und in welcher Form sie wiederum antwortet. Um diese Rückantwort zu erleichtern, wird jedem ersten Brief ein rückadressierter und frankierter Umschlag beigelegt. Die Hoffnung dabei ist, dass sich auf diese Weise eine Brieffreundschaft zwischen zwei Personen entwickelt, die zunächst über die Zeit der sozialen Isolierung hilft – und vielleicht sogar diese Zeit überdauert, sei es in fortgeführter schriftlicher Form oder in persönlichen Kontakten.

Nach unserem Aufruf zur Beteiligung an der Aktion Ende März/Anfang April 2020 haben sich innerhalb kürzester Zeit sehr viele engagierte Personen gefunden, die sich am Briefeschreiben beteiligen möchten. Ebenso haben sich viele Einrichtungen gefunden, die ihrerseits Interesse haben, dass ihre Bewohner/innen postalische Grüße erhalten. Innerhalb eines Monats konnten so 187 junge Menschen an insgesamt 207 Bewohner/innen von 17 unterschiedlichen Pflegeheimen im Ruhr-Gebiet vermittelt werden. Zum Teil schreiben einige junge Menschen mehr als einer Person, in den meisten Fällen ist jedoch eine 1:1-Vermittlung umgesetzt. Der Höhepunkt der Aktion mit den meisten Anfragen und entsprechenden Vermittlungen war bis zum Monat Mai. Danach kamen in den folgenden Monaten (ca. bis Mitte Juli) noch einige weitere Kontakte zustande und auch einige Monate später, speziell um die Weihnachtszeit 2020, kommen immer mal wieder vereinzelte Anfragen von Personen, die von der Aktion gehört haben und sich gerne engagieren möchten. So ist die Zahl kontinuierlich gewachsen, die meisten Vermittlungen erfolgten jedoch innerhalb der ersten Wochen, sodass diese Zahlen hier näher ausgeführt werden sollen:

Anfang Mai 2020 hatten sich knapp 400 Menschen gefunden, die sich initiiert durch diese Aktion gegenseitig Briefe schreiben. Die meisten von ihnen schreiben auf Deutsch, aber es sind auch andere Sprachen vertreten: Russisch, Polnisch, Italienisch, Spanisch und Chinesisch.

Die Aktion war dabei so angelegt, dass vonseiten der jungen Menschen drei Interessensgruppen in unterschiedlicher Weise teilnehmen und sich sozial und auch wissenschaftlich einbringen konnten:

Die erste Gruppe bestand aus Personen, die Interesse an der Übernahme einer Brieffreundschaft haben, aber daneben keine weiteren Verpflichtungen eingehen wollten. Für diese Menschen übernahm UnVergessen die Vermittlung an eine Person in einem Pflegeheim, der sie dann selbstständig schreibt. Im Sinne einer Absicherung und des Nachweises der Nachhaltigkeit der Aktion werden diese Menschen gebeten, mit der Projektleitung in Mailkontakt zu bleiben und sie über eine Rückantwort aus dem Pflegeheim und den weiteren Verlauf der Partnerschaft zu informieren. Im Mai 2020 umfasste diese Gruppe 35 Personen, die 35 Pflegebedürftigen Briefe und Grüße sandten. Aus entsprechenden Rückmeldungen weiß ich, dass einige von ihnen Antworten bekommen haben und mit ihrer/m Brieffreund/in in Austausch stehen. Dies betrifft in etwa ein Drittel der vermittelten Paare. Ein weiteres Drittel meldete mir im Laufe der Wochen bzw. Monate zurück, dass sie zwar ihrerseits Briefe verschickt, aber leider keine Rückantwort erhalten haben. Z. T. verschickten die Personen trotzdem weiterhin Grüße oder baten um die Vermittlung einer zweiten Briefperson. Dieser Bitte kam ich, solange mir durch die Pflegeheime interessierte Menschen genannt wurden, gerne nach und konnte so einen Teil der interessierten Menschen erneut vermitteln. Über das letzte, nicht ganze Drittel kann ich in diesem Fall keine Aussage machen, da ich von ihnen nach der Vermittlung keine weitere Rückmeldung bekommen habe.

Die zweite Gruppe ist die zahlenmäßig stärkste. Sie umfasste im Mai 2020 112 Personen, die sich ebenfalls für die Teilnahme angemeldet haben, aber – im Unterschied zur ersten Gruppe – an einem Austausch mit anderen Teilnehmer/innen interessiert sind. Dafür wurde die Möglichkeit geschaffen, sich über die Lernplattform Moodle in die Projektgruppe einzutragen und dort aktiv in Austausch zu treten. Dieser umfasst bspw. das Teilen von eigenen verschickten Grüßen oder auch der Antworten, Diskussionen zu bestimmten Themen sowie Einträge in Chatforen. Über diese besteht die Möglichkeit, sich z. B. über die Erfahrungen auszutauschen, die sie durch das Briefeschreiben machen oder sich gegenseitig Rat und Trost zu geben, wenn die Antwort von der/dem Briefpartner/in (noch) aussteht.

Diese ersten zwei Gruppen setzen sich aus Menschen zusammen, die in irgendeiner Weise mit der Ruhr-Universität Bochum verbunden sind, und solchen, die über andere Kanäle von der Aktion erfahren haben und daran teilnehmen wollten. Eine Verbindung zur Universität – geschweige denn der Status als Studierender – ist hier keine Voraussetzung. So nehmen auch Mitarbeiter/innen der Universität teil, Studierende anderer Universitäten oder Hochschulen, Freunde und Verwandte von Studierenden und andere assoziierte Personen, die keinen direkten Bezug zu Bochum oder zur Universität haben. Bei der dritten Gruppe sieht dies anders aus. Diese besteht vollständig aus Studierenden der Ruhr-Universität Bochum. Es handelt sich um insgesamt 40 Studierende sehr unterschiedlicher Fächer und Fakultäten, die ihre Teilnahme mit dem Besuch einer Lehrveranstaltung kombinieren. Diese fand im Sommersemester 2020 begleitend zur Briefaktion statt und kann bei Interesse im Wintersemester 2020/2021 durch eine Folgeveranstaltung ergänzt und zu einem Modul erweitert werden. Die Lehrveranstaltung ebenso wie das Modul können in unterschiedlicher Weise in das Curriculum der jeweiligen Fächer integriert werden. Dabei wird der variierende Bedarf an Leistungspunkten mit jeweils angepassten Leistungsnachweisen bedient. Die Studierenden reflektieren im Laufe der Lehrveranstaltung verschiedene Aspekte der Aktion und ihrer eigenen Teilnahme, analysieren exemplarisch Briefe von Studierenden und Antworten aus den Pflegeheimen und arbeiten diese nach jeweils individuellen Gesichtspunkten auf. Dabei greift wiederum der Ansatz des Forschenden Lernens: Die Studierenden entwickeln eigenständig und auf Grundlage ihrer Interessen, Fachrichtungen und damit verbunden ihrer Expertise eine Fragestellung, unter der sie ausgewählte Facetten der Briefaktion beleuchten. In begleiteten Schreibarbeiten fassen sie diese Reflexion, Aufarbeitung und Analyse zusammen und reichen sie in Form eines Abschlussberichtes ein. Damit ist für diesen Kreis an Teilnehmer/innen neben dem sozialen Engagement eine neuartige Möglichkeit gegeben, die aktuelle Situation auch für sich selbst aufzubereiten und aus ihr ein für sie bislang neues Forschungsfeld zu entwickeln.

Wie bereits in den Ausführungen zur dritten Teilnehmer/innengruppe ersichtlich wurde, ist die Aktion *Briefe gegen die Einsamkeit* von Beginn an so angelegt, dass die Teilnahme am Projekt nicht nur mit sozialem Engagement einhergeht, sondern auch die wissenschaftliche Seite und eine entsprechende Aufbereitung zum Zuge kommen. Die Briefe, die im Rahmen dieser Aktion entstehen, sind in vielerlei Hinsicht für die Wissenschaft von großer Bedeutung. Zunächst einmal können sie als besondere Form von Zeugnissen einer Zeit stehen, die bislang noch kaum einer so erlebt und auch nicht erwartet hat. Hier sind sie für die Dokumentation und Aufbereitung von Interesse, da in vielen der Briefe die gesundheitliche Lage und die sozialen und psychischen Folgen thematisiert werden. Zum zweiten wird durch den Briefwechsel der Austausch zwischen Generationen festgehalten: In allen Fällen handelt es sich bei den Briefeschreibern außerhalb des Pflegeheimes um junge Menschen, vorrangig um Studierende oder junge Erwerbstätige, selbst die Ältesten unter ihnen stehen noch aktiv im Berufsleben. Die meisten Briefempfänger/innen in den Pflegeheimen hingegen sind Vertreter einer älteren

Generation (einige wenige Ausnahmen – insgesamt drei – von jüngeren Bewohner/innen gibt es dabei). Die älteste Teilnehmerin ist im Jahr 1915 geboren und wird demnächst 105 Jahre alt. So wird deutlich, dass hier zwei sehr unterschiedliche Generationen mit entsprechend unterschiedlichen Lebenserfahrungen und Erinnerungen zueinanderkommen. In welcher Weise diese Themen in den Briefen auftreten und als Faden durch die Kommunikation leiten, ist von großem Interesse. Und der dritte Aspekt umfasst die schriftlichen Produkte, die von den älteren Menschen geschrieben werden. Diese sind aus gerontolinguistischer Sicht von Wert, da es kaum vergleichbare Sammlungen an Schriftstücken dieses Personenkreises in solch einem Umfang gibt. Hier lassen sich unterschiedlichste Fragestellungen formulieren, die mithilfe der so gesammelten Daten bearbeitet werden können (mehr dazu s.u.).

Diese Verquickung von sozialem Engagement, intergenerationellem Austausch und wissenschaftlichen Aspekten ist hier, ebenso wie im Projekt UnVergessen, intrinsisch angelegt. Aus meiner Sicht ist gerade dies der Grund für die Einzigartigkeit und auch den Erfolg dieser beiden Projekte: Die einzelnen Komponenten greifen nahtlos ineinander und können sich gegenseitig gewinnbringend befruchten. So ist z. B. gerade die wissenschaftliche Aufbereitung ein überaus wichtiger Punkt, da durch die Wissenschaft die Situation der Menschen in Pflegeheimen analysiert werden kann, auf dieser Grundlage Probleme, Desiderata aber auch positive Aspekte herausgearbeitet werden können, die im nächsten Schritt zur Verfügung stehen, um neue Konzepte passgenau für den Personenkreis ausarbeiten zu können. Zudem tragen wissenschaftliche Ergebnisse bzw. eine entsprechende Berichterstattung über die Tätigkeiten zu einer besseren Sichtbarkeit bei, die hoffentlich zu einer größeren Sensibilisierung für die hier relevanten Themen führt. Insofern dient hier auch die Wissenschaft einem sozialen Zweck – der Kreis schließt sich bzw. beginnt von neuem.

In diesem Kontext ist es relevant, auf die rechtlichen Rahmenbedingungen der Teilnahme an der Aktion *Briefe gegen die Einsamkeit* hinzuweisen. Alle Teilnehmer/innen verpflichten sich mit der Teilnahme an der Aktion, die gewonnenen Daten und persönlichen Informationen aus den Pflegeheimen und über die Pflegebedürftigen nicht mit Dritten zu teilen. Zugleich besteht die Möglichkeit, die Briefe und Dokumente in anonymisierter Form der Wissenschaft zur Verfügung zu stellen. Eine entsprechende Freigabe der Briefe wird dabei durch schriftliche Einverständniserklärungen abgesichert. Von den 187 Teilnehmer/innen aufseiten der jungen Menschen haben lediglich 29 Personen einer wissenschaftlichen Verwendung nicht zugestimmt, alle anderen sind bereit, ihre Briefe zu wissenschaftlichen Zwecken an die Projektleitung zu übergeben. Auf diese Weise konnte bereits in den ersten Wochen der Briefaktion eine Vielzahl an Briefen zur Kontaktaufnahme (insgesamt über 100) gesammelt werden. Einige Eindrücke von diesen, wie auch gemalte und gebastelte Ostergrüße finden sich auf der Projekthomepage unter https://www.un-vergessen.de/aktion-briefe-gegen-die-einsamkeit.

Parallel zu den Briefen zur Kontaktaufnahme kamen tatsächlich sehr bald erste Reaktionen von den Pflegebedürftigen zurück. Ich erinnere mich sehr gut an den Moment, als ich von einer Studentin die Nachricht der ersten Rückantwort bekam – ich freute mich sehr, da mir dies zeigte, dass sich der Aufwand gelohnt hat und tatsächlich auf diese Weise Menschen zueinanderkommen und sich austauschen können.

Und zum Glück blieb es nicht bei dieser einen Rückantwort. Schon kurze Zeit später (Mitte Mai) waren es 32 Briefe aus Pflegeheimen, über die ich Nachricht bekam. Einige Paare standen zu dem Zeitpunkt sogar schon im regen Austausch und hatten sich gegenseitig jeweils zwei bis drei Briefe geschickt. Insgesamt differieren die Antworten, die Frequenz und Schnelligkeit der Rückantworten sehr stark. So gibt es Bewohner/innen, die ganze Seiten innerhalb weniger Tage zurückschicken und sehr viel von sich erzählen, andere schreiben nur kurze Grüße zurück, formulieren diese aber selbst, wiederum andere diktieren ihre Antwort einer Pflegekraft bzw. einer Person des Sozialen Dienstes oder kreuzen vorformulierte Fragen an. Hier sind die Reaktionen so divers, wie die Personen dahinter, und stark in Abhängigkeit der jeweiligen Möglichkeiten gestaltet. Z. B. thematisieren viele ihre Handschrift (entschuldigen sich für diese und erläutern, warum sie bspw. so zitterig ist) oder verdeutlichen, dass ihnen das Schreiben schwerfällt. Aber es kommen Reaktionen zurück, die vor diesem Hintergrund eine noch viel größere Bedeutung erhalten. Dabei spricht aus jedem einzelnen Rückbrief die Freude, die durch den Empfang der Briefe empfunden wurde und das Interesse, mit der anderen Person weiterhin in Kontakt zu bleiben. In vielen Fällen wird sogar vermittelt, dass sie Interesse an Telefonaten und direkten Besuchen (nach Corona) haben. Dies sind schöne Zeichen dafür, dass über den Brief tatsächlich neue Kontakte hergestellt werden können und sich so in ganz klassischer Art (Brief-)Freunde finden.

Um einen kleinen Eindruck von den unterschiedlichen Briefen zu vermitteln, möchte ich hier einige Impressionen aus den Briefen der Pflegebewohner/innen abdrucken.

Im ersten Fall handelt es sich um den ersten Antwortbrief einer Person. Diesen verfasste sie innerhalb weniger Tage nach der Kontaktaufnahme durch eine Studentin – Jasmin Batler. Diesem ersten, kürzeren Brief folgte wenige Tage später ein ausführlicherer Brief. Zum momentanen Zeitpunkt (Januar 2021) stehe ich mit der Studentin dieses Briefpaares, Jasmin Batler, immer noch im Kontakt und weiß von ihr, dass sie sich mit ihrer Brieffreundin sehr regelmäßig austauscht. Dabei entstehen z. T. seitenlange Briefe, in denen sie sich auch über aktuelle Themen, wie bspw. im Herbst 2020 über die Wahl des US-Präsidenten, austauschen. Sie schicken sich Fotos, berichten von ihren Lieblingsbüchern und ehemaligen oder geplanten Reisezielen. Jasmin Batler hat über diesen Briefaustausch eine sehr interessante Arbeit geschrieben, in der sie schildert, wie überrascht sie war, als sie feststellen musste, wie viel sie mit ihrer Brieffreundin gemeinsam hat und wie gut sie sich mit ihr austauschen kann. Dieses Gefühl war für sie der Ausgangspunkt, darüber nachzudenken, wie es kommt, dass sie mit einer anderen Vorstellung an den Austausch herangetreten ist. Sie ging in einer kleinen und damit natürlich nicht repräsentativen Umfrage unter Gleichaltrigen dieser Frage bei Anderen nach und musste auch bei ihnen feststellen, dass überwiegend die Meinung geäußert wurde, man würde im Austausch mit älteren fremden Personen wenig Gemeinsamkeiten erwarten (im Gegensatz dazu traf dies auf bekannte ältere Personen nicht zu) (vgl. Batler, 2020). Umso schöner und wertvoller erscheint vor diesem Hintergrund die gegenteilige Erfahrung der Studentin. Wie sie es selbst äußert, ist ihre Brieffreundin mittlerweile zu einer echten Freundin geworden, bei der der Altersunterschied und auch die Unterschiede in den Lebensumständen zwar natürlich noch bestehen, aber nicht mehr leitend und beeinflussend im Vordergrund des Austausches stehen.

Bei ihrer Brieffreundin handelt es sich um eine ca. 80jährige Frau[7], die an Parkinson erkrankt ist und daher Schwierigkeiten mit ihrer Handschrift hat. Dies hindert sie aber nicht daran, selbst zu schreiben (Abb. 9 und 10):

Über die Brieffreundschaft von Jasmin Batler ist ein Artikel der RUB-News erschienen, der diese Ausführungen hier schön ergänzt: https://news.rub.de/studium/2020-07-02-projekt-briefe-gegen-die-einsamkeit.

Als Beispiel für eine Rückantwort, die von einer anderen Person verschriftlicht wurde, steht hier der folgende Rückbrief (Abb. 11):

Solcherlei Rückantworten, die von Pflegekräften, Mitarbeiter/innen des Sozialen Dienstes oder auch Angehörigen geschrieben wurden, sind im Lauf der Monate vermehrt eingetroffen. Meist benötigen diese Antworten mehr Zeit, in der mir die jungen Briefeschreiber/innen häufig schon rückgemeldet hatten, dass sie keine Reaktion bekamen. Umso größer war dann die Freude, wenn noch unverhofft ein Brief an sie kam. In allen dieser Fälle wurde, wie auch in dem abgebildeten Brief, thematisiert, dass nicht die angeschriebene Person selbst schreibt,

---

[7] Zur Erläuterung: In ihrem Brief schreibt sie, dass sie „38" Jahre alt sei. Aus dem Heim habe ich jedoch die Information, dass sie über 80 ist, was auch aus dem beigelegten Foto der Person sehr deutlich hervorgeht. Hier scheint es sich entweder um eine klassische Verschreibung zu handeln (gemeint wäre dann 83) oder um eine Art Scherz (dafür sprechen die Anführungszeichen). Dies wird in den Briefen nicht aufgelöst.

Abb. 9 Brief aus dem Pflegeheim: Eine an Parkinson erkrankte Frau schreibt ihrer Brieffreundin zurück (Teil 1)

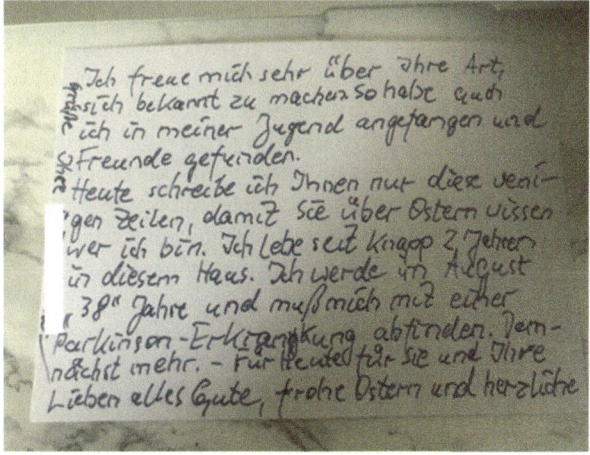

Abb. 10 Brief aus dem Pflegeheim: Eine an Parkinson erkrankte Frau schreibt ihrer Brieffreundin zurück (Teil 2)

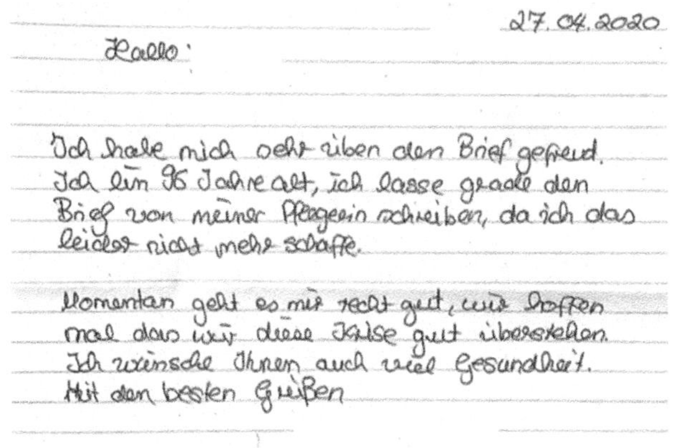

> 27.04.2020
>
> Hallo:
>
> Ich habe mich sehr über den Brief gefreut.
> Ich bin 95 Jahre alt, ich lasse grade den
> Brief von meiner Pflegerin schreiben, da ich das
> leider nicht mehr schaffe.
>
> Momentan geht es mir recht gut, wir hoffen
> mal das wir diese Krise gut überstehen.
> Ich wünsche Ihnen auch viel Gesundheit.
> Mit den besten Grüßen

Abb. 11 Brief aus dem Pflegeheim, verfasst von einer Pflegerin

sondern in ihrem Auftrag oder von ihr diktiert eine andere Person den Stift führt. Die Freude über eine solche Information bei den jungen Teilnehmer/innen war jeweils groß und die meisten schrieben daraufhin weiterhin Briefe und schickten kürzere Grüße mit Gebasteltem und vorgefertigten Antwortmöglichkeiten. Von einigen dieser Briefpaare habe ich die Rückmeldung bekommen, dass sie auch jetzt, Monate später, noch im Austausch stehen. Zwar müssen sich die jungen Menschen bis zur Antwort meist gedulden, aber sie kommt. Hier ist besonders bemerkenswert, dass trotz der starken Belastung in den Pflegeeinrichtungen die Menschen dort Zeit und Muße finden, eine solche Antwort zu begleiten und abzuschicken. Dies ist keine Selbstverständlichkeit und zeigt, wie sehr sich in den Einrichtungen bemüht wird, den dortigen Bewohner/innen unterstützend zur Seite zu stehen.

Ein sehr schönes Beispiel für eine solche entstanden Freundschaft ist eine zweite Studentin der Ruhr-Universität Bochum, Melina Reinnert, die von Beginn an bei der Aktion dabei war und das begleitende Seminar im Sommersemester besucht hat. Auch sie hat im Rahmen der Veranstaltung eine abschließende Ausarbeitung verfasst, in der sie sehr einfühlsam von ihren Erfahrungen aus der Teilnahme berichtet hat (vgl. Reinnert, 2020). Nach zwei vermittelten Personen, die sie ohne Rückantwort anschrieb, schrieb sie einer Frau, von der ich aus dem Pflegeheim die Nachricht erhalten hatte, dass sie nicht mehr in der Lage sei, selbstständig zu antworten. Diese Information hatte die Studentin entsprechend bei der Vermittlung erhalten, gemeinsam mit der Anregung, dem Brief einfache

Antwortmöglichkeiten beizulegen (für ein Beispiel s. Abb. 13) weiter unten. Und dies funktionierte in dem Fall sehr gut. Es kamen die vorformulierten Fragen mit Antworten zurück. Melina Reinnert schickte weitere Grüße und so entwickelte sich zunächst ein Austausch mit ausführlicheren Briefen der Studentin und kurzen angekreuzten Rückantworten der Pflegebedürftigen. Dann jedoch kam ein paar Wochen später ein ausführlicherer Brief, den die Pflegebedürftige auf Initiative einer Mitarbeiterin des Sozialen Dienstes dieser diktierte. In ihm berichtete sie ausführlicher über sich, schrieb, dass sie eine Augenerkrankung habe und daher die Briefe vorgelesen bekommen müsse und nur mit Unterstützung antworten könne. Zugleich schilderte sie, wie aktiv sie im Wohnheim sei (sie ist u. a. im Bewohnerbeirat aktiv) und wie sehr sie sich jeweils über die Briefe freue. Diesem ausführlicheren Brief folgte etwas später ein Schreiben des Neffen der pflegebedürftigen Frau. In diesem berichtete auch er von der großen Freude, die seine Tante durch die Briefe bekomme und bedankte sich auch im Namen der Familie sehr herzlich für die Kontaktaufnahme und das Engagement. Er selbst – und andere Familienmitglieder – konnten ihre Verwandte nicht mehr besuchen, da sei jedes Zeichen von Aufmerksamkeit auch von fremden Menschen hilfreich. Seit diesem Brief steht die Studentin nun nicht mehr nur mit der Pflegebedürftigen, sondern auch mit ihren Angehörigen in Kontakt. Sie schickte mir zu Weihnachten die folgenden Zeilen:

„Ich stehe immer noch mit M. in Kontakt und habe ihr zu Weihnachten ein kleines Paket geschickt. Auch mit der Familie stehe ich immer noch im Austausch. Sie informieren mich über jeden Schritt sodass ich das Gefühl habe M. schon viele Jahre zu kennen. Ich hoffe, dass diese Brieffreundschaft noch lange hält. Sehr gerne würde ich M. auch einmal besuchen aber durch die aktuelle Lage stellt das eine zu große Gefahr für die Bewohner dar und ich möchte keine Anderen gefährden." (Melina Reinnert)

Ein weiteres Beispiel zeigt die Rückantwort der ältesten Teilnehmerin – mit 104 Jahren. Besonders eindrücklich erscheint hier die Handschrift (Abb. 12):

Wie aus diesen Beispielen bereits ersichtlich ist, wird vielfach die aktuelle Situation thematisiert und der Wunsch geäußert, sich nach Beendigung der Pandemie persönlich kennenzulernen. Auch dies ist aus meiner Sicht ein Zeichen für eine gelungene Kontaktaufnahme verbunden mit der Chance, auch langfristige Beziehungen aufzubauen.

Schließlich soll hier noch ein Beispiel für die bereits an einigen Stellen erwähnte vorformulierte Antwortmöglichkeit angeführt werden. Wie bereits oben angedeutet, ist uns in einigen Fällen durch das Pflegeheim die Nachricht zugegangen, dass die pflegebedürftige Person gerne an der Aktion teilnehmen möchte

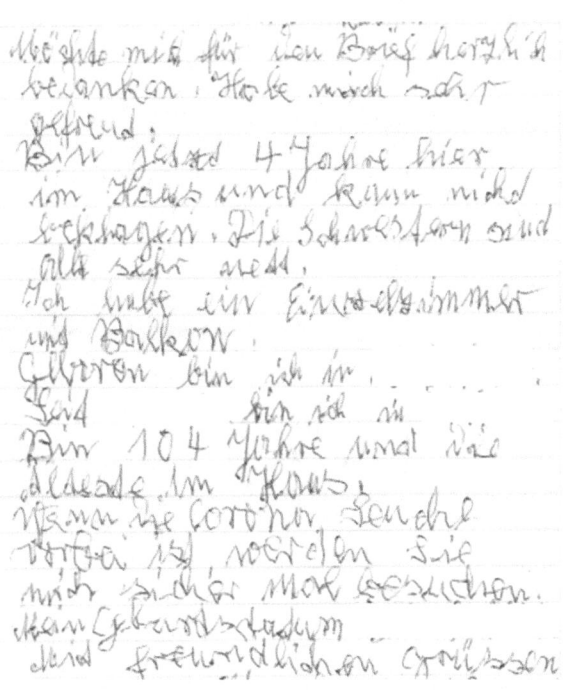

Abb. 12 Brief einer 104 Jahre alten Frau aus dem Pflegeheim

und sich über Briefe freut, voraussichtlich aber nicht in der Lage sein wird, eigenständig zu antworten. Um dennoch zu ermöglichen, dass einerseits die Person einen kleinen Gruß zurücksenden kann und andererseits die Briefeschreiber/in die Bestätigung bekommt, dass ihre Briefe zugestellt und gerne gelesen werden, erging in diesen Fällen der Rat an die jeweiligen zugeordneten Personen, ihrem Brief eine vorformulierte Antwortkarte beizulegen, auf der geschlossene Fragen stehen. So erhält der/die Empfänger/in die Möglichkeit, diese durch Ankreuzen von JA/NEIN auf einfache Art zu beantworten. Ein Beispiel für solch eine Antwortkarte mit erfolgten Reaktionen der pflegebedürftigen Person ist hier zu sehen: (Abb. 13)

Mit dieser Form der Antwortkarten bekamen viele Briefeschreiber/innen Antworten und erfuhren so stückweise vom Leben der anderen Person und konnten sichergehen, dass ihre Briefe ankommen und für Freude sorgen.

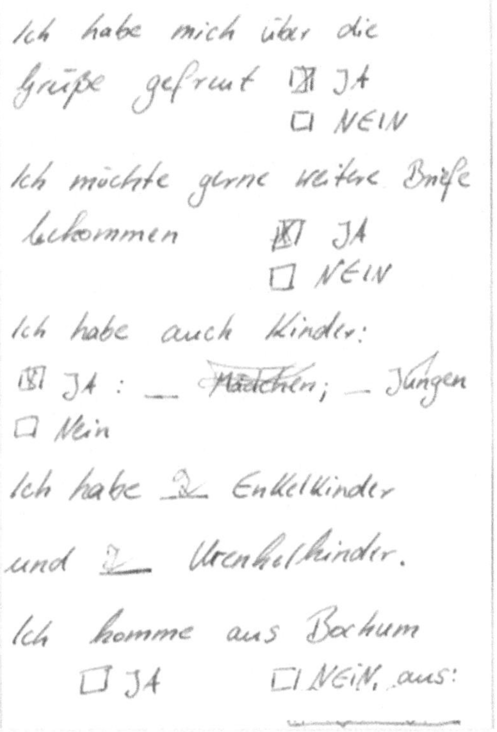
Ich habe mich über die
Grüße gefreut ☒ JA
☐ NEIN
Ich möchte gerne weitere Briefe
bekommen ☒ JA
☐ NEIN
Ich habe auch Kinder:
☒ JA : _ ~~Mädchen~~; _ Jungen
☐ Nein
Ich habe 2 Enkelkinder
und 2 Urenkelkinder.
Ich komme aus Bochum
☐ JA ☐ NEIN, aus: ______

Abb. 13 Vorformulierte Antwortkarte zum Ankreuzen, mit entsprechender Reaktion einer Pflegebedürftigen

Die hier abgedruckten Impressionen und Fallbeispiele liefern Einblicke in die Aktion „Briefe gegen die Einsamkeit" und können evtl. einen kleinen Eindruck dessen vermitteln, welche Optionen sich aus diesem intergenerationellen Briefwechsel eröffnen. Ich möchte an dieser Stelle noch einmal auf die Frage der Nachhaltigkeit dieser Aktion eingehen. Zunächst möchte ich dafür festhalten, dass in keinem einzigen Fall eine Rückmeldung kam, dass sich eine angeschriebene Person NICHT über den Gruß gefreut habe[8]. Vielmehr hörten wir aus vielen Pflegeheimen, dass die Briefe sehr freudig begrüßt wurden und teilweise

[8]Nur in einem mir bekannten Fall bekam eine Teilnehmerin die Rückmeldung von einer angeschriebenen Frau zurück, dass sie sich zwar über den Brief gefreut habe, aber lieber keine weiteren Briefe mehr bekommen möchte. Als Erklärung schrieb eine Pflegekraft dazu, dass sich die angeschriebene Frau nicht in der Lage sähe, selbst zu antworten und sie es daher als nicht zielführend ansähe.

Gesprächsstoff für mehrere Tage boten. Sei es der Austausch über die Freude beim Erhalt und Lesen, die Überlegung, was und wie zurückgeschrieben werden soll, oder dann der Bericht über die erfolgte Rückantwort. Auch wenn diese ausblieb, blieben in allen Fällen die anderen beiden Punkte bestehen. Vielfach wurde die Aktion von Mitarbeiter/innen der Einrichtungen mitbegleitet und in gemeinsame Schreibaktionen überführt, viele Einrichtungen zeigten sich bei unserer Nachfrage sehr gut über den jeweiligen Stand des Austausches ihrer Bewohner/innen informiert. Dies zeigt zum einen, dass die ursprüngliche Idee der Aktion tatsächlich erfolgreich umgesetzt werden konnte: Wir wollten den isolierten pflegebedürftigen Menschen eine Freude machen und ihnen Aufmerksamkeit schenken. Das ist gelungen und damit ist die Aktion aus meiner Sicht der Organisation bereits erfolgreich. Zum anderen zeigt sich mir, dass auch die Pflegeheime – in diesem Fall meine ich die Mitarbeiter/innen – ihren Anteil an der Aktion leisten und zugleich auch davon profitieren. Sie haben z. T. Zeit und Interesse investiert und wurden dafür mit der Freude der Bewohner/innen und einer schönen Abwechslung belohnt. Einige Einrichtungen meldeten uns auch zurück, dass sie dankbar dafür waren, eine gemeinsame freudige Aktivität für die Bewohner/innen zu haben, da der Alltag in der Zeit des Besuchsverbotes doch für alle sehr schwer und einsam war. Insofern trug diese Aktion bereits Früchte, unabhängig davon, ob sich nun in jedem Fall eine tiefe Brieffreundschaft entwickelt hat.

Werfen wir jedoch nun auch einen Blick auf diese Frage. Wie bereits in meinen Fallbeispielen sichtbar wurde, haben sich Freunde gefunden, die über unterschiedlichste Arten in Kontakt getreten sind und sich gegenseitig kennengelernt haben. Das ist natürlich eine wunderbare Bestätigung, die die Hoffnungen, aus denen heraus die Aktion entstanden ist, erfüllt hat. Dies ist aber selbstverständlich nicht in allen vermittelten Fällen eingetreten. Wie bereits oben ausgeführt, erwies sich auch über die gesamte Gruppe an vermittelten Paaren, dass etwa ein Drittel in einen wie auch immer gearteten Austausch getreten ist und es zu mindestens einem Briefwechsel und auch, wie geschildert, zu tiefem Austausch und echten Brieffreundschaften kam[9]. Ein weiteres Drittel bekam zunächst keine Antwort

---

[9]Um dies mit einer konkreten Zahl zu untermauern: In dem eingerichteten Moodle-Kurs konnten alle dort eingeschriebenen Briefeschreiber/innen freiwillig ihre und die Antwortbriefe ihrer Brieffreunde hochladen. Diese Möglichkeit nutzten 63 der in dem Kurs eingeschriebenen Personen (dies waren insgesamt 112). Alle luden den ersten Brief zur Kontaktaufnahme hoch. Von diesen 63 luden wiederum 28 eine Rückantwort ihrer/s Brieffreundes/in hoch. Dies bedeutet natürlich nicht, dass alle anderen keine Rückantwort bekamen, sondern nur, dass sie nicht zur Verfügung stellten (was ja schließlich auch freiwillig war). Aber diese 28 erhielten sie definitiv. Von einigen weiteren Personen bekam ich persönlich per Mail Rückmeldung zum Status ihrer Brieffreundschaft. Diese gehen entsprechend auch in meine Berechnung ein. Dennoch möchte ich betonen, dass diese Berechnung der Drittel eine ungefähre Näherung ist.

und trat in Kontakt mit mir. Hier erging von mir zunächst der Rat, es mit der oben illustrierten Antwortkarte zu versuchen. Parallel dazu riefen wir in den entsprechenden Pflegeheimen an und erkundigten uns nach dem Stand der Dinge vor Ort. Hier ergaben sich z. T. Informationen, die wir weitergeben konnten, sodass sich ein Teil der Kontakte daraufhin fand bzw. zumindest ein Informationsaustausch stattfand. In den Fällen, in denen die junge Person einen weiteren Kontakt wünschte, vermittelte ich eine zweite Person, die angeschrieben werden konnte. Auch hier gab es logischerweise wieder einen gewissen Prozentsatz, die auch von einer zweiten Person keine Rückantwort bekam und weitervermittelt wurde.

Auch wenn eine fehlende Antwort zunächst für die jungen Briefeschreiber/innen enttäuschend sein konnte, liegt dies in der Natur der angelegten Aktion. Da hier Menschen angeschrieben werden, die pflegebedürftig sind, kann man davon ausgehen, dass sie in irgendeiner Form Einschränkungen aufweisen. Hierbei gilt es zu bedenken, dass gerade das Schreiben eines Briefes eine hohe Konzentration und motorische Fähigkeiten erfordert. Beides kann u.U. bei den angeschriebenen Personen beeinträchtigt sein und damit eine Rückantwort zu einer Herausforderung werden lassen. Wir hatten zwar durch die Anfrage in den Einrichtungen von dort Personen genannt bekommen, die grundsätzlich Interesse an einem Austausch haben, dennoch konnte man auch bei ihnen nicht davon ausgehen, dass sie problemlos in einen schriftlichen Austausch treten können. Dafür sensibilisierte ich die teilnehmenden jungen Personen und klärte über entsprechende Ausführungen, die ich per Mail und über den Moodle-Kurs zur Verfügung stellte, über die Situation in den Pflegeeinrichtungen und die hier geschilderten Einschränkungen der pflegebedürftigen Personen auf. Darüber wollte ich ein Verständnis bei den Personen wecken, die verständlicherweise enttäuscht darüber waren, dass sie auf ihre Grüße keine Antwort bekamen. Vielfach wurde mir von ihnen zurückgemeldet, dass dieses Verständnis eingetreten ist und sie damit zufrieden sind, dass ihre Briefe angekommen sind und zumindest einmalig für Freude gesorgt haben. So sehe ich einen weiteren Beitrag der Aktion darin, eine entsprechende Sensibilisierung und einen genaueren Blick auf die Situation von Pflegebedürftigen und an Pflegeheimen herbeigeführt zu haben. Ein Teil dieser betroffenen Personen beließ es dann in Rücksprache mit mir bei den Kontaktversuchen, einige andere wurden auf eigenen Wunsch weitervermittelt und konnten dann z. T. doch mit der dritten (und in einem Fall sogar vierten) Person in einen Austausch treten. Dies ist für mich wiederum ein Zeichen dafür, wie ernst es auch

---

Ich habe nicht von jeder Person eine Rückmeldung bekommen und fordere diese auch nicht zwangsläufig und ständig aktualisiert ein.

die jungen Personen nahmen und mit wie viel Engagement sie an der Aktion teilgenommen haben. Sie wollten auch ihrerseits einen Austausch und freuten sich,
wenn dieser dann tatsächlich eintrat. Insofern kann man hier von keiner Einbahn-
straße ausgehen, sondern festhalten, dass es für beide Seiten seine sehr schönen
und bereichernden Momente hat.

Über das letzte, auch hier nicht ganze Drittel kann ich, wie bereits erwähnt,
relativ wenig Aussagen treffen, da ich in diesen Fällen entweder nur wenig oder
gar keine Rückmeldung bekommen habe. Auch dies ist durch die Umsetzung der
Aktion zu begründen. Es bestand von Anfang an kein Zwang, daran teilzunehmen,
oder eine Verpflichtung, Bericht zu erstatten. Dass dies dennoch so vielzählig
eingetreten ist, ist für mich aus Sicht der Organisatorin vielmehr ein sehr schönes
Zeichen und soll nicht als negativ für die Fälle gedeutet werden, in denen es nicht
der Fall war.

Somit bleibt resümierend festzuhalten, dass diese Aktion in vielerlei Hinsicht
einen Beitrag geleistet hat und sich dieser nicht leicht in einem Schlagwort zusammenfassen lässt. Es sind Freundschaften entstanden, es ist Freude bereitet worden,
es wurde für Gruppen und Einrichtungen sensibilisiert und es wurde gezeigt,
dass sich Menschen für andere Menschen interessieren und sie sich an einem
Austausch miteinander erfreuen. Und dies, ohne eine weitere Gegenleistung zu
erwarten[10]. Somit sehe ich die Aktion *Briefe gegen die Einsamkeit* als eine sehr
schöne Bereicherung und Ergänzung zur Tätigkeit von UnVergessen an.

Das wissenschaftliche Potenzial des Projektes

Wie bereits in dem obigen Abschnitt ausgeführt, ist sowohl im Hauptprojekt von
UnVergessen als auch in der Aktion *Briefe gegen die Einsamkeit* die Möglichkeit

---

[10]Hier möchte ich eine weitere Besonderheit erwähnen: In dem ersten Informationsschreiben,
dass die jungen Briefeschreiber/innen von mir mit der Vermittlung einer Person bekommen
haben, habe ich ihnen aufgeklärt, dass sie die ihnen im Rahmen dieser Aktion entstandenen Portokosten an mich weitergeben und diese erstattet bekommen können. Dies empfand
ich als angemessene Geste für ihre Mühe und ja auch tatsächlichen Kosten, da die Idee ja war,
dass jeweils ein frankierter Rückumschlag beigelegt werden sollte. Zudem schickten einige
auch nicht nur Briefe, sondern Päckchen etc. Als ich dies formulierte, war mir allerdings nicht
klar, dass die Aktion eine solche Nachfrage haben würde, und während der Vermittlung von
immer mehr Personen und dem entsprechenden Überschlag der Summe wurde mir manchmal
etwas bang. Allerdings bedachte ich dabei nicht, aus welchen Gründen die Personen daran
teilnahmen. Ihnen ging es ganz anscheinend nicht um Portokosten bzw. die entsprechenden
Unkosten. Dies wurde mir allerspätestens im Lauf der letzten Monate klar, in denen keine
einzige der Teilnehmer/innen die Kosten bei mir einforderte.

einer wissenschaftlichen Aufbereitung angelegt. In diesem Abschnitt möchte ich zunächst ausgehend von den schriftlichen Daten auf das größte Desiderat der aktuellen gerontolinguistischen Forschung zu sprechen kommen und anreißen, in welcher Weise die unterschiedlichen Projekttätigkeiten hier einen wichtigen Beitrag leisten können.

Im vorherigen Kapitel wurden bereits einige Aspekte beleuchtet, in welcher Weise die Briefwechsel, die im Rahmen der Aktion *Briefe gegen die Einsamkeit* entstehen, für wissenschaftliche Fragen von Interesse sind. An dieser Stelle möchte ich etwas expliziter auf die gerontolinguistischen Aspekte eingehen. Ein Schwerpunkt in der Erforschung der Sprache des Alters liegt in der Frage, wie sich die Handschrift und die schriftlichen Ausdrucksfähigkeiten im Laufe des Lebens verändern (für einen Einblick in einige der Fragestellungen empfehle ich den Artikel von Walther, 2019). Diese Untersuchungen zur Grafologie überschneiden sich dabei mit patholinguistischen und medizinisch-diagnostischen Fragestellungen, wie z. B. jene nach Beeinflussung der Handschrift durch bestimmte Erkrankungen. So gibt es bspw. Ausführungen dazu, wie die Parkinsonerkrankung typische Veränderungen im Schriftbild auslöst, aus der sich Ansätze der Diagnostik entwickeln lassen (vgl. z. B. Schreier und Bollschweiler, 2014 oder die Berichterstattung von Wagner, 2013 im Deutschlandfunk). Wichtige Hinweise – auch im Bereich der Früherkennung – kann die Handschrift im Fall einer Erkrankung an Multipler Sklerose liefern, und auch im Zusammenhang mit der Alzheimer-Demenz existieren Ansätze, die Handschrift Erkrankter zu analysieren und bestimmte Spezifika zu ermitteln (so zeichnet sich diese durch ein unruhiges Schreiben mit unterschiedlichen Phasen der Schreibgeschwindigkeit aus – einen umfassenderen Einblick dazu liefert Feimer, 2005). Dies zeigt, dass die Handschrift von Belang und wissenschaftlichem Interesse ist. Häufig liegt der Erforschung jedoch eine doppelte Problematik zugrunde:

Zum einen fehlen Untersuchungen dazu, wie sich die Handschrift im Fall des sog. gesunden Alterns verändert und damit die wichtige kontrastive Grundlage, abweichende Veränderungen feststellen und interpretieren zu können. Und zum zweiten existiert bislang keine aussagekräftige Datenbank an diversem Schriftmaterial, das als Grundlage entsprechender Untersuchungen herangezogen werden kann. Dieses Desiderat erklärt auch das erste Problem, da schlicht die Vergleichsgrundlage mit Schriftbildern gesunder älterer Menschen fehlt.

Diese Lücke im Datenmaterial betrifft dabei keineswegs nur die schriftlichen Erzeugnisse, sondern jegliche Form von sprachlichen Daten älterer Menschen. In der gesamten Erforschung gerontolinguistischer Fragen wird immer wieder bemängelt, dass entsprechende Korpora jedweder Materialien fehlen und damit die Forschung schnell an ihre Grenzen stößt (vgl. hierzu z. B. die immer wieder geführte Debatte zu Korpora in der CLARe-Community (Corpora for Language and Aging research), die sich speziell aus diesem Grund formiert hat. Einen Überblick darüber bietet: https://wikis.fu-berlin.de/display/clare/HOME und auch die Konferenzhomepage des 4. Treffens: https://www.helsinki.fi/en/conferences/corpora-for-language-and-aging-research-4).

Dieses Desiderat ist auf vielerlei Weise zu begründen (auch hierzu finden sich schnell entsprechende Ausführungen, ein Blick in die o.g. Seite mit Weiterführungen zu verlinkten Personen, Forschungsausrichtungen und Artikeln vermittelt einen Eindruck), führt jedoch dazu, dass wichtige Forschungsfragen nicht weiterverfolgt werden können. Insofern ist es mehr als relevant, an dieser Stelle anzusetzen und so nicht bloß die eigene Forschung zu ermöglichen, sondern einer ganzen Forschungsgemeinde eine Grundlage zu geben, ihrer Forschung fundiert nachgehen zu können.

Durch die oben dargestellte Konzeption der Aktion *Briefe gegen die Einsamkeit* erfolgt eine Sammlung von schriftlichen Daten, die meines Wissens bislang einmalig ist. Durch sie werden Briefstücke dokumentiert, die über die reine Unterschrift oder das Abschreiben einzelner Sätze hinausgehen, sondern Einblicke weit über die reine Handschrift hinaus in die schriftlichen Fähigkeiten der Personen erlauben. Durch die Kontakte zu den Pflegeheimen – und auch die Informationen durch die Briefeschreiber/innen selbst – können diese schriftlichen Zeugnisse mit gesundheitlich relevanten Daten abgeglichen werden und so eine Grundlage für ein schriftliches Korpus im gerontolinguistischen Bereich bilden. Bei der Erstellung eines solchen – perspektivisch frei verfügbaren – Datenpools bieten sich Kooperationen unterschiedlichster Art an. Da es sich hier vorrangig um deutschsprachige Schriftstücke handelt ist die Vernetzung mit der Germanistik möglich. Kooperationen zu gerontologisch ausgerichteten Forschern bestehen durch meine eigenen Aktivitäten bereits. Auch diese sollten hier ausgebaut werden. Des Weiteren bietet sich die Vernetzung mit pflegewissenschaftlich ausgerichteten Hochschulen an. Auch hier existieren bereits Kooperationen mit zwei Hochschulen (der Hochschule für Gesundheit in Bochum mit Prof. D. A Posenau und der Evangelischen Hochschule Rheinland-Westfalen-Lippe mit Prof. Dr. A. Kuhlmann), die bereits Interesse an einem Ausbau der Tätigkeiten signalisiert haben.

In welche Richtung die schriftlichen Daten genutzt werden können, wird sicherlich die nahe Zukunft und die Aufbereitung der Aktion im Rahmen von Lehrveranstaltungen zeigen. Durch die geplanten studentischen Forschungsprojekte werden sich hier konkretere Perspektiven und Ansatzpunkte für zukünftige Aktivitäten zeigen.

Die obigen Ausführungen betrafen die perspektivischen Potenziale der schriftlichen Daten. Daneben hat die Projekttätigkeit jedoch bereits seit mehreren Jahren weitere Daten hervorgebracht, die in anderer Hinsicht einzigartig und von höchstem Interesse für mindestens zwei Forschungsbereiche sind. Es handelt sich dabei um die Daten, die im Rahmen des Projektes UnVergessen und der sprachlichen Begleitung von mehrsprachigen Pflegebedürftigen in deutschen Pflegeheimen durch ihrerseits mehrsprachige Studierende gesammelt wurden. Dabei wurden mit entsprechender rechtlicher Absicherung und Einverständniserklärungen von den beteiligten Gesprächspaaren Audioaufnahmen ihrer Gespräche angefertigt und zur wissenschaftlichen Verwendung zur Verfügung gestellt. Diese Aufnahmen, die einen Einblick in eine spontane mündliche Produktion mehrsprachiger Pflegebedürftiger in unterschiedlichen Settings liefern, wurden dabei um gezielte Aufnahmen von Pflegesituationen einerseits und linguistischen Untersuchungen andererseits ergänzt. Auf diese Weise ist ein Gesprächskorpus entstanden, das mittlerweile über 50 h Aufnahmen enthält. Dabei sind Gespräche enthalten, die jeweils reinsprachig auf Russisch oder Polnisch zwischen Studierenden und Pflegebedürftigen geführt wurden, solche, in denen in unterschiedlicher Quantität auch deutsche Sprachäußerungen auftreten, und ebenso Aufnahmen, die rein auf Deutsch geführt wurden. Neben dialogischen Gesprächen finden sich auch spontane Interaktionen zwischen Pflegebedürftigen und/oder mit Pflegekräften, sodass die Aufnahmen wertvolle Einblicke in den Pflegeheimalltag bieten.

Durch den bereits geschilderten Projektablauf und die Konzentrierung im zweiten Teil auf eigene wissenschaftliche Ausarbeitungen haben die studentischen Projektteilnehmer/innen jeweils eigenständige Untersuchungen konzipiert und durchgeführt. Da diese jeweils durch Aufnahmen dokumentiert wurden, bilden sie einen wichtigen Teil des Korpus. Hier finden sich z. B. Aufnahmen jeweils auf Russisch, Polnisch und Deutsch von Bildbenennungstests, Nacherzählungen von Bildergeschichten in eben jenen Sprachen, das gemeinsame Ausmalen und Benennen von Bildvorlagen, Assoziationstests und auch der Einsatz von Phraseologismenspielen (vgl. hierzu auch die Dokumentation der Ausstellung von UnVergessen^PLUS 2019, einsehbar unter: https://www.un-vergessen.de/berichter stattung, PDF: Dokumentation der Ausstellungseröffnung am 25.06.2019). Diese Aufnahmen können gezielt für entsprechende linguistische Fragen genutzt werden. Einblicke dazu finden sich in den in Teil V dieses Bandes folgenden Ausführungen und Darstellungen der studentischen Forschungsarbeiten.

Die im Rahmen des Projektes erhobenen Aufnahmen von Morgenpflegesituationen umfassen Interaktionen zwischen unterschiedlich sprachigen Pflegekräften mit verschiedenen russischsprachigen Pflegebedürftigen. Hier kommt es zu insgesamt drei Konstellationen, die bereits in Teil II dargestellt wurden: rein deutschsprachige Interaktion zwischen deutschsprachiger Pflegekraft und russischsprachigem Pflegebedürftigen, gemischtsprachige Interaktion Russisch, Deutsch und Russisch-Deutsch zwischen deutsch- und russischsprachigen Pflegekräften mit russischsprachigem Pflegebedürftigen und rein russischsprachige Interaktion zwischen russischsprachiger Pflegekraft und russischsprachigem Pflegebedürftigen. Diese Aufnahmen sind meines Wissens unikal und bieten bislang unbekannte Einblicke in den mehrsprachigen Pflegealltag in deutschen Pflegeheimen.

Die auf diese Weise erhobenen Daten bieten eine Möglichkeit der wissenschaftlichen Aufbereitung in Form eines Korpus, der wiederum der Wissenschaft zur Verfügung gestellt werden soll. Dafür ist bereits ein Antrag in Ausarbeitung.

Die Forschungslücke, die mit diesem Antrag gefüllt werden soll, liegt dabei in der Verzahnung von Mehrsprachigkeit auf der einen und Alters- bzw. Pflegeforschung auf der anderen Seite. Beide Disziplinen verfügen für sich über einen umfangreichen wissenschaftlichen Diskurs, weisen aber jeweils einen blinden Fleck auf. Die Mehrsprachigkeitsforschung konzentrierte sich bislang vor allem auf den Bereich des (kindlichen) Spracherwerbs (vgl. im slavistischen Bereich u. a. Anstatt, 2007) und die Phase der Jugendlichen bzw. (jungen) Erwachsenen (wie auch in meiner Dissertation mit russisch-deutschem Fokus, Karl, 2012). Erst in neuester Zeit erwacht ein Interesse an Fragestellungen, die sich mit dem Verlauf der Mehrsprachigkeit über die gesamte Spanne des Lebens beschäftigt (dies zeigt z. B. die Initiierung eines Workshops zu diesen Themen im Frühjahr 2018 an der Ruhr-Universität Bochum oder auch ein Austauschtreffen von interessierten linguistischen Forscher/innen im Januar 2019 in Berlin). Nur sehr vereinzelte Forschung konzentriert sich dabei auf die Frage, welche Auswirkungen von Mehrsprachigkeit im höheren Alter zu beobachten sind. Dennoch finden sich einige Untersuchungen, die die Frage danach aufgreifen, ob Mehrsprachigkeit zu einem kognitiven Vorteil im Alter führt oder eher als doppelte Belastung zu verstehen ist (hier sind die Studien in Bialystok und Sullivan 2017 als richtungweisend hervorzuheben). Welche Prozesse und sprachlichen Erscheinungen jedoch konkret zu beobachten sind und welche unterschiedlichen Ausprägungen der Mehrsprachigkeit im Alter daraus erwachsen, ist bislang ein unerforschtes Gebiet.

Die (linguistisch orientierte) Alters- bzw. Pflegeforschung ist ein an sich noch recht junges Forschungsfeld, das sich überwiegend mit den linguistischen Besonderheiten und Bedürfnissen monolingualer Sprecher/innen auseinandersetzt. In diesem Diskurs finden sich Bestrebungen, größere bislang rein monolinguale Sprachkorpora zu erheben, aufzubereiten und wissenschaftlich nutzbar zu machen (vgl. hierzu z. B. die bereits oben erwähnten Tätigkeiten des CLARe-Netzwerkes oder des sog. ILSE-Korpus), bislang existieren jedoch noch keine vollständig annotierten Korpora, die meisten liegen als untranskribierte oder in unterschiedlichem Umfang und Qualität transkribierte Gesprächsaufnahmen vor. Korpora, die Aufnahmen von mehrsprachigen Sprecher/innen im Alter beinhalten, existieren aktuell nicht.

Eine ähnliche Fokussierung auf monolinguale Personen ist im Bereich der Pflegekommunikation zu beobachten. Hier liegen mit Studien von z. B. Posenau (u. a. 2014) oder Sachweh (u. a. 2006) wichtige Grundlagen vor, in welcher Weise die Kommunikation mit kognitiv gesunden und beeinträchtigten (v.a. dementen) Pflegebedürftigen abläuft. Posenau (2014) hat dabei ein monolinguales Gesprächskorpus erstellt, welches für kontrastive Arbeiten herangezogen werden kann. Ausarbeitungen zum mehrsprachigen Pflegealltag liegen bislang nur vereinzelt vor (vgl. hierzu z. B. Plejert et al., 2017) und zeigen vor allem die Desiderata in diesem Bereich auf.

Durch die Erstellung eines Korpus mehrsprachiger Interaktion im Pflegebereich soll eben jener beiderseitige blinde Fleck aufgegriffen werden. Die Arbeit rund um diese Erstellung sieht drei geplante Schwerpunkte vor. Der eine Schwerpunkt, auf dem alle weiterführende Arbeit basiert, ist die Aufbereitung der o.g. Daten, insbesondere Aufnahmen von Gesprächen mit mehrsprachigen Pflegebedürftigen zu einem wissenschaftlich zu nutzenden und aufbereiteten Korpus. Hier liegt die Hauptarbeit in der Transkription und Annotation der Daten. Die Aufbereitung der Daten soll über EXMERaLDA und in enger Absprache mit dem Archiv für gesprochenes Deutsch erfolgen, über welches das dann fertige Korpus zur Verfügung gestellt werden soll. Dabei ist, je nach endgültiger Ausrichtung des Korpus, eine Implementierung entweder in den Bereich der Gesprächskorpora als Subkorpus „Pflegekorpus" (bei entsprechendem Ausbau durch monolinguale Probanden bzw. Andockung an das Korpus von A. Posenau) oder in die Korpora zu Mehrsprachigkeit und Spracherwerb angedacht. Die Bereitstellung eines solchen Korpus ist eine unerlässliche Grundlage für alle Arten von weiterführender linguistischer Forschung in diesem Themenbereich.

Der zweite Schwerpunkt soll im Bereich der Pflegekommunikation (und dort der Gesprächsanalyse) liegen. Hier sollen die bislang zur Verfügung stehenden Gespräche zwischen Pflegebedürftigen und Pflegekräften systematisch analysiert werden und – im besten Fall – für Ausbildungszwecke aufbereitet werden. Hier soll u. a. der Frage nachgegangen werden, wie a) die Kommunikation unter mehrsprachigen Bedingungen abläuft und b) konkrete altersbedingte Krankheiten (v.a. Demenz) die Kommunikation prägen und in der Kombination von a) und b) daraus ggf. erwachsende Kommunikationsprobleme abgemildert werden können. Für die beiden genannten Schwerpunkte steht Prof. Dr. A. Posenau von der Hochschule für Gesundheit als Experte zur Verfügung.

Der dritte Schwerpunkt liegt im Bereich von spezifisch linguistisch ausgerichteten Fragestellungen. Auch hier sollen die dann aufbereiteten Daten genutzt bzw. diese im Rahmen des Projektes UnVergessen systematisch ausgebaut und weiter erhoben werden. Dabei soll vorrangig untersucht werden, wie der Sprachstand von demenziell und nicht demenziell erkrankten Pflegebedürftigen mit und ohne Migrationshintergrund in den entsprechenden Sprachen zu beschreiben ist und wie sich dieser über den Projektverlauf entwickelt. Dies soll unter Einsatz von mehreren Erhebungsmethoden erreicht werden – u. a. Bildbenennungsaufgaben, Nacherzählung von Bildergeschichten, Assoziationstests, Satzwiederholungsaufgaben, die zu mehreren Zeitpunkten im Laufe der Projektteilnahme erhoben werden und somit eine Verlaufsperspektive ermöglichen. Diese punktuellen Daten sollen dabei ergänzt werden um die vorhandenen freien Gesprächsaufnahmen mit denselben Personen.

Neben diesen skizzierten wissenschaftlichen Aufbereitungsmöglichkeiten bieten sich vielerlei praktisch orientiertere Ausarbeitungen an. Hier sind bereits in der Kooperation mit Prof. Dr. A. Posenau pflegewissenschaftliche Ausrichtungen angelegt. Durch die Verankerung des Projektes in den Pflegeheimen lassen sich vielerlei übergreifende Projekte andenken, die direkt in der Praxis erprobt werden können. Hier möchte ich stellvertretend für solch einen Ansatz einen kleinen Einblick in eine aus der Projektarbeit entstandene Idee und deren Umsetzung im Pflegeheim geben. Es handelt sich um die Entwicklung und Erprobung eines von uns als Sprachenkörper bezeichneten Bildes, dessen Ziel es ist, die mehrsprachige Pflege für deutschsprachige Pflegekräfte zu vereinfachen. Dies soll in Form eines am Ende in mind. DIN-A3-Format ausgedruckten Plakats geschehen, auf dem ein menschlicher Körper möglichst groß und detailliert abgebildet und möglichst viele der sichtbaren und für die Pflege relevanten Körperteile und Bekleidungsstücke jeweils auf Deutsch und der zweiten Sprache des/r konkreten Pflegebedürftigen beschriftet sind.

Die Idee für diesen Sprachenkörper entstand während eines Besuches von Yvonne Behrens – damals wissenschaftliche Mitarbeiterin des Projektes – in einem der kooperierenden Pflegeheime im Rahmen eines Erstkontakts mit einem Pflegebedürftigen mit Schädel-Hirn-Trauma. Der Pflegebedürftige war ein russischsprachiger Mann, der kaum (mehr?) Deutsch sprach und insgesamt infolge seines Traumas sehr eingeschränkt war. Von Beginn des Besuches an hat er unterschiedliche Körperteile auf Russisch und Deutsch wiederholt und dabei auf seine eigenen jeweils passenden Körperteile gezeigt. Dies nahm einen großen Teil der Interaktion mit ihm ein. Zu diesem scheinbaren Mantra passend hatte er in seinem

Zimmer die Zeichnung eines Mannes hängen, dessen Körperteile auf Russisch und Deutsch beschriftet waren. Das Pflegepersonal erzählte auf Nachfrage, dass der Bewohner die Zeichnung mit einer Pflegekraft erstellt und aufgehängt hätte.

Und in diesem Moment war eine Idee für unser Projekt geboren: Könnte man nicht ein solches Bild von Personen anfertigen, auf denen nicht bloß Körperteile, sondern weitere wichtige Begriffe der Morgenpflege, wie z. B. Kleidungsstücke eingezeichnet und direkt in der Sprache der/s jeweiligen Bewohners/in und auf Deutsch gut lesbar eingezeichnet sind? So hätte im Bedarfsfall ein deutschsprachiges Pflegepersonal ein direkt verfügbares „Wörterbuch" vor sich, auf das es im Zweifelsfall während der Interaktion mit dem/r anderssprachigen Pflegebedürftigen zurückgreifen kann. Da dieses bildlich funktioniert und nicht wie im klassischen Sinne ein Suchen nach einem Wort in Listen ist, war die Vorstellung damit verbunden, dass ein Suchen und Finden des jeweils notwendigen Wortes in der direkten Situation einfacher und damit schneller funktioniert. Unser Ziel war es, ein solches Bild zu erstellen, das klar genug gezeichnet und beschriftet ist, dass es im Zimmer anderssprachiger Pflegebedürftiger aufgehängt werden und bei Bedarf in Pflege- bzw. jeglichen Kommunikationssituationen hilfreich zur Seite stehen kann. Dabei ging es uns jedoch nicht nur um das Endprodukt, sondern auch um die Frage danach, wie die Gestaltung des Bildes und die Beschriftung aussehen soll. Hier entschieden wir uns dafür, dass wir die Pflegebedürftigen aktiv einbinden und daraus eine Interaktionssituation gestalten wollten. Nach entsprechenden weiteren Überlegungen und Suche nach geeigneten Vorlagen fiel die Wahl auf eine einfach gehaltene Zeichnung, die die Umrisse eines weiblichen und eines männlichen Körpers darstellt, ohne zu sehr in individuelle Details, Alters- oder auch deutliche Geschlechtsmerkmale zu gehen. Sie sollte zugleich aber freundlich und nicht zu unbelebt wirken. Nach diesen Vorstellungen erstellte uns Philippe Wolk eine Vorlage für unser Ausmalbild. Zur Illustrierung folgt hier die weibliche Figur (Abb. 14):

Diese Vorlage nahmen die studentischen Teilnehmer/innen bei einem ihrer Besuche in die Pflegeheime zu ihren begleiteten Personen mit und baten diese, die Person auf dem Bild auszumalen. Dabei wurde bei männlichen Bewohnern eine männliche Vorlage, bei weiblichen eine weibliche zur Verfügung gestellt. Die Aufgabe wurde dabei so formuliert, dass die Bewohner/innen zum einen die Person „anziehen" sollten und zum anderen so viele Körperteile und Kleidungsstücke wie ihnen bekannt und relevant erschienen nennen sollten. Zunächst wurde ihnen dabei offengestellt, auf welcher Sprache dies geschehen sollte, im Anschluss daran sollten die Studierenden jedoch explizit danach fragen, ob das jeweilige Wort auch in der anderen Sprache bekannt sei. Auf diese Weise kam eine Interaktion zustande, in deren Rahmen die Bewohner/innen zeichneten und

Abb. 14 Ausmalvorlage
des weiblichen
Sprachenkörpers, Graphik
P. Wolk

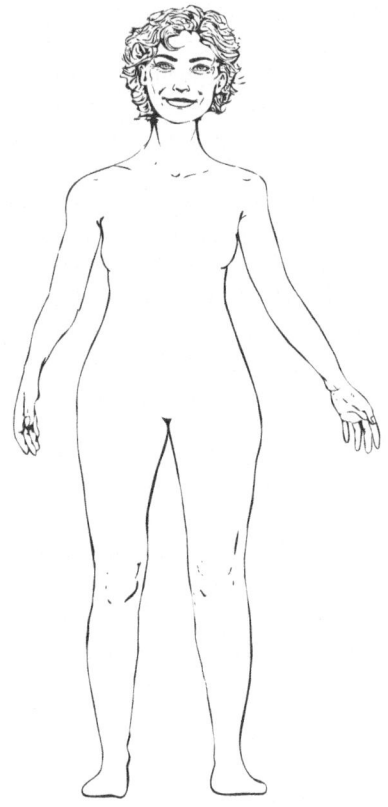

sprachlich tätig waren. Am Ende stand ein individuell ausgemaltes Bild einer Person, die im letzten Schritt eine Beschriftung ihrer Körperteile und Kleidungsstücke in zwei Sprachen erhielt. Da in den meisten Fällen die Bewohner/innen nicht mehr aktiv bzw. gewandt schreiben können – geschweige denn in beiden Sprachen – hat dies in der Regel der/die Student/in übernommen. Der/die Bewohner/in diktierte häufig das Wort, in manchen Fällen ergänzte der/die Student/in das Wort in der zweiten Sprache. Die Interaktion wurde aufgezeichnet und steht weiteren Auswertungen zur Verfügung. Hier könnte bspw. der Frage nachgegangen werden, welche der Körperteile und Kleidungsstücke mit welcher Sicherheit und Selbstständigkeit genannt und in welche der Sprachen zuerst bzw. überhaupt genannt wurden. Dies sind Einblicke in den spontanen produktiven Wortschatz bilingualer, meist demenziell veränderter Pflegebedürftiger, die sehr selten zu finden sind. Diese – wiederum linguistisch ausgerichtete – Forschungsfrage stand bei der Erstellung der Sprachenkörper jedoch nicht im Vordergrund. Vielmehr ging es darum, am Ende eine Hilfestellung zu haben, die im Pflegealltag von deutschsprachigen Pflegekräften verwendet werden kann. Damit war auch klar, dass die Beschriftung der Körperteile praktischerweise sowohl auf Deutsch als auch in der jeweiligen Sprache der/s Bewohnerin/s sein sollte. Die Idee war ja gerade, dass die Personen auf die Bezeichnung der jeweiligen Körperteile und Kleidungsstücke in beiden Sprachen zugreifen können sollen und damit für eine gegenseitige Verständigung gesorgt werden sollte. Damit war auch die Hoffnung verbunden, dass deutschsprachige Pflegekräfte die entsprechenden Wörter in der Sprache der/s Bewohnerin/s einsetzen und diese darüber besser angesprochen werden können. Evtl. könnte sogar die Aufmerksamkeit über die Verwendung der vertrauten Sprache geweckt und damit eine bessere Aktivierung erzielt werden. Also musste in der Konsequenz die Beschriftung auf dem Bild so gestaltet sein, dass sie auch jemand lesen und ohne weitere Kenntnisse der jeweiligen Sprache aussprechen können muss. Damit ging einher, dass für die russischen Wörter nicht auf die kyrillische Schrift, sondern auf eine sehr nah an der entsprechenden Aussprache des Wortes orientierte Umschrift mit lateinischen Buchstaben zurückgegriffen wurde. Dabei wurden alle orthografischen Regeln missachtet und nur die Lautlichkeit und beste Annäherung mithilfe der deutschen Orthografie zugrunde gelegt. Somit wurde bspw. aus dem russischen Wort für Kopf *голова* – wissenschaftlich transliteriert *golova* – die an der Aussprache orientierte Darstellung *galawa*. Die Unterstreichung zeigt hier die betonte Silbe an.

Ein solcher Sprachenkörper wurde in Interaktion mit mehreren russisch- und polnischsprachigen Pflegebedürftigen erstellt, einen mit chinesischer Beschriftung erstellten wir mit der Unterstützung einer chinesischsprachigen Studentin ohne den entsprechenden Bewohner, da dieser aufgrund seiner starken Einschränkung dazu nicht mehr in der Lage war. Das Endprodukt wurde im Anschluss im Zimmer der pflegebedürftigen Person aufgehängt und konnte bei Interesse und Bedarf vom Pflegepersonal eingesetzt werden. Ein Beispiel für eine angezogene und auf Russisch und Deutsch beschriftete Frau ist hier zu sehen (Abb. 15):

Natürlich interessierte uns dabei, ob und wenn ja, wie das Pflegepersonal tatsächlich auf den erstellten Sprachenkörper zurückgreift. Dafür führten wir in einem kooperierenden Pflegeheim exemplarische Aufnahmen der Morgenpflege vor dem Aufhängen des Sprachenkörpers und danach durch. Zusätzlich dazu befragten wir Pflegekräfte in Einzelinterviews zur Sinnhaftigkeit des Sprachenkörpers. Ich möchte hier auf eine detaillierte Auswertung dieser Daten verzichten. Eine Aufbereitung mit entsprechend detaillierter Darstellung fand in Form von

Abb. 15 Ein
exemplarischer weiblicher
russisch-deutscher
Sprachenkörper

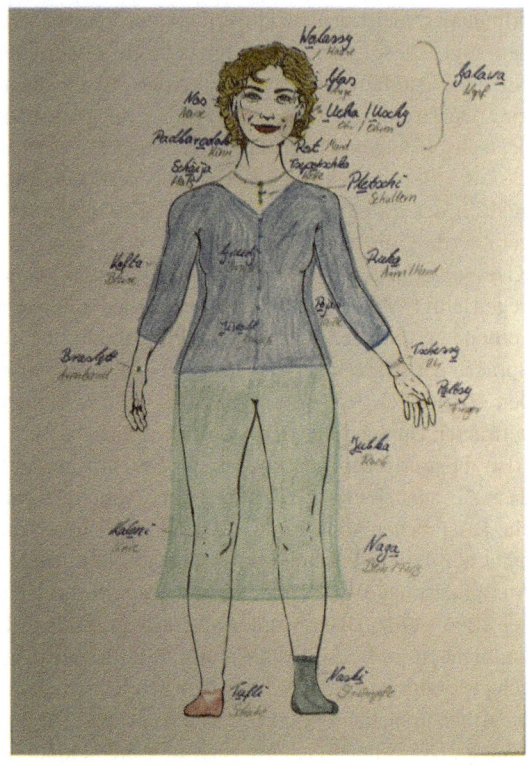

zwei Vorträgen statt (gemeinsam mit Yvonne Behrens, vgl. Dortmund 2019 und
Berlin 2019), eine Ausarbeitung in Form eines Artikels befindet sich in Vorbereitung. Ich möchte an dieser Stelle lediglich darauf verweisen, dass die Aufnahmen
durchaus Hinweise auf den Sprachenkörper enthalten (er wurde damit also definitiv von den Pflegekräften wahrgenommen), es jedoch offen bleibt, ob er im
an sich angedachten Sinne Verwendung finden kann. Die Morgenpflege ist, wie
bereits im ersten Teil dieses Bandes dargestellt, ein stark ritualisierter und zielori-
entierter Ablauf von einzelnen Pflegehandlungen, die jeweils zwischen vertrauten
Pflegekräften und Bewohner/in eingespielt sind. Solche Routinen zu durchbrechen
und neue sprachliche Strategien zu implementieren, bedarf viel Vorbereitung,
Begleitung und Nachbereitung. Diese konnten und wollten wir mit dieser ersten praktischen Erfahrung nicht leisten, wäre aber ein mehr als geeigneter Ansatz,
eine breiter und zeitlich länger angelegte Folgestudie ins Leben zu rufen. Aus den

Interviews mit den Pflegekräften bekamen wir wertvolles Feedback, wie sowohl der Sprachenkörper noch verbessert werden (welche Körperteile und Kleidungsstücke fehlen bzw. evtl. überflüssig sind) als auch eine geschicktere Aufklärung über die Möglichkeiten der Verwendung im Pflegealltag aussehen kann. Auch diese Erfahrungen warten darauf, in eine detailliertere Studie übernommen zu werden.

Die Ausführungen dieses Abschnittes sollten zeigen, welche Potenziale in der bisherigen Projekttätigkeit verborgen liegen und auf welche Weise sie perspektivisch genutzt werden können und sollen. Durch die gesellschaftliche Relevanz des Themas bietet sich der Wissenschaft die Möglichkeit, zu einem konstruktiven Diskurs beizutragen.

Eindrücke aus Sicht einer Lehrenden: Förderung sozialen Engagements, Persönlichkeitsbildung und vieles mehr

Im normalen universitären Alltag sammelt man als Lehrende vielerlei Erfahrungen. Diese sind geprägt durch die Unterschiedlichkeit der Veranstaltungsformen, die Varianz der Themen und natürlich vorrangig durch die Individualität der Studierenden. Häufig steht dabei in den fachwissenschaftlichen Veranstaltungen die Vermittlung des Wissens im Vordergrund, wenngleich parallel dazu, z. B. über den Einsatz verschiedener Sozialformen und Unterrichtsmaterialien, andere Kompetenzen (wie z. B. soziale, Medienkompetenz u.v.a.) erworben werden. In solch einer Fokussierung laufen diese wichtigen und auf die Berufswelt vorbereitenden Kompetenzen häufig, v.a. für die Studierenden unbemerkt nebenher, tendenziell geraten sie eher selten – meist in den Fällen, wenn etwas nicht ganz glatt läuft – ins Bewusstsein von Lehrenden und Lernenden.

Dies gestaltet sich in der Begleitung des Projektes UnVergessen genau umgekehrt. Hier steht die Ausrichtung auf soziales Engagement von Beginn an im Zentrum und zieht sich als roter Faden durch alle Teile der Projektarbeit. Wie nebenbei erwerben die Teilnehmer/innen den notwendigen fachlichen Hintergrund und wenden diesen in der Praxis an. Aus dem praktischen Tun heraus entdecken sie neue Leerstellen und entwickeln daraus Fragestellungen, die sie wiederum zurück in die Welt der Wissenschaft führen. Auf diese Weise entsteht ein hermeneutischer Zirkel, der Wissenschaft, Praxis und soziales Engagement verbindet.

Was bedeutet hier jedoch soziales Engagement, und wie zeigt sich dieses? Logischerweise steht im Fokus der Projektarbeit die Auseinandersetzung mit

und das Engagement für pflegebedürftige, meist ältere Menschen im Pflegeheim. Dieses zeigt sich dabei primär in der praktischen Begleitung der jeweiligen
Pflegebedürftigen. Hier sind soziale Kompetenzen gefragt, die über das normale universitäre Miteinander hinausgehen. Die wohl wichtigsten Besonderheiten
in dieser Art des Beziehungsaufbaus sind dabei der intergenerative Austausch
und die Auseinandersetzung mit Pflegebedürftigkeit und dem Alltag im Pflegeheim. Diese beiden praktisch erlebten Komponenten trifft man so selten in
anderen universitären Fachveranstaltungen. Diese fordern dabei die Studierenden
auf vielfältige Art, so gilt es z. B. jeweils eine ausgeglichene Balance zwischen Verständnis, Nachsicht, aber auch eigener Meinung zu finden, wenn sich
in Gesprächen mit dem Vertreter der anderen Generation Differenzen offenbaren.
Dies kann u. a. in Fragen der politischen Gesinnung oder auch in der Reflexion
der Geschichte auftreten. Hier ist ein ganz besonderes Feingefühl gefragt, wie es
einem gelingt, den Gesprächspartner nicht vor den Kopf zu stoßen, aber dennoch
sich und seinen Standpunkten treu zu bleiben.

Die zweite Besonderheit liegt im Bereich der Pflegebedürftigkeit, mit der viele
der Teilnehmer/innen über das Projekt erstmals in eine tiefere Auseinandersetzung
kommen. Hier sind die Studierenden gefordert, sich mit der Institution, dem Alltag und den Abläufen im Pflegeheim vertraut zu machen und dort Verständnis in
Situationen zu üben, die von außen zunächst befremdlich wirken können. Zudem
sehen sich die Teilnehmer/innen mit der Pflegebedürftigkeit einer speziellen Person konfrontiert, lernen ggf. ein bislang neues Krankheitsbild mit entsprechenden
Auswirkungen auf den Alltag kennen und müssen einen Weg finden, damit umzugehen. Dies trifft v.a. in den Fällen zu, in denen eine Person begleitet wird, die
an Demenz erkrankt ist. Hier gilt es, sich mit den Auswirkungen der Krankheit
auf die Kognition und die Kommunikationsfähigkeit vertraut zu machen und neue
Wege zu finden, mit einer Person in Kontakt zu treten. Im Spiegel der Kommunikation mit einer an Demenz erkrankten Person werden dabei Mechanismen der
Gesprächsführung, wie z. B. der an sich automatische Wechsel zwischen Spre-
cher/in und Hörer/in oder die Einbettung des Gesprächs in ein geteiltes Vorwissen
klar, die man in normalen Fällen nicht hinterfragt und höchstens von ihnen in
linguistischen Theorien im Rahmen der Pragmatik gehört hat. Hier wird diese
Theorie greifbar – in dem Moment, wo sie nämlich nicht mehr funktioniert und
durch ihr Fehlen die Lücken im Gespräch oder der nicht mögliche Rückgriff auf
gemeinsame Erinnerungen offenbar werden. Diese beiden Aspekte geben einen Eindruck dessen wieder, in welchen neuen
Bereichen sich die studentischen Teilnehmer/innen zurechtfinden müssen und
welche kommunikativen, intergenerativen und sozialen Kompetenzen dabei erfor-
derlich sind. Durch die Entscheidung der Projektteilnahme ist den Studierenden

der Fokus auf das soziale Engagement bewusst, die Reichweite der Erfahrungen offenbart sich dabei jedoch meist erst im Verlauf des Projektes. Dies liegt u. a. auch darin begründet, dass in der Konzeption ein großer Schwerpunkt auf den gegenseitigen Austausch, die Reflexion der Erlebnisse und die Aufarbeitung in der Gruppe gelegt wird. In den Seminartreffen berichten die Studierenden jeweils von ihren Begegnungen und Erfahrungen im Pflegeheim. Da dieser Austausch als wichtiges wiederholendes Element in jeder Sitzung ab dem Moment der praktischen Arbeit gepflegt wird, gelingt es den Studierenden sehr schnell, sich in der Gruppe zu öffnen und von ihren z. T. sehr persönlichen Erlebnissen zu berichten, gezielt Probleme anzusprechen und über schwierige Momente zu reflektieren. Dadurch, dass jeder in der Gruppe in einer sehr vergleichbaren Situation ist, entstehen sehr schnell ein Zusammenhalt und ein geschützter Raum, in dem es möglich ist, auch über Probleme, Sorgen und Ängste zu sprechen. Auf diese Weise werden ebenfalls soziale Erfahrungen gemacht: Zusammenhalt in der eigenen Gruppe, Austausch über Probleme, Aufbereitung von schwierigen Situationen und gegenseitige Empathie.

Aus Sicht einer Lehrenden ist es etwas Besonderes, diesen Prozess zu begleiten und zu beobachten. Wo sich zu Beginn einer Projektrunde fremde Menschen treffen, lässt sich wöchentlich beobachten, wie ein Zusammengehörigkeitsgefühl zwischen ihnen entsteht. Spätestens ab dem Moment, in dem alle von dem ersten Treffen mit ihrer Person im Pflegeheim berichtet haben, ist das Eis gebrochen. Den Berichten der Anderen wird in einer Weise aufmerksam gefolgt, die kaum in anderen Veranstaltungen auftritt, häufig entwickeln sich spontane Diskussionen und tiefe Aufarbeitungen zu einzelnen Berichten, die z. B. in der Analyse von Großeltern-Enkel-Beziehungen münden. Oder aber auch in der Frage danach, wie eigentlich Beziehungen aufgebaut werden, welche Rolle die Sprache dabei spielt und wie unter erschwerten Bedingungen Kleinigkeiten auf einmal eine besondere Relevanz erfahren. In jeder bislang begleiteten Projektrunde hat sich ein ganz eigenes und zugleich sehr tiefes Gruppengefühl eingestellt. Dies zeigt sich an vielen Stellen, wie z. B. in der bereits oben dargestellten Möglichkeit, sich in der Gruppe zu öffnen und von den eigenen Problemen zu berichten, der besonderen Stimmung in den Gruppentreffen, in der rückblickenden Evaluation der Teilnahme am Projekt und nicht zuletzt auch an dem über die Teilnahme am Projekt hinausgehenden Interesse aneinander und an dem weiteren Projektgeschehen. Die Entstehung des Alumni-Netzwerkes ist ein Beweis dafür, das weitergehende Engagement z. B. in Form der Beteiligung an diesem Sammelband oder auch die bereits dargestellte Unterstützung einzelner Pflegeheime zu Zeiten von Corona sind es ebenso.

Die Begleitung dieses Prozesses stellt mich neben den schönen Erfahrungen zugleich immer wieder vor neue Herausforderungen, für die es Wege zu suchen gilt, sie zu lösen. Mein Ziel ist es dabei, den Teilnehmer/innen einen geschützten Raum zur Verfügung zu stellen, in dem sie sich austauschen und auch Hilfe und Unterstützung finden können. Um dies zu erreichen, werden in der Gruppe Gesprächstechniken eingeübt (wie z. B. die Methode der kollegialen Beratung in kleineren Gruppen), aber auch individuelle Beratungsangebote geschaffen. Diese umfassen die Begleitung durch die Mentor/innen (die ehemaligen Projektteilnehmer/innen), die Sprechstunde der Alumni sowie der persönliche Austausch mit mir. Ergänzend stehen in besonderen Fällen externe Angebote zur Verfügung, an die im Notfall vermittelt werden kann. Eine wichtige Komponente in der Begleitung übernimmt zudem auch das jeweils private Netzwerk der Teilnehmer/innen. Hier wird vielfach berichtet, dass Situationen in Gesprächen mit Familie und Freunden aufbereitet wurden und so ein Umgang damit gefunden werden konnte. Diese Erfahrungen führen oft dazu, dass auch diese Netzwerke bewusst wahrgenommen und in ihrer Wichtigkeit geschätzt werden.

Im Normalfall sind diese Angebote ausreichend und werden bewusst in Anspruch genommen und sehr geschätzt. Dort, wo das Gefühl entsteht, dass einzelne Teilnehmer/innen mehr Unterstützung brauchen, ist durch die Kleinheit der Gruppe und den direkten Kontakt gewährleistet, dass punktuell individuelle Unterstützung erfolgen kann.

Dennoch kommt es in der Begleitung zu teilweise emotionalen Momenten, die es besonders zu begleiten gilt. Dies betrifft z. B. die ständige Präsenz von Krankheit und zu erwartendem Lebensende. Die Auseinandersetzung mit dem Tod ist in diesem Projekt inhärent und bedarf auch entsprechend einer Thematisierung in der Gruppe. So ist mittlerweile die Thematik des Todes zu einem festen Bestandteil des Vorbereitungsseminares geworden, der wir uns über Einzelfallschilderungen ehemaliger Teilnehmer/innen und dem freiwilligen Austausch eigener Erfahrungen nähern. So wird das Bewusstsein dafür entwickelt, dass es jederzeit eintreten kann, dass sich der Gesundheitszustand der begleiteten Person verschlechtert. Es kommt tatsächlich häufiger vor, dass einzelne Pflegebedürftige im Krankenhaus sind, und leider gab es auch im Laufe der knapp fünf Projektjahre einige Todesfälle. Diese traurigen Nachrichten treffen alle Projektteilnehmer/innen, besonders natürlich die jeweilige begleitende Person. Eine solche Situation fordert viel von allen Beteiligten und ist dabei von sehr vielen, z. T. kaum zu beeinflussenden Faktoren abhängig, wie z. B. die Frage danach, wer wen über das Ableben informiert und in welcher Form dies geschieht.

Wenn im Laufe einer aktiven Projektteilnahme ein/e Bewohner/in verstirbt, übernimmt eine wichtige Rolle das jeweilige Pflegeheim, mindestens in der Weitergabe der entsprechenden Information. In jeder Einrichtung steht im Rahmen der Kooperation ein Ansprechpartner zur Verfügung, der sich um die Belange der Studierenden kümmert und z. T. sehr intensiv mit ihnen im Austausch steht. Die Begleitung durch sie umfasst dabei eine erste Einführung in das jeweilige Pflegeheim, die Abläufe und das Team. Daneben wird das erste Kennenlernen mit der pflegebedürftigen Person begleitet. In vielen Fällen steht auch im weiteren Verlauf ein regelmäßiger Austausch in Form von direkten Gesprächen oder durch die Möglichkeit eines solchen Gespräches. Die Ansprechperson kümmert sich somit um den möglichst reibungslosen Ablauf der Besuche und hält bzw. sucht im Notfall den Kontakt zu den studentischen Teilnehmer/innen, um z. B. auch Informationen über Krankenhausaufenthalte o.ä. zu überbringen. Dieser Ablauf funktioniert in den allermeisten Fällen sehr gut. Einige der zuständigen Personen in den Pflegeheimen interessieren sich dabei ihrerseits sehr rege für das psychische Wohlergehen der studentischen Teilnehmer/innen und laden sie zu regelmäßigen Austauschtreffen ein. Einige Einrichtungen haben zusätzlich Angebote im Bereich der Seelsorge, die auch den Studierenden zur Verfügung stehen. Durch die regelmäßigen Besuche im Pflegeheim entstehen darüber hinaus Kontakte zu den Pflegekräften und Mitarbeiter/innen im Heim, die ebenfalls dem Austausch dienen. So entsteht auch hier ein vielfältiges neues Netzwerk, das im Zweifelsfall helfen kann.

In einigen der bisherigen Todesfälle hat sich dieses Netzwerk als hilfreich erwiesen. Die studentischen Teilnehmer/innen wurden von ihrer Ansprechperson sehr einfühlsam telefonisch informiert, häufig erfolgte eine parallele Benachrichtigung der Projektmitarbeiter/innen. Gemeinsam gelang so eine Aufbereitung und auch ein Abschiednehmen. Als Trost stand hier die Erinnerung und die Bewusstmachung, dass die gemeinsamen Momente in den letzten Lebenswochen für die Person eine große Bereicherung waren. In anderen Fällen kam es jedoch leider auch zu Situationen, die für die studentischen Teilnehmer/innen belastender waren. Dies betraf in einem Fall den Tod einer begleiteten Person nach Projektende, in zwei weiteren während der Corona-Einschränkungen. In einem Fall, von dem Dorothea Laszczak als betroffene Teilnehmerin im folgenden Teil dieses Bandes berichtet, verstarb die Person kurz nach dem offiziellen letzten Besuch. Die Studentin, Frau Laszczak, hatte jedoch versprochen, sie nach Projektende noch einmal zu besuchen und von den Ergebnissen ihrer Forschung zu berichten. Bevor es dazu kam, hörte sie jedoch von einer anderen Projektteilnehmerin, die einen Bewohner der Einrichtung noch aktiv begleitete, von dem Tod ihrer besuchten Person. Dass dies Frau Laszczak besonders bewegte, ist wohl verständlich, ihre Gefühle und Auseinandersetzung damit schildert sie in ihrem Beitrag. In den beiden anderen Fällen lag eine jeweils vergleichbare Situation vor: Die Studentin, bzw. ehemalige Studentin, die in Absprache mit allen Beteiligten noch regelmäßig und bereits über einen sehr langen Zeitraum ihren Bewohner besuchte, erfuhr bei einem geplanten Besuch unten an der Pforte der Einrichtung davon, dass die Person gestorben sei. Unabhängig davon, in welcher Form diese Nachricht im konkreten Fall übermittelt wurde, kann man sich leicht ausmalen, welche emotionale Reaktion diese bei den Beiden auslöste. Immerhin waren sie in dem Glauben dorthin gefahren, ihre Person zu besuchen. Die eine Studentin war sogar direkt davor in Russland gewesen und hatte eigens für ihren Bewohner kleine Geschenke mitgebracht. Zu der grundsätzlichen Trauer kommen die unangenehme Gesprächssituation für beide Seiten und der situative Schock hinzu. In beiden Fällen war es eine Erfahrung, die Aufarbeitung bedurfte und den Verlust der Person bzw. die mit dieser gesamten Situation verbundenen traurigen Gefühle erschwerte. Man kann dabei niemandem Vorwürfe machen – die Überbringer der Nachricht können ja nichts dafür und fanden sich sicher auch nicht gerne in dieser Situation wieder. Vielmehr liegt hier ein Problem der Absprache bzw. der evtl. fehlenden Kapazität vor, solche relevanten Informationen weiterzureichen – und sei es an die Projektmitarbeiter/innen, damit von unserer Seite entsprechend agiert werden kann.

Die fehlende Weitergabe der Information in diesen beiden konkreten Fällen ist sicherlich dem geschuldet, dass unter den Mehrfachbelastungen der Corona-Zeit die Kommunikationskanäle überlastet bzw. einfach schlicht die Kapazitäten in den Einrichtungen nicht mehr da waren. Insofern möchte ich hier nicht über mangelndes Einfühlungsvermögen oder fehlende Informationsweitergabe urteilen, dennoch möchte ich auch diese schwere und belastende Auseinandersetzung und daraus resultierende Aufgabe der Aufarbeitung nicht verhehlen. Hier ist m.E. ein besonderes Feingefühl von allen Seiten gefragt. Für die Pflegeheime impliziert dies, dass sie die Perspektive der studentischen Teilnehmer/innen einnehmen und damit ihre professionelle Sicht ein Stück weit verlassen bzw. von dieser abstrahieren müssen. Für sie gehört das Sterben von Bewohner/innen zum zwar traurigen, aber dennoch Bestandteil des Pflegeberufes. Für die Student/innen ist dies nicht der Fall. Im Gegenteil: Sie lassen sich ja gerade auf die emotionale Beziehung mit ihrer besuchten Person ein und empfinden einen Verlust, wenn diese fehlt. Einen solchen Verlust zu begleiten ist auch für mich traurig, aber ein Bestandteil der Projektarbeit. Auch hier suche ich den direkten persönlichen Austausch und stehe mit Gesprächsangeboten und ggf. Vermittlung an andere Stellen zur Verfügung.

Bislang konnten diese traurigen Momente aufgefangen werden, dabei zeigte sich u. a. auch, dass die studentischen Teilnehmer/innen sehr differenziert und gefasst mit der Thematik umgehen und ihrerseits auf ein gut funktionierendes soziales Netzwerk zurückgreifen konnten, das sie unterstützte. Das Projekt prägt alle Teilnehmer/innen und führt zu einem Zuwachs an Selbstreflexion, Empathiefähigkeit und auch Resilienz. Einblicke lassen sich aus den regelmäßig im Rahmen der Evaluation schriftlich erhobenen studentischen Reflexionen herauslesen, aus denen ich an dieser Stelle exemplarisch zitieren möchte. Ein übergreifender Punkt ist dabei die Rückmeldung Vieler, dass sie Ängste vor Alterserkrankungen abgebaut und ein Verständnis für die ältere Generation erlangt haben, sie berichten von emotionalen Situationen und tiefen Erfahrungen, die sie vorher nicht für möglich gehalten haben. Das Zitat einer Teilnehmerin fasst dabei die Tiefe und auf besondere Weise auch die Freude hinter den Begegnungen sehr schön zusammen:

> „UnVergessen – Das war genau das richtige Projekt für mein Studium … weil das Lachen eines anderen Menschen mehr zählt als Arbeiten und CPs."

Die Studierenden erwerben Kompetenzen in einer neuen Weise und auch Tiefe. Dies spricht auch aus den Rückmeldungen, die ich von Teilnehmer/innen der Aktion *Briefe gegen die Einsamkeit* bekommen habe. Ein Student schrieb mir, wie er über das Schreiben seiner Briefe in einen Prozess der Selbstreflexion gekommen ist:

> „Ich mache mir Gedanken darüber, was es eigentlich heißt, mit jemandem in Kontakt zu treten und auf welche Weise wir dies tun. Inwiefern verändert sich das in der aktuellen Zeit und wie kann ich es schaffen, über den Brief jemandem zu zeigen, wer ich bin."

Eine andere Person resümiert im Gruppenforum:

> „Es ist schon interessant, wie unsere Seelen danach streben, mit jemandem in Kontakt zu treten und sich wünschen, von ihm eine Antwort zu bekommen …"

Diese Zitate geben Einblicke in die durch das Projekt angestoßene Reflexionsarbeit. Damit steht für mich die Erkenntnis, dass durch das Projekt nicht bloß die Gruppe der pflegebedürftigen Teilnehmer/innen durch die ihnen gewidmete Zeit und Aufmerksamkeit profitiert, sondern auch die studentischen Teilnehmer/innen einen Mehrgewinn erfahren. Zusätzlich profitieren die Pflegeheime in unterschiedlicher Weise (mehr dazu ist im folgenden Teil des Bandes zu lesen) und es erwachsen für die Wissenschaft neue Möglichkeiten und Forschungsfelder (wie bereits oben ausgeführt wurde). Vor diesem Hintergrund möchte ich zu meiner ursprünglichen Vision, Brücken zwischen Institutionen, Generationen, Menschen und Sprachen zu bauen zurückkehren. Diese Brücken sind geschlagen und die Wissenschaft hat sich hinzugesellt.

Literatur

Anstatt, T. (2007). *Mehrsprachigkeit bei Kindern und Erwachsenen. Erwerb, Formen, Förderung.* Attempto Verlag.

Batler, J. (2020). *Generationen im Vergleich. Gemeinsamkeiten zwischen verschiedenen Generationen an Hand von Briefen und einer Umfrage aufgeführt* [Unveröffentlichtes Hausarbeit]. Ruhr-Universität Bochum.

Bialystok, E., & Sullivan, M. D. (2017). *Growing old with two languages: Effects of bilingualism on cognitive aging. John Benjamins.* https://doi.org/10.1075/sibil.53.

Feimer, J. (2005). *Manumotorische Untersuchungen von Schriftproben bei Patienten mit Demenz vom Alzheimer-Typ und Patienten mit leichten kognitiven Störungen im Vergleich zu gesunden Probanden* [Dissertation zum Erwerb des Doktorgrades, Ludwig-Maximilians-Universität zu München]. Elektronische Hochschulschriften. https://edoc.ub.uni-muenchen.de/4439/1/Feimer_Jan.pdf.

Harin, K. (2020). *UnVergessen. Sprache im Alter und im Pflegeheim unter Berücksichtigung von Mehrsprachigkeit* [Unveröffentlichter Erfahrungsbericht]. Ruhr-Universität Bochum.

Karl, K. B. (2012). *Bilinguale Lexik: Nicht materieller lexikalischer Transfer als Folge der aktuellen russisch-deutschen Zweisprachigkeit.* Verlag Otto Sagner.

Karl, K. B. (2020, Juli 09). Universitäres Engagement gegen Einsamkeit und Vergessen. In BBE Newsletter für Engagement und Partizipation in Europa. https://www.b-b-e.de/eur opa-nachrichten/europa-nachrichten-nr-6-vom-972020/karl-universitaeres-engagement-gegen-einsamkeit/vergessen/.

Karl, K. B., & Behrens, Y. (06 Juni 2019). *Erstellung und Evaluation eines Sprachenkörpers als Hilfestellung im mehrsprachigen Pflegealltag* [Vortrag]. Kolloquium zur Mehrsprachigkeitsforschung an der TU Dortmund.

Karl, K. B., & Behrens, Y. (09 September 2019). *Einsatz eines Sprachenkörpers zur Unterstützung im mehrsprachigen Pflegealltag* [Vortrag]. Fachtagung der Deutschen Gesellschaft für Gerontologie und Geriatrie (DGGG) in Berlin.

Karl, K. B., & Behrens, Y. (2020). Das Projekt UnVergessen: Genese, Partizipanten und Forschendes Lernen. In J. Straub, S. Plontke, P. S. Ruppel, B. Frey, F. Mehrabi, & J. Ricken (Hrsg.), *Forschendes Lernen an Universitäten: Prinzipien, Methoden, Best Practices an der Ruhr-Universität Bochum* (S. 353–361). Springer VS.

Plejert, C., Lindholm, C., & Schrauf, R. W. (2017). *Multilingual interaction and dementia.* Multilingual Matters. https://doi.org/10.21832/9781783097678.

Posenau, A. (2014). *Analyse der Kommunikation zwischen dementen Bewohnern und dem Pflegepersonal während der Morgenpflege im Altenheim.* Verlag für Gesprächsforschung.

Reinnert, M. (2020). *Inwiefern ist eine Kommunikation mit älteren Menschen, die im Pflegeheim leben, möglich und vor welche Probleme wird man auch im Hinblick auf eventuell vorhandene Einschränkungen der Personen gestellt?* [Unveröffentlichter Abschlussbericht]. Ruhr-Universität Bochum.

Sachweh, S. (2006). *„Noch ein Löffelchen?" Effektive Kommunikation in der Altenpflege* (2. Aufl.). Huber.

Schreier, M., & Bollschweiler, F. (2014). Veränderungen der Handschrift bei der Parkinsonkrankheit anhand von sechs Beispielen. *Swiss Med Forum, 14*(12), 252–258. https://medicalforum.ch/journalfile/view/article/ezm_smf/de/smf.2014.01849/97a104dd8206fb819d91545b64dee5c072c53597/smf_2014_01849.pdf/rsrc/jf.

Tusche, A. (2015). *Demenz und Migration: Eine Untersuchung zur Kommunikation zwischen einer russischsprachigen Demenzerkrankten und ihren Pflegekräften.* [Unveröffentlichte Bachelorarbeit]. Ruhr-Universität Bochum.

Wagner, C. (23. September 2013). *Parkinson-Diagnose per Handschrift-Analyse: Israelische Ergotherapeutin will Früherkennung fördern.* Deutschlandfunk. https://www.deutschlandfunk.de/parkinson-diagnose-per-handschrift-analyse.676.de.html?dram:article_id=262617.

Walther, D. (2019). Der Kalenderbucheintrag als kommunikative Praktik älterer Schreiber/-innen. *Zeitschrift für Angewandte Linguistik, 71*(1), 299–326. https://doi.org/10.1515/zfal-2019-2017.

Internetseiten

https://news.rub.de/studium/2020-07-02-projekt-briefe-gegen-die-einsamkeit.
www.un-vergessen.de
https://www.un-vergessen.de/aktion-briefe-gegen-die-einsamkeit
https://wikis.fu-berlin.de/display/clare/HOME
https://www.helsinki.fi/en/conferences/corpora-for-language-and-aging-research-4)

Teil IV: Im Pflegeheim

Katrin Bente Karl und Studierende

Einleitung

Katrin Bente Karl

In diesem Teil kommen größtenteils die studentischen Teilnehmerinnen zu Wort und teilen aus unterschiedlichen Perspektiven ihre Erfahrungen, die sie im Laufe ihrer Projektteilnahme sammeln. Da das Projekt nicht nur im universitären Kontext anzusiedeln ist, sondern einen umfangreichen praktischen Teil im Pflegeheim umfasst, soll an diesem Punkt zunächst die Perspektive der Pflegeheime eingenommen werden. Hier fügt eine Studentin die Ergebnisse von Interviews mit Kooperationspartnern zu einem Zusammenschnitt zusammen, den wir Polylog nennen und der Eindrücke davon verschafft, wie das Projekt, unsere Ansätze und die Umsetzung in den Einrichtungen wahrgenommen werden. Diesem Polylog schließt sich ein zweiter an, der ebenfalls die Ergebnisse von Interviews kondensiert: Hier werden die Erfahrungen von vier studentischen Projektteilnehmer/innen über die gesamte Projektlaufzeit gesammelt und in eine Chronologie gebracht. Die Besonderheit ist dabei, dass diese Teilnehmer/innen jeweils dieselbe Person über ein Jahr begleitet haben und sich nun rückblickend über sie und die Besuche bei ihr im Laufe der Jahre austauschen. Hier rückt eine konkrete begleitete Frau in den Mittelpunkt. Ziel dieses Abschnittes ist zu zeigen, wie kontinuierlich die Begleitung angelegt ist, welche Prozesse dabei beobachtet werden können und wie sehr der jeweils individuelle Mensch mit seinen Voraussetzungen und Möglichkeiten im Fokus des Projektes steht. Dieser Polylog soll stellvertretend für die

K. B. Karl und Studierende (✉)
Seminar für Slavistik/Lotman-Institut, Ruhr-Universität Bochum, Bochum, Deutschland
E-Mail: katrin.karl@rub.de

© Der/die Autor(en) 2021   137
K. B. Karl (Hrsg.), *Mehrsprachige Pflegebedürftige in deutschen Pflegeheimen und das Projekt UnVergessen,*
https://doi.org/10.1007/978-3-658-33868-8_5

vielen Paare stehen, die im Laufe des Projektes zueinandergefunden haben und in einen sehr privaten Austausch getreten sind. Dem schließen sich im umfangreichsten Abschnitt dieses Teils studentische Berichte an. Hier schildern jeweils einzelne Projektteilnehmerinnen mit unterschiedlichen Schwerpunkten ihre sehr persönlichen Eindrücke. Z. T. sind es Schilderungen von emotional schwierigen Situationen, die auch die traurigen und schweren Seiten der Projektarbeit thematisieren. In allen schwingt aber immer das tiefe Interesse an der begleiteten Person und die Verbundenheit zu ihr in all ihrer Unterschiedlichkeit mit. Diese Beiträge zeigen unmittelbar, welche Emotionen durch die Projektteilnahme entstanden sind und wie sehr sich die Studierenden mit der meist neuartigen Situation auseinandergesetzt haben und an ihr gewachsen sind.

Die Stimme aus den Pflegeheimen: Das Projekt UnVergessen aus der Sicht der Kooperationspartner

Anna Danzeglocke

Im folgenden Polylog wird es darum gehen, das Projekt UnVergessen aus der Perspektive der Kooperationspartner zu beschreiben, also aus der Sicht der Pflegeheime, die mit dem Projekt in Kontakt stehen. Dabei wird dargestellt, wie die Pflegeheime UnVergessen wahrnehmen, welchen Mehrgewinn das Projekt ihnen bringt, aber auch an welchen Stellen es noch Schwierigkeiten gibt. Außerdem wird darauf eingegangen, welche Auswirkungen das Projekt auf die Bewohner/innen der Pflegeheime hat und wie UnVergessen dabei helfen kann, eventuelle Probleme von Mehrsprachigkeit im Pflegeheim aufzugreifen. Für den Polylog wurden insgesamt drei Interviews mit Ansprechpartner/innen aus den Pflegeheimen geführt. Das erste Interview mit Herrn Ermers vom DRK Pflegezentrum Solferino in Essen wurde bereits im März 2019 von Yvonne Behrens durchgeführt. Im September 2020 folgten zwei weitere Interviews mit Frau Kersten vom Buchen-Hof in Bochum und Frau Stawinoga vom St. Marienstift in Bochum, welche von Anna Danzeglocke durchgeführt worden sind. Alle Interviewpartner/innen stehen mit dem Projekt UnVergessen schon mehrere Jahre in Kontakt, einige sogar schon von Anfang an. Aus diesem Grund konnten alle viel über UnVergessen und ihre Wahrnehmung des Projekts berichten.

Interviewpartner/innen:

Dirk Ermers: *Sozialarbeiter im Belegungsmanagement, DRK Pflegezentrum*
                       Solferino (Essen)
Petra Kersten: *Hausleiterin, Buchen-Hof (Bochum)*
Doris Stawinoga: *Einrichtungsleiterin, St. Marienstift (Bochum)*

Interviews durchgeführt von Yvonne Behrens und Anna Danzeglocke

Frau Kersten: Mit dem Projekt UnVergessen stehe ich schon, seitdem es
                      begonnen hat, in Kontakt. Ich finde das Projekt wirklich
                      genial!
Herr Ermers: Ich bin auch schon lange dabei und arbeite seit Ende 2017 mit
                      dem Projekt zusammen.
Frau Stawinoga: Mit dem Projekt bin ich seit 2016 in Kontakt und bin von
                      daher auch von Anfang an mit dabei gewesen. Das Projekt
                      finde ich wirklich sehr gut. Es ist ein bisschen schade, dass wir
                      im Moment nur eine russischsprachige Bewohnerin haben, die
                      durch das Projekt begleitet wird.
Frau Kersten: Da kann ich mich nur anschließen. Ich finde das Projekt rich-
                      tig gut und bin manchmal ein bisschen traurig, dass wir so
                      wenige Bewohner haben, die neben Deutsch noch eine andere
                      Sprache sprechen. Wenn wir viele unterschiedliche Sprachen
                      hätten, dann könnte ich beim Projekt UnVergessen anrufen
                      und sagen: „Ich bräuchte da mal jemanden für Kroatisch,
                      Spanisch oder Italienisch". Leider ist das im Moment nicht
                      so. Wir haben derzeit keinen Bewohner, bei dem der Bedarf
                      besteht, dass er von einem Studierenden besucht wird, da wir
                      zum Beispiel nicht mit ihm kommunizieren können, weil er
                      aus Polen oder Russland kommt.
Herr Ermers: Ich bin auch der Meinung, dass das Projekt UnVergessen ein
                      riesiger Erfolg ist. Für mich ist das Besondere am Projekt,
                      dass alle Beteiligten einen Gewinn haben, sowohl die Pflege-
                      heime und die Bewohner als auch die Studierenden, die zu
                      uns kommen. Ich habe auch bemerkt, dass die Bewohner, die
                      von den Studierenden besucht werden, viel aktiver sind als
                      vor der Teilnahme am Projekt, sie lassen sich leichter in die
                      Gemeinschaft integrieren und sind auch fitter. Sie haben sogar
                      Kontakt zu Bewohnern, mit denen sie vorher nicht so viel zu

tun hatten. Daran sieht man, dass das Projekt wirklich viele positive Auswirkungen auf die Bewohner hat.

Frau Stawinoga: Also bei der einen Bewohnerin, die momentan vom Projekt betreut wird, merkt man, dass sie sich jede Woche auf die Besuche freut und dass sie den Besuch auch schon kennt. Für die Bewohnerin sind die wöchentlichen Besuche immer wieder ein Highlight. Deswegen kann ich Ihnen nur zustimmen, Herr Ermers, dass das Projekt sich positiv auf die Bewohner auswirkt. Es ist für uns auch schon normal geworden, dass ein Studierender zu uns kommt und einen Bewohner begleitet.

Frau Kersten: Im Moment haben wir zwar keinen Bewohner, der durch einen Studierenden begleitet wird, aber bei denen, die teilgenommen haben, hatte das Projekt die Auswirkung, dass sowohl die Studierenden als auch die Bewohner sich aufeinander gefreut haben und begeistert voneinander waren. Das hat einen Einfluss darauf, dass es den Bewohnern gut geht. Es trägt dazu bei, die Bewohner ausgeglichener zu machen, fröhlicher und ein bisschen ruhiger, weil da jemand ist, der sich für eine Stunde nur für diesen einen Bewohner Zeit genommen hat. In anderen Worten wird dem Bewohner so gezeigt: „Du bist mir wichtig, und ich komme auch nur für dich". Und das hat positive Auswirkungen. Deshalb sehe ich in dem Projekt auch eigentlich keine Schwierigkeiten. Nur bei der Kommunikation hapert es manchmal ein bisschen.

Herr Ermers: Schwierigkeiten haben wir mit dem Projekt eigentlich auch keine. Das ist meiner Meinung nach auch immer ein bisschen Erfahrungswert. Manchmal gibt es zum Beispiel Probleme bei der Verbindlichkeit, dem regelmäßigen Kontakt oder den regelmäßigen Besuchen. Insbesondere für demenzerkrankte Bewohner ist wichtig, dass eine Kontinuität herrscht.

Frau Stawinoga: Ich sehe das ähnlich. Eigentlich gibt es mit dem Projekt UnVergessen keine Schwierigkeiten, nur manchmal etwas in der Kommunikation. Da müssen aber meiner Meinung nach auch beide Seiten dran arbeiten, also das Projekt genauso wie die Kooperationspartner. Schwierig ist natürlich auch immer die Situation, wenn der Studierende, der unsere Bewohnerin betreut, wechselt. Das ist dann jedes Mal ein Neuanfang, das kann man sich ja vorstellen. Die Bewohnerin muss erst wieder Vertrauen zu dem Studierenden finden, und es dauert dann auch etwas, bis sie reagiert, wenn sie angesprochen wird. Das ist ja auch vollkommen normal. Dafür muss man nicht demenzerkrankt sein. Wenn man eine neue Person kennenlernt, muss sich jeder erst einmal umstellen und Vertrauen aufbauen.

Frau Kersten: Das sehe ich genauso. Natürlich hätten wir gerne vier Jahre hintereinander jede Woche den gleichen Studierenden, der einen Bewohner besucht. Aber das ist unrealistisch, und wir wissen das auch. Wir haben immer versucht, das so hinzubekommen, dass die Bewohner sich darauf einlassen. Das hat bei einer Bewohnerin auch sehr gut funktioniert. Sie wurde über die Semester von unterschiedlichen Studierenden betreut.

Herr Ermers: Ja, da kann ich mich nur anschließen. Es ist natürlich schwierig, eine Kontinuität hinzukriegen, die ja gerade für die demenzerkrankten Bewohner sehr wichtig ist. Aber da stößt man ein bisschen an seine Grenzen. Man muss versuchen, den Übergang zu gestalten, und dann im Einzelfall gucken, wie die Bewohner damit zurechtkommen. Das kann funktionieren, aber pauschal einschätzen kann man das nicht. Entweder der Übergang gelingt oder eben nicht. In jedem Fall haben wir durch UnVergessen ein weiteres Angebot. Das ist ein Mehrwert, den wir anbieten können, weil wir schlecht in Abhängigkeit von den Sprachen der Bewohner das Pflegepersonal einstellen können. Und wenn es einen Studierenden gibt, der einen Bewohner begleitet, dann ist das einfach ein großer Gewinn. Ansonsten gibt es bei uns bisher auch keine konkreten Ansätze, auf unterschiedliche Sprachen und Kulturen einzugehen, einfach weil der Bedarf mit 10–15 % mehrsprachigen Bewohnern nicht besteht.

Frau Stawinoga: Bei uns können vor allem die Mitarbeiter gut auf unterschiedliche Sprachen eingehen, da wir Personal aus vielen verschiedenen Herkunftsländern haben. So haben wir zum Beispiel auch eine russischsprachige Pflegerin, die sich mit unserer einen Bewohnerin auch auf Russisch unterhält. Durch das Projekt UnVergessen kommen aber auch immer neue Aspekte in unser Pflegeheim, und wir öffnen uns ein Stück weit nach außen. Man sollte immer offen sein für neue Dinge. Von Projekten wie UnVergessen kann man eigentlich nur profitieren. Man bekommt neue Ideen und sieht auch, an welchen Stellen man neue Aspekte in die Pflege einbringen kann.

Frau Kersten:	Besonders dieses Öffnen nach außen ist für uns auch eine gute Gelegenheit, um zu zeigen, wie stationäre Altenpflege aussieht. Wenn die Studierenden kommen und sehen, wie wir uns kümmern und wie wir arbeiten, können wir vielleicht zu einem ganz kleinen Teil dazu beitragen, dass sich die Ansicht von stationärer Pflege dadurch ein bisschen verändert. Außerdem ist UnVergessen eine tolle Möglichkeit für die Menschen, die zu uns ziehen, ihre Sprache weiterzupflegen. Wir werden auch immer wieder mal Bewohner haben, die mehrsprachig sind. Unser Problem ist dann, wenn wir die Bewohner mit der deutschen Sprache nicht mehr erreichen. Dann ist es super, wenn man UnVergessen um Hilfe bitten kann.
Frau Stawinoga:	Das sehe ich auch so. Ich erinnere mich auch noch an eine Situation, bevor wir mit dem Projekt UnVergessen zusammengearbeitet haben, wo wir eine Bewohnerin hatten, die mehrsprachig war. Allerdings konnte sie das Deutsche nicht mehr aktiv nutzen, und wir hatten keinen Mitarbeiter, der ihre Muttersprache konnte. Da hatten wir bei der Kommunikation massive Probleme. An der Stelle hätte ich mir schon jemanden gewünscht, der uns dabei unterstützt. Und eine ähnliche Situation kann ja erneut vorkommen. Jetzt haben wir die Möglichkeit, uns dann an UnVergessen zu wenden. Außerdem haben wir bei uns auch einmal eine Präsentation von UnVergessen gehabt, in der vorgestellt wurde, wie man mit nicht deutschsprachigen Bewohnern kommunizieren kann, die demenzerkrankt sind. Das war sehr wertvoll für uns.
Herr Ermers:	Darin sehe ich auch eine gute Perspektive für UnVergessen. Vor allem die Vermittlung einfacher Sprachkenntnisse wäre sehr hilfreich. Wenn man keine Mitarbeiter hat, die dieselbe Sprache sprechen wie der Bewohner, kann das bei der Verständigung helfen. Insgesamt kann ich damit sagen, dass ich die Teilnahme an UnVergessen nur weiterempfehlen kann.
Frau Stawinoga:	Da kann ich mich nur anschließen.
Frau Kersten:	Ja, ich auch!

An dieser Stelle erneut vielen Dank an unsere Interviewpartner/innen für ihre Zeit und die interessanten Gespräche!

Die Stimme der Bewohner/innen: Porträt einer russischsprachigen Pflegebedürftigen aus der Perspektive „ihrer" Studierenden

Julia Golbek

Frau Schneider[1] ist eine Frau, die seit mehreren Jahren in einem Pflegeheim lebt. Sie ist in Russland geboren, dort einsprachig Russisch aufgewachsen und kam im Laufe ihres Berufslebens nach Deutschland. Wann und wie lange sie in deutschsprachiger Umgebung gelebt und vielleicht auch gearbeitet hat, ist unbekannt. Ebenfalls fehlt konkretes Wissen über ihre Deutschkenntnisse. Frau Schneider hat keine direkten Verwandten, die sie besuchen. Sie hat eine vor mehreren Jahren diagnostizierte Demenz und wies bereits bei ihrem Einzug ins Pflegeheim Erinnerungslücken auf. Zudem zählt sie nicht zu den Menschen, die von sich aus viel über sich berichten. Erschwerend kommt hinzu, dass sie mit dem Pflegepersonal ihrer Einrichtung überwiegend nonverbal kommuniziert, was vielfach auf die Sprachbarriere zurückgeführt wird. Frau Schneider spricht kaum Deutsch, scheint es aber gut zu verstehen und reagiert zugewandt und freundlich mit allen ihr zur Verfügung stehenden körperlichen Ausdrucksmöglichkeiten. In der Folge ist vieles über Frau Schneiders Leben, ihre sprachlichen Kenntnisse, kommunikativen Möglichkeiten und den Status ihrer demenziellen Erkrankung unklar.

In der ersten Runde des Projektes UnVergessen im Jahr 2017 wurde Frau Schneider von Johann Funk besucht. Mit dem Kennenlernen der Beiden begann das Projekt, weswegen Frau Schneider als Teilnehmerin der ersten Stunde angesehen werden kann. Im Folgenden stellte Johann Funk sie, die Gespräche und gemeinsam verbrachte Zeit über die Dauer des ersten Jahres in den Gruppentreffen dar. Georg Stin nahm in der zweiten Runde am Projekt UnVergessen teil und „übernahm" die Begleitung von Frau Schneider. Er besuchte sie von Januar bis Juli 2018 und sammelte seinerseits neue Erfahrungen in den gemeinsamen Treffen. Diese Erfahrungen teilte er mit Erika Erhardt, die im dritten Projektdurchlauf zwischen Februar und Juli 2019 die Besuche bei Frau Schneider fortsetzte. Auch sie baute ein eigenes und wiederum individuelles Verhältnis zu ihr auf. In der aktuellen Runde wird Frau Schneider seit Januar 2020 von Julia Golbek begleitet, wobei der Kontakt aufgrund des Besuchsverbots wegen des Coronavirus seit Mitte März über das Telefon stattfindet. In diesem Polylog berichten die Personen, die im Laufe der letzten Jahre Frau Schneider kennengelernt und ein Stück

---

[1] Der Name wurde geändert.

ihres Weges begleitet haben, von den Erfahrungen mit ihr, der gemeinsam verbrachten Zeit, den Herausforderungen und auch den Veränderungen, die sich in
der Zusammenschau im Laufe ihrer Projektteilnahme beobachten lassen.

Gesprächsteilnehmer/innen:Georg Stin, Erika Erhardt und Julia Golbek

Georg: Als ich Frau Schneider besucht habe, war es für mich unmöglich,
einen Alltagsdialog mit ihr aufzubauen. Es kam mir so vor, als wäre
es für sie anstrengend und schwer, ein „trockenes" Gespräch zu führen. Deshalb habe ich immer die Initiative ergriffen und die Gespräche
angefangen. Außerdem habe ich ihr Bildbände mitgebracht, um das
Gespräch aufrechtzuerhalten. Ich dachte, Bildbände wären eine gute
Idee, da sie das Papierformat kennt. Die Fotos darin sind ja auch meist
etwas älter. Deshalb nahm ich an, Frau Schneider könne diese gut mit
ihren Erinnerungen verknüpfen.

Erika: Frau Schneider und ich haben uns auch meist Bilder angeschaut. Ich
hatte sie sowohl auf Papier als auch auf meinem Laptop dabei. Außerdem hat Frau Schneider mir gesagt, wo sie herkommt, und ich habe ihr
Fotos von ihrer Heimatstadt mitgebracht.

Julia: Ich habe Frau Schneider auch oft Bilder mitgebracht, allerdings eher in
Form eines Sprachstandstests[2] für bilinguale Kinder. Sie hat sich immer
über diesen Test gefreut. Nach dem Test habe ich sie ab und zu gebeten,
alle Bilder zu benennen, was sie ohne große Probleme gemacht hat.
Außerdem haben wir uns über die gemalten und gar gestickten Bilder
im Zimmer von Frau Schneider unterhalten. Hier habe ich das genauso
gemacht wie du, Georg, ich habe sie dann von dem Bild ausgehend
gefragt, ob sie zum Beispiel schon einmal am Meer war.

Georg: Ja, ich habe sie genauso zum Sprechen animiert. Wenn wir zum Beispiel ein Foto von einem Markt angeschaut haben, haben wir über Essen
und Obst gesprochen. Ich hatte ab und zu einen Bildband „Moskau"
dabei, woraus Frau Schneider sehr gerne kommunistische Losungen
vorgelesen hat.

Erika: Ich habe für sie auch jede Woche Aufgaben vorbereitet. Frau Schneider
hat sie immer gelöst und hat sehr gut darauf reagiert, weil sie dabei
auch gefordert wurde.

Julia: Ach, mir ist etwas Interessantes eingefallen. Als ich Frau Schneider
fragte, ob sie gerne singe, hat sie ein russisches Lied über den Tan-
nenbaum angestimmt. Im Laufe des Projekts habe ich festgestellt, dass

---

[2]Hier ist der Sprachstandstest von Gagarina et al. (2010) gemeint.

sie sich an mehrere Lieder erinnern kann. Eins davon hatte sogar einen veränderten, lustigen Text im Vergleich zum Original. Da Frau Schneider am Singen wirklich Spaß hat, habe ich mit ihr zusammen gesungen, obwohl meine Stimme nicht unbedingt die beste ist.

Erika: Ich habe auch schon festgestellt, dass Frau Schneider Musik mag und mitsingt, wenn man ein Lied anstimmt. Das habe ich beobachtet, als eine Pflegekraft im Gemeinschaftsraum ein russisches Lied anstimmte und Frau Schneider anfing, laut mitzusingen. Ich selbst habe das mit ihr aber nicht ausprobiert. Schön, dass es bei euch geklappt hat!

Julia: Da Frau Schneider in meiner Runde wahrscheinlich noch weniger gesprochen hat als bei euch, habe ich sie oft gefragt, worüber ich ihr denn etwas erzählen soll. Meist waren es persönliche Themen oder etwas Allgemeines, wie die Taiga. Hierbei habe ich immer versucht, sie in das Gespräch miteinzubeziehen, indem ich zum Beispiel über meine Familie erzählte und sie im Anschluss nach ihrer fragte.

Georg: Das war für mich auch nicht leicht, sie zum Sprechen zu bewegen. Es ist ja sinnlos, direkte Fragen wie „Was sind Ihre Interessen?" zu stellen, weil Frau Schneider dann mit „keine" oder „nichts" antwortet. Ich habe auch festgestellt, dass sie beim Thema Familie oder Kindheit eher dazu bereit war, ins Gespräch zu kommen und etwas über sich zu erzählen. Als ich das erste Mal bei ihr war, hat sie fast alle meiner Fragen ignoriert, bis auf die, in denen es um ihre Familie ging. Als sie diese beantwortet hat, hat sie sogar gelächelt.

Erika: Bei mir war das so ähnlich wie bei euch. Frau Schneider sprach nie aus eigener Initiative und antwortete auf meine Fragen nur mit 1-2 Wörtern. Oft hat sie aber nur genickt, manchmal sogar lächelnd, wenn ich ihr etwas erzählt und dann gefragt habe, ob sie das interessiert und ich weitererzählen soll. Und da sie sich nicht an mich erinnern konnte, habe ich ihr öfter über meine Familie erzählt. Von Johann, der Frau Schneider in der ersten Runde betreut hat, habe ich gehört, dass sie sich an seinen Namen erinnern konnte. Und das trotz Demenz im frühen Stadium!

Julia: Ja, genau, so war das bei mir auch. Sie konnte sich nicht an mich erinnern, aber sie war manchmal in der Lage, sich an einige Aussagen von mir während des ganzen Besuchs zu erinnern. So habe ich sie am Ende eines Besuchs gefragt, was ich das nächste Mal mitbringen soll und sie sagte „Fotos von der Schwester". Ich war wirklich beeindruckt, weil wir uns vielleicht eine halbe Stunde vorher über unsere Geschwister ausgetauscht hatten. Sie spricht grundsätzlich gerne über Familie. Ich erinnere mich daran, dass Johann berichtet hat, dass sie mit ihm über ihren Mann und ihre Tochter, aber auch über Politik sprach.

Georg: Ich denke, dass alles, was mit ihrer Familie verbunden ist, bei Frau Schneider doch noch präsent ist. Es ist bemerkenswert, an welche Kleinigkeiten sie sich erinnern kann, wenn es um ihre Familie oder Kindheit geht, aber an meine wöchentlichen Besuche nicht. Sie hat mir den Weg zur Datscha beschrieben, über die Ausstattung der Räume berichtet und davon erzählt, wie ihre Mutter die Schlüssel verloren hat und wo sie gehangen haben. Das unterscheidet sich meiner Meinung nach nicht von Erinnerungen einer nicht demenziell erkrankten Person. Beim Smalltalk fiel der Unterschied aber umso mehr auf. Sie spricht ja selten und man muss ihr signalisieren, dass man eine mündliche Antwort statt zum Beispiel ein Kopfnicken erwartet. In der ganzen Zeit, die ich sie besucht habe, hat sie mir nur zwei einfache Rückfragen, „und du?", gestellt. War das bei euch auch so?

Erika: Mit mir hat Frau Schneider auch eher nonverbal kommuniziert. Für Themenwechsel hat sie selbst keine Vorschläge gemacht, aber sehr wohl geantwortet oder eben genickt, wenn ich sie gefragt habe, ob wir uns über dies oder jenes unterhalten wollen.

Julia: Ich habe das auch so erlebt. Allerdings habe ich versucht, ihr für die Antwort etwas Zeit zu geben oder habe zwischen meinen Sätzen Pausen gemacht. Diese Pausen hat sie manchmal selbst gefüllt. Momentan halte ich mit Frau Schneider telefonisch Kontakt und habe festgestellt, dass sie am Telefon mehr sagt. In der Regel meldet sie sich am Telefon mit einem ‚Hallo', um zu signalisieren, dass sie jetzt dran ist. Das ist sehr russisch! Insgesamt habe ich das Gefühl, dass ihr das Telefonieren zum Teil sogar leichter fällt und von ihr auch mehr kommt. Ich denke, dass ihr bewusst ist, dass sie eine mündliche Antwort geben muss, und deswegen hört man von ihr auch „Ja" oder „Nein". Man muss sie aber genauso wie bei Besuchen ausfragen und eine Frage auch wiederholen, wenn gerade keine Antwort kommt. Wie sah denn eine typische Situation aus, die ihr während eines Besuchs erlebt habt?

Erika: Ein typischer Besuch begann damit, dass ich sie auf Russisch fragte, wie es ihr geht. An ihrer Antwort konnte ich bereits einschätzen, ob sie an diesem Tag gut drauf war. An guten Tagen antwortete sie mit einem klaren „gut" und an weniger guten Tagen reagierte sie gar nicht auf die Frage oder lächelte nur. Zu Beginn führte ich ein wenig Smalltalk mit ihr. Manchmal stellte ich mich neu vor, manchmal auch nicht. Meistens hatte ich ein Spiel oder eine Aufgabe dabei, die wir als erstes lösten, solange ihre Aufmerksamkeit noch da war. Danach schauten wir uns gemeinsam Bilder an, und ich erzählte etwas zu den Fotos und stellte ihr nebenbei Fragen, um etwas mehr von ihr zu erfahren. Wenn sie etwas interessiert hat, dann hat sie gelächelt und hatte beide Augen geöffnet. Bei Desinteresse hatte sie oft nur ein Auge geöffnet.

Julia: Genauso habe ich das auch erlebt! Da sie im Rollstuhl sitzt, hat sie sich manchmal von mir wegbewegt, indem sie sich mit den Füßen vom Boden abgestoßen hat. Sie kann also ihrem Gegenüber mitteilen, wenn das Thema sie nicht interessiert, nur eben auf ihre eigene Art. Ab und zu hat sie ihren Kopf auf den Tisch gelegt. Hier weiß ich aber nicht genau, ob sie nicht eher müde war. Ich habe sie dann immer gefragt, ob sie müde sei und ob ich jetzt gehen und sie ausruhen lassen solle. Sie gab mir aber zu verstehen, dass sie zwar müde sei, ich aber noch bleiben könne.

Georg: Die nonverbale Kommunikation ist für Frau Schneider, wie auch für alle demenziell Erkrankten, sehr typisch. Sie antwortet ja oft mit einem Kopfschütteln oder Nicken auf eine Frage. Aber sie teilt sich auch durchs Lachen oder Lächeln mit, wenn ihr etwas gefällt. Johann sagte zu mir, dass man es Frau Schneider förmlich ansähe, dass sie aktiver geworden sei und es genieße, Russisch zu sprechen. Laut ihm reichte mit der Zeit schon ein Wort, um sie zum Sprechen zu animieren. Also kann man festhalten, dass die kommunikativen Fähigkeiten von Frau Schneider im ersten Projektjahr noch deutlich besser waren. Das ist der Beweis dafür, dass Menschen von UnVergessen profitieren. Die Kommunikation mit den deutschsprachigen Pflegekräften hingegen findet, so denke ich, eher einseitig statt.

Julia: Bei dem letzten Punkt bin ich mir nicht so sicher. Ich habe miterlebt, wie eine Pflegerin Frau Schneider wiederholt aufgefordert hat, mit ihr auf Deutsch zu sprechen. Ich wusste bereits, dass Frau Schneider relativ gut Deutsch versteht und habe abgewartet, was sich aus der Situation ergibt. Die Pflegerin hat Frau Schneider zum Beispiel mehrmals gefragt, wen wir in ihrem Zimmer antreffen werden, wenn wir gleich durch die Tür kommen. Frau Schneider hat dann nach dem zweiten oder dritten Mal tatsächlich auf Deutsch geantwortet und sagte sehr deutlich „meinen Bruder". Wie wir wissen, hat sie keinen Bruder, aber sie hat sich sehr wohl auf Deutsch mitteilen können. Und das ist in Anbetracht ihres Demenzstadiums unglaublich!

Georg: Das ist wirklich interessant! Ich habe nur mitbekommen, dass Frau Schneider den Pflegekräften wortlos antwortet.

Erika: Regulär haben Frau Schneider und ich auch nur Russisch gesprochen. Aber bei manchen Aufgaben habe ich sie bewusst danach gefragt, wie ein bestimmtes Wort auf Deutsch heißt und sie kannte die deutsche Bezeichnung. Bei diesen Begriffen handelte es sich um Lebensmittel oder Gegenstände aus ihrem Alltag.

Georg: Ja, genau, die alltägliche deutsche Lexik kennt sie. Meistens nennt sie die Wörter aber nicht spontan, sondern benutzt zuerst die russische Entsprechung.

Julia: Ähnliches habe ich auch bei dem Sprachstandstest beobachtet. An einer Stelle sollte Frau Schneider die ihr gezeigten Bilder auf Deutsch benennen. Ich habe sie in dieser Situation stets auf Deutsch angesprochen, aber sie hat zuerst auf Russisch reagiert. Danach habe ich sie nach dem deutschen Pendant gefragt, und sie konnte fast immer das richtige nennen.

Erika: Die Assoziationsaufgaben hat Frau Schneider mit mir auch sehr gut gelöst und mehr Begriffe genannt, als ich anfangs gedacht hatte.

Julia: Etwas Vergleichbares habe ich mit Frau Schneider auch gemacht. Ich habe mich hingestellt und sie gebeten, die Körperteile, auf die ich zeigte, auf Russisch zu benennen. Bei dieser Aufgabe hatte sie natürlich keine Probleme. Im Anschluss habe ich gefragt, ob wir das auf Deutsch ausprobieren wollten und zeigte auf dieselben Körperteile noch einmal. Sie konnte mir auch auf Deutsch alles benennen.

Georg: Ich habe Frau Schneider übrigens einmal danach gefragt, ob sie Deutsch spreche. Sie antwortete „Ja, aber nur ein bisschen". Dieses Gespräch führten wir natürlich auf Russisch. Ich habe aber in Erfahrung bringen können, dass sie in Deutschland keine Ausbildung abgeschlossen und zu Hause nur Russisch gesprochen hat. Sie hat auch nicht lange in Deutschland gearbeitet. Von daher bin ich davon ausgegangen, dass ihr Deutsch früher nicht perfekt war. Sie kann aber auf Deutsch lesen und sogar vorlesen. Von daher denke ich, dass das, was man in seinem Leben gelernt oder erlebt hat, zu einem gewissen Grad auch bei demenziell Erkrankten abrufbar ist. Man kann vor allem festhalten, dass man am Beispiel von Frau Schneider ganz gut sieht, dass trotz Demenz viele Erinnerungen bleiben. Man muss da vielleicht nur etwas nachhelfen und gezielt Fragen stellen. Man ist immer eine Frage von einer interessanten Geschichte entfernt.

Die Stimme der Studierenden: Wie nehmen die Studierenden ihre Projektarbeit wahr?

Einleitung

Katrin Bente Karl

In diesem Abschnitt werden von insgesamt sechs studentischen Teilnehmerinnen Erfahrungsberichte wiedergegeben. Diese reflektieren die Teilnahme am Projekt und arbeiten unterschiedliche Facetten der Erfahrungen auf. Dabei konzentrieren sich die Berichte jeweils auf sehr individuelle Punkte und greifen wichtige Elemente der jeweiligen Beziehung zwischen Studentin und Pflegebedürftigem auf. Die Berichte sind dabei bewusst vielfältig und sollen damit als Spiegel für die Heterogenität und unterschiedlichen Konstellationen stehen. Aus ihnen wird ersichtlich, wie unterschiedlich die Gesprächsthemen, Aktivitäten und auch die verwendeten Sprachen sind. Auch darin liegt eine der Besonderheiten der hier aufgebauten Beziehungen: Im Fokus steht der jeweilige Mensch mit seinen Bedürfnissen und Möglichkeiten, und darauf ist die jeweilige Besuchskonstellation sehr fein abgestimmt. So ist auch zu begründen, weswegen nicht in allen Fällen die Sprache der Kommunikation durchgehend Russisch oder Polnisch ist. Vielfach wird – wie auch in anderen zweisprachigen Settings – die Sprache gewechselt, dem Thema oder auch dem Kommunikationsumfeld angepasst. Sei es, dass bestimmte Wörter in der einen Sprache vertrauter sind oder eine andere Person den Raum betritt. Neben solchen zweisprachigen Gesprächen treten auch einsprachige auf. So ist z. B. eine der begleiteten Frauen so weit in ihrer Demenz fortgeschritten, dass sie nur mehr ausschließlich auf Russisch reagiert und sich selbst äußert. Eine Ansprache auf Deutsch führt zu unkontrollierbaren Ausbrüchen. Während auf der anderen Seite eine andere Teilnehmerin als Kind von Polen in Deutschland geboren wurde und während ihrer Kindheit aufgrund ihrer Herkunft diskriminiert wurde. Im Laufe ihres Lebens hat sie sich mit Fragen der Identität und Zugehörigkeit auseinandergesetzt. Für sie hat das Polnische einen sehr besonderen Stellenwert, da es sie einerseits an ihre Kindheit erinnert, andererseits aber auch viele negative Konnotationen trägt. Grundsätzlich fühlt sie sich in der deutschen Sprache sicherer und ihr verbunden. Sie kann durchaus stellvertretend für ein interessantes Phänomen angesehen werden, auf das wir im Laufe des Projektes bereits mehrfach gestoßen sind: Sie empfindet sich selbst als Deutsche, dabei wird sie jedoch von Anderen als Polin angesehen. Auf der Grundlage dieser Wahrnehmung ist sie auch als Teilnehmerin von dem Pflegeheim vorgeschlagen worden, obwohl sie als ihre Muttersprache Deutsch ansieht und sich kaum traut, Polnisch zu sprechen. Nicht zuletzt auch, weil sie über eine vermeintlich verkehrte Sprachwahl Nachteile für sich befürchtet. Besonders schön erscheint in diesem Fall, dass diese Frau sich emotional der Studentin geöffnet hat, die sie besuchen kam. Milena Ploch hat immer wieder polnische Sätze in die sonst überwiegend deutschen Gespräche eingebaut. Frau Spiller hat Milena liebevoll „ihre kleine Polin" genannt und sich über und auf ihre Besuche gefreut und sich zunehmend getraut, auch eigene Sätze, Lieder und Gedichte auf Polnisch einzustreuen. Dies zeigt, welches Vertrauen hier aufgebaut und vielleicht sogar Ängste abgebaut werden konnten.

Aus allen der folgenden Berichte spricht eine ähnliche tiefe Erfahrung und Ehrfurcht davor, dass sich ein zuvor unbekannter Mensch im Laufe der Zeit – unabhängig von Altersunterschieden, Krankheiten und z. T. auch traumatischen Erfahrungen – öffnet und den Anderen an seinen Gedanken und Emotionen teilhaben lässt. Dies führte zu vielen schönen Momenten, zugleich aber auch zu manchen traurigen und schweren, da eben auch die Kriegserinnerungen oder Altersängste geteilt wurden.

Was in der Rückschau aus diesen so individuellen und besonderen Beziehungen bei den Studierenden geworden ist, zeigen nun diese Berichte hier. Diese bestehen größtenteils aus den eigenen Erinnerungen, z. T. finden sich dabei Verweise auf wissenschaftliche Literatur und entsprechende Diskurse. Vorrangig der letzte Beitrag bettet sich in einen wissenschaftlichen Kontext ein und kann damit bereits als Übergang zum Folgekapitel aufgefasst werden, in dem die wissenschaftliche Perspektive wiederum eine größere Rolle spielt.

Den Auftakt bildet die Darstellung eines gemeinsam verbrachten Nachmittags zwischen Sabina Safarova und ihrer russischsprachigen Pflegebedürftigen, die stellvertretend für die sehr besondere Beziehung zwischen den Beiden steht. Wie dort zwischen den Zeilen anklingt, zeigt die an Demenz im Endstadium erkrankte Pflegebedürftige ein herausforderndes Verhalten, das nicht selten auch erfahrene Pflegekräfte belastet. Sabina Safarova gelang es, dennoch eine Beziehung zu ihr aufzubauen und ihren Humor und Mut nicht bloß zu entdecken, sondern aufzugreifen und zu fördern. Schon kurze Zeit nach ihrem Kennenlernen war klar, dass sich hier zwei Seelen gefunden haben, die eine gemeinsame Sprache sprechen und auf diese Weise viele sehr besondere Stunden miteinander teilen konnten.

Auch aus dem zweiten Bericht – von Milena Ploch, die eine in Polen geborene Frau besuchte – spricht eine herzliche Wärme. Er zeigt, wie viel Freude und schöne Momente miteinander geteilt wurden. Hier steht die schöne Botschaft, dass ein Lächeln ein wertvolles Geschenk und überdauernde Erinnerung ist und die Brücke zwischen den Generationen schlagen kann.

In der dritten Rückschau auf die Projektteilnahme berichtet Lydia Brodovski von ihrer ursprünglichen Idee, zwei Methoden in den Gesprächen mit ihrer Person zu kombinieren und so der Frage nach dem Verständnis von Heimat in der besonderen biografischen Konstellation einer mehrfach migrierten und in wechselnden Lebensverhältnissen wohnenden Person nachzugehen. Auf welche Probleme und anschließende Überlegungen sie dabei stieß, ist dort einfühlsam zu lesen.

Der vierte Beitrag widmet sich einer ganz besonderen Beziehung zwischen Yvonne Behrens und einem polnischsprachigen Mann, den sie über mehrere Jahre hinweg regelmäßig besucht hat. Yvonne Behrens hat an der ersten Runde des Projektes teilgenommen und ist so begeistert in das Projekt eingestiegen, dass sie auch nach ihrer studentischen Teilnahme dabeiblieb. Es entwickelte sich eine Mitarbeit im Projekt als wissenschaftliche Mitarbeiterin, ein tiefes wissenschaftliches Interesse an dem Themenkomplex Demenz und Mehrsprachigkeit und nicht zuletzt eine ganz besondere Bindung zu ihrer Besuchsperson. Wie diese Beziehung entstand und sich über die Jahre entwickelte, veränderte und vertiefte, schildert sie in ihrem Bericht.

Dem schließt sich eine Darstellung von Dorothea Laszczak und ihren ebenfalls sehr emotionalen Erfahrungen an. Sehr eindrücklich schildert sie u.a., wie sie mit der Nachricht des Todes einer der zwei von ihr besuchten Frauen umgehen musste. Dies ist eine sehr traurige Angelegenheit, die aber leider durch die Pflegeheimsituation nicht unwahrscheinlich ist und daher häufig im Hintergrund mitschwingt. Die Trauer auf diese Nachricht zeigt auch hier, welche Bindung durch die regelmäßigen Besuche entstanden ist.

Der letzte Beitrag in diesem Kapitel ist von Aldona Rzitki geschrieben, die sich der Frage widmet, wie man im Gespräch mit einer dementen Person passend reagiert, wenn man der Überzeugung ist, dass das von ihr Geschilderte nicht den üblichen Kriterien der Wahrheit entspricht. Auch aus dieser Darstellung wird deutlich, dass sich Aldona Rzitki tiefgehende Gedanken über den bestmöglichen Umgang mit ihrer besuchten Person macht und sich der Frage stellt, welchen Sinn die Besuche und damit die gemeinsam verbrachte Zeit verfolgen. Dieser Bericht ist unterfüttert mit Verweisen auf wissenschaftliche Literatur und stellt damit ein Bindeglied zum darauffolgenden Kapitel mit seiner wissenschaftlicheren Fokussierung dar.

Ein unvergesslicher Frühlingstag

Sabina Safarova

Edeltraud[3] war eine außergewöhnliche Dame. Wir kannten uns nun schon seit einigen Monaten. Doch heute sollte ein ganz besonderer Tag für uns beide werden. Es war ein wunderschöner Frühlingsmorgen, zumindest für mich. Edeltraud schien jedoch wenig begeistert, als ich ihr Zimmer betrat und ihr vorschlug, einen Spaziergang zu machen. So machten wir es doch üblicherweise, wenn ich sie besuchte. Ob sie sich noch daran erinnerte, fragte ich mich, während ich sie für den Spaziergang vorbereitete. Ob sie sich überhaupt an mich erinnerte?

Über Edeltraud wusste ich, dass sie ein stolzes Alter von 95 Jahren erreicht hat und in Russland geboren war. Sie war verheiratet und hat zwei Töchter. Den Erzählungen ihrer Töchter und der Pflegekräfte zufolge, auch belegt durch die vielen liebevoll dekorierten Fotos in ihrem Zimmer, war Edeltraud in ihrem ehemaligen Beruf Ärztin und Direktorin einer Poliklinik in Russland.

Die Sonne schien, die Vögel zwitscherten und die Bauarbeiten vor der Pflegeeinrichtung traten für eine kurze Zeit in den Hintergrund. Obwohl Edeltraud zunächst wenig motiviert und begeistert schien, konnte ich sie doch noch davon überzeugen, gemeinsam mit mir an die frische Luft zu gehen. Wir nutzen die Gelegenheit und machten uns auf, spazieren zu gehen...

„Schneller, schneller, schneller", schrie Edeltraud auf Russisch, als wir mit dem Rollstuhl die Straße überquerten. Edeltraud konnte es nie schnell genug gehen. Ich versuchte etwas schneller zu laufen und schob den Rollstuhl, so schnell es mir möglich war, vorwärts vor mir her.

„Schneller, schneller, schneller!", rief Edeltraud erneut. Aber schneller war es mir nun mal mit dem Rollstuhl nicht möglich. Es war schließlich nur ein Rollstuhl und kein Quad. Zumal ich in meiner Betreuungszeit die Aufgabe hatte, für ihre Sicherheit zu sorgen. Hinzu trat auch noch, dass ich sehr unerfahren im Umgang mit dem Rollstuhl war und keine Fehler machen wollte, die Edeltraud oder mich in Schwierigkeiten hätten bringen können.

Seit dem ersten Augenblick, als ich Edeltraud begegnet war, war ich von ihrer Risikofreudigkeit, ihrer Direktheit und ihrem Mut tief beeindruckt. Sie war die mutigste, draufgängerischste und unverschämteste, aber auch liebenswürdigste Seniorin, die ich je kennengelernt hatte. Es schien, als habe sie vor nichts und niemandem Angst. Edeltraud nahm kein Blatt vor den Mund. Wenn ihr etwas nicht passte, kriegte man es deutlich zu spüren.

---

[3] Der Name wurde geändert.

„Dura, Dura, Dura!", schrie Edeltraud nun lauthals und mit aller Kraft auf Russisch, was übersetzt ins Deutsche unter anderem *Idiotin* oder *blöde Kuh* bedeutete. So nannte sie mich öfter, wenn sie unzufrieden war oder sich gestresst fühlte. Gelegentlich schmiss sie auch mit Gegenständen um sich. Ich nahm es ihr nicht übel. Denn ich verstand, dass ihre Situation keine einfache war.

Aus ihren sprachbiografischen Angaben und aus den Gesprächen mit ihren Pflegekräften und ihren beiden Töchtern wusste ich bereits, dass Edeltraud durch ihre sehr fortgeschrittene Demenz die deutsche Sprache inzwischen fast vollständig vergessen hatte. Sie sprach nur noch einige vereinzelte Wörter und Sätze, und diese auch ausschließlich in der russischen Sprache, also ihrer Kindheitssprache.

Dies führte zwangsläufig zu vielen Kommunikationsschwierigkeiten in ihrem Alltag mit Angehörigen und Pfleger/innen und stellte sie vor große Herausforderungen. Doch am schwierigsten war es wohl für Edeltraud selbst.

Wir gingen weiter spazieren und ich versuchte Edeltraud dazu zu bewegen mir Gegenstände aus der Umgebung zu benennen und nachzusprechen. „Das ist ein Opel", sagte ich auf Russisch zu Edeltraud – unsere Unterhaltung fand wie immer vorrangig auf Russisch statt. „Opel, Opel. Das ist ein Opel", wiederholte sie energisch. „Das ist ein Vogel", fuhr ich fort. „Ein Vogel", erklärte ich laut und deutlich. „Vogel. Ein Vogel", rief Edeltraud.

Plötzlich merkte ich, wie etwas vom Rollstuhl auf den Asphalt fiel. Ich blickte nach unten und musste zu meinem Entsetzen feststellen, dass Edeltraud sich gerade mal eben ihrer Zähne entledigt hatte. Ich hob sie auf und legte sie vorsichtig in meine Tasche, als Edeltraud anfing laut zu schreien, wie sie es oftmals aus heiterem Himmel tat. Die Spaziergänger und Vorbeilaufenden um uns herum warfen sich verwunderte Blicke zu und schienen sich zu fragen, ob denn bei uns beiden alles in Ordnung ist. Habe ich die alte Dame etwa entführt oder ihr weh getan, konnte ich den fragenden und erschrockenen Gesichtern und strengen Blicken der Spaziergänger entnehmen. Ich griff nach dem Rollstuhl und lief unauffällig weiter. Dabei versuchte ich Edeltraud sanft zu beruhigen und gleichzeitig so normal wie möglich auf die Fußgänger um uns herum zu erscheinen. Auch damit sie ruhigen Gewissens weiter gehen konnten (Abb. 1).

Edeltraud beruhigte sich wieder. Ich fuhr fort: „Das ist eine Rose". Dabei schob ich ihren Rollstuhl ganz nah an die Blume, damit sie daran riechen konnte. „Riecht das nicht unglaublich", fragte ich sie. Sie schaute mich nur verdutzt an. Ein paar Schritte weiter kam uns eine große Dogge entgegen. Ich wusste nicht, wie Edeltraud auf den Hund reagieren würde, wenn er ihr zu nahe käme. Wenn sie anfing zu schreien, würde das kein gutes Ende nehmen, dachte ich mir. Doch ganz im Gegenteil: Edeltraud schien völlig unbekümmert und fast schon tiefenentspannt, sie hob ganz leicht ihre Hand und deutete eine Streichelbewegung an,

Abb. 1 Ein bewegender Spaziergang. (*Bild von Sabina Safarova*)

als der Hund langsam an uns vorbeizog und sich Edeltraud näherte, um an ihrer Hand zu schnuppern.

Als wir die Brücke über die Autobahn betraten, blieb ich einen Augenblick stehen, und wir beobachteten die vorbeifahrenden Autos. Aus irgendeinem Grund wirkten die rasend schnell vorbeiziehenden Autos beruhigend auf Edeltraud und mich. Ich erklärte Edeltraud, dass die Autos auf der Autobahn in die Innenstadt fuhren, und im selben Augenblick zeigte sie auf die Autobahn und machte deutlich, dass sie dorthin wollte. Ich erklärte Edeltraud, dass es unmöglich war, mit dem Rollstuhl auf der Autobahn zu fahren, und schmunzelnd kam ich nicht umhin, mir vorzustellen, wie wir zusammen mit dem Rollstuhl so schnell wie die Autos über die Autobahn rasen, während Edeltraud „Schneller, schneller, schneller!" ruft.

Wir machten uns auf den Rückweg. Ich fragte Edeltraud, ob sie wirklich schon zurück nach Hause wollte. Doch sie hatte keine Lust mehr, weiter spazieren zu gehen und schien erschöpft zu sein. Sie antwortete: „Nach Hause. Kalt!"

Als wir ihr Zimmer nach dem Spaziergang betraten, fanden wir eine ernüchternde Stimmung vor; uns ergriff ein bedrückendes und beklemmendes Gefühl. Das Zimmer erschien trist und verlassen. Ich konnte und wollte noch nicht gehen.

Die Vorstellung, sie den ganzen Tag in diesen vier Wänden sich selbst zu über-lassen, ohne dass uns Beiden noch etwas Freudiges widerfährt, bereitete mir ein beklemmendes und mulmiges Gefühl.

Also setzte ich mich noch etwas zu ihr. Auf ihrem Tisch entdeckte ich einige Bücher, und ich beschloss, Edeltraud etwas daraus vorzulesen. Ich fühlte, dass Edeltraud angespannt und unruhig war. Vielleicht hatte sie ja Redebedarf, und ihr fehlten einfach nur die Worte, um sich auszudrücken, weil sie sie schlichtweg vergessen hatte. Um ihre Stimmung ein wenig aufzuheitern, schnappte ich mir spontan eins von den Büchern, schlug eine beliebige Seite auf und las ihr daraus vor. Es war ein russisches Gedicht von Lermontov, wie ich später herausfinden sollte (Abb. 2).

Als ich anfing, die erste Zeile vorzulesen, wiederholte Edeltraud plötzlich und ohne Aufforderung meine Worte. „Schau Edeltraud, ich lese und du sprichst mir nach" schlug ich vor. „Das Gedicht ist von Lermontov und heißt ‚An Durnov.'" „Wie?" unterbrach mich Edeltraud. Ich wiederholte: „An Durnov". „Ich habe genug geliebt, um ewig traurig zu sein. Um glücklich zu sein, habe ich jedoch zu wenig geliebt…" Während ich ihr Zeile für Zeile das Gedicht auf Russisch vorlas, gab sie voller Schwung und Elan und mit all ihrer Energie Zeile für Zeile des Gedichts wieder. Sie hat es mir fast vollständig nachgesprochen bis auf ein

Abb. 2 Ein unvergessliches Gedicht. (*Bild von Sabina Safarova*)

paar schwierigere Wörter, bei denen Sie einige Probleme hatte, sie zu verstehen
oder auszudrücken.

Ich las weiter vor: „Was bringt es, mir die Seele zu öffnen, denn danach bin
ich nicht das, was ich war ..." Edeltraud wiederholte eifrig „was bringt es, meine
Seele zurückzugewinnen, danach bin ich nicht das, was ich war ..."

„Klasse" lobte ich Edeltraud. „Abends, in der Stunde des ersten Schlafes, als
der Nebel funkelte ..." fuhr ich fort. Ich spürte, dass Edeltraud aufblühte, während ich weiterlas. „Worauf?" fragte sie plötzlich. „Zwischen den Tälern, am Ort.
Am Ort" setzte ich fort „wo vorher sie gewesen ist. An dem Ort, an dem sie vorher gewesen ist, wandele ich besorgt und allein." „Ich gehe besorgt" wiederholte
Edeltraud. Ob sie wohl ihre Angst äußerte, dachte ich mir, als sie die Zeile verändert wiedergab? „Allein" wollte ich fortfahren, doch Edeltraud schrie plötzlich,
dass es ihr genug war: „Es reicht, es reicht". „Den letzten, den letzten Vers noch
bitte" versuchte ich, sie noch einmal zu ermutigen das Gedicht zu Ende zu lesen
und begann „Dann musst du die Augen ...". „Dann musst du die Augen ...",
sprach Edeltraud in einem etwas traurigeren Ton nach. „Prima" entgegnete ich
ihr liebevoll und las die letzte Zeile vor, während Edeltraud „Es reicht, es reicht"
rief. Voller Freude wiederholte ich nun „Es reicht, es reicht. Richtig! Wir haben
es geschafft." Und legte das Buch schließlich zur Seite.

So ist nicht nur Lermontovs Gedicht unvergessen geblieben, sondern auch
dieser unvergessliche und unglaubliche Tag mit Edeltraud.

Das Lachen, das in Erinnerung bleibt – Wie das Lachen von Frau Spiller ein Stück meines Lebens verändert hat

Milena Ploch

„Wir werden nie wissen, wie viel Gutes ein einfaches Lächeln vollbringen kann."
– Mutter Theresa

Meine Reise mit dem Projekt *UnVergessen* und den damit verbundenen Besuchen in Pflegeheimen fing damit an, dass ich am Anfang meines Studiums eine
Abwechslung zu meinen theoretischen Seminaren suchte. Als dann das Projekt
an mehreren Stellen beworben wurde, war mein Interesse sogleich geweckt. Ich
konnte mich anmelden, und schon ging es los.

Zunächst fanden theoretische Sitzungen statt, das heißt, dass der ganze historische Hintergrund und auch das relevante Fachwissen erarbeitet wurden. So
durfte ich während dieser Zeit mehr über die Immigration der Polen und Russen

nach Deutschland erfahren. Außerdem lernte ich wichtige Dinge in Bezug auf die Krankheit Demenz kennen und wie mit dieser umzugehen ist. Ich kann mich noch erinnern, wie mir am Anfang bei dem Gedanken, mit einer an Demenz erkrankten Person zu sprechen, ein bisschen unwohl wurde, da ich nie zuvor so eine Erfahrung gemacht habe. Durch die Vorbereitung konnten mir dann allerdings einige meiner „Ängste" genommen werden.

Gegen Ende des Wintersemesters fingen die ersten Besuche in den Pflegeeinrichtungen an. Ich kann mich noch gut an meinen ersten Besuch erinnern. Mir wurde von den Mitarbeitern gesagt, dass Frau Spiller[4] schon ganz aufgeregt sei, mich zu treffen. Sie hätte wohl schon den ganzen Vormittag Polnisch „geübt", und es würde ihr ein bisschen Sorgen bereiten, da sie doch überhaupt nicht so gut Polnisch sprechen könnte. Dann wurde ich zu ihrem Tisch in der Cafeteria geführt, wo sie mit ihrer Tasse Kaffee saß. Mir fiel sofort ihr herzliches Lachen auf. Ich begrüßte sie zuerst mit „Dzień dobry" (was „Guten Tag" auf Polnisch bedeutet) und versuchte, eine Konversation auf Polnisch zu beginnen. Schnell merkte ich aber, dass sie nicht so recht auf Polnisch mit mir reden wollte, und so sprach ich zunächst einmal Deutsch mit ihr. Ich erfuhr, dass ihre Eltern aus Polen kamen und sie so auch etwas Polnisch gelernt hat. Ihr Vater hatte sie sogar auf eine polnische Schule geschickt, wo sie zum Beispiel einige Weihnachtslieder und ein bisschen polnische Grammatik lernen konnte. Nach einiger Zeit war ihr der zusätzliche Unterricht jedoch lästig, und sie hörte auf zur polnischen Schule zu gehen. Besonders deswegen konnte ich mich mit der Geschichte von Frau Spiller identifizieren. Auch ich bin in Deutschland geboren, aber meine beiden Eltern kommen aus Polen und wollten die polnische Kultur und Sprache so gut es ging in unserer Familie erhalten. So wurde auch ich zur polnischen Schule geschickt.

Obwohl Frau Spiller die polnische Sprache als Kind gelernt hat, hatte sie Hemmungen, Polnisch zu sprechen, da sie in der Vergangenheit oft als „Polake" beschimpft wurde. Sie war aber sehr interessiert daran, wie sich Polen in den letzten Jahrzehnten entwickelt hat und wie ich die dortige politische Lage einschätzen würde. Mich wunderte das, denn ich hatte immer noch dieses Stereotyp im Kopf, dass Senioren sich nur für Bingo, Häkeln und deutsche Schlager interessieren (das mit den deutschen Schlagern war im Falle von Frau Spiller allerdings wahr). So endete mein erster Besuch und ich verabschiedete mich. Sie sagte mir, dass sie sich freuen würde, mich wiederzusehen. Und so kam ich wieder. Und wieder. Die ersten paar Male musste ich mich immer wieder von Neuem vorstellen, aber als ich auf das Polnische zu sprechen kam, wusste sie direkt wieder, wer ich war. Sie war jedes Mal aufs Neue erstaunt darüber, dass die Polen sich auf

---

[4]Der Name wurde geändert.

so eine positive Art und Weise entwickelt haben und in den umliegenden Nachbarländern akzeptiert wurden. Manchmal hatte sie aber ihre Zweifel und fragte mich, ob man denn einfach so laut polnisch sprechen dürfe. Ich vermute, dass der Hass, mit dem sie in der Vergangenheit zu kämpfen hatte, groß gewesen sein musste. Ab und zu passierte es, dass sie sich an ein polnisches Lied oder Gedicht erinnern konnte. Sie hat es dann immer stolz vorgetragen und war selbst über ihr Gedächtnis erstaunt. Und ich auch.

Außerdem liebte sie das Tanzen, das Lachen und die Musik. Ich war immer wieder beeindruckt, mit was für strahlenden Augen sie von den Abenden erzählte, an denen sie mit ihren Freundinnen zum Tanzen gegangen ist. Sie konnte außerdem in ihrem Alter von 96 Jahren noch Mundharmonika spielen. Ich erinnere mich noch gut daran, wie sie auf der Mundharmonika spielte und ich durch ihr Zimmer getanzt bin. Ihre Freude am Leben und ihr Lachen waren dabei so ansteckend, dass ich mich in ihrer Gegenwart sehr wohl gefühlt habe.

Selbstverständlich gab es auch ein paar Tage, an denen Frau Spiller nicht so gut gelaunt war und Schwierigkeiten hatte, sich zu erinnern. Dazu kamen noch die Schmerzen, die sie in ihren Knochen spürte. An diesen Tagen versuchte ich, so gut ich es nur konnte, sie aufzumuntern. Dies gelang mir manchmal mit einem Lied oder einfach damit, dass ich da war und ihr ein Lächeln schenken konnte.

Mir wurde bewusst, dass wir so viel gemeinsam hatten. Der Unterschied bestand darin, dass ich einige Jahrzehnte später geboren wurde und in einer anderen Welt aufgewachsen bin als Frau Spiller, aber im Grunde gab es zwischen uns trotzdem so viele Berührungspunkte. Wie kommt es dennoch, dass wir so eine Angst oder Vorurteile haben, wenn es um die ältere Generation geht? Warum sprechen wir mit älteren Menschen nicht mehr so über das Weltgeschehen, wie man es mit ihnen getan hat, als sie noch 20 Jahre jünger waren? Natürlich sind Krankheiten wie Demenz Steine auf dem Weg der Verständigung, aber sie hindern uns nicht daran, uns mit einem Menschen hinzusetzen und einfach nur zuzuhören, was er oder sie zu sagen hat. Wir können so viel von unserer älteren Generation lernen. Es wäre schade, wenn wir die Chance verpassen und das Thema Alter in den Hintergrund schieben, bis wir uns selbst irgendwann in dieser Lage befinden. Wenn ich daran zurückdenke, was ich für Berührungsängste hatte, wenn es um Menschen geht, die an Demenz erkrankt sind, weiß ich jetzt, dass diese „Ängste" aus meinem Unwissen hervorgegangen sind. Als ich Frau Spiller kennengelernt habe und sie meine Freundin wurde, wurde mir klar, dass es so viel mehr Aufklärungsarbeit in Bezug auf die Themen Demenz, Alter und Pflegeheime zu leisten gibt.

So ist mir das Projekt ans Herz gewachsen, und ich werde Frau Spiller, auch wenn sie leider schon von uns gegangen ist, nicht vergessen. Nicht zuallerletzt möchte ich mich von ganzem Herzen bei Frau Dr. Karl bedanken, dass sie *UnVergessen* ins Leben gerufen und eine neue Möglichkeit für diesen generationsübergreifenden Kontakt geschaffen hat. Ich hoffe, dass durch dieses Projekt noch viel mehr Menschen *unvergessen* bleiben können.

Die Bedeutsamkeit einer Unterhaltung: Wie Dialoge ein Stück Gegenwart und Zukunft im Alter gestalten können

Lydia Brodovski

Das vorbeirasende Leben setzt sich aus einem riesigen Potpourri von Erinnerungen zusammen. Doch die Rückblende auf Geschehenes ist weitaus mehr als ein nostalgisches Schwelgen. Das, was wir mit unseren Sinnen wahrgenommen haben, trägt zu unserer Identität bei. Ein Teil unserer Persönlichkeit kann dann verloren gehen, wenn wir die Fähigkeiten des „Erinnerns" langsam verlieren. Eine individuelle Retrospektive ist aber nicht nur ein Schlüsselfaktor für eine zufriedene Lebensbilanz. Autobiografische Informationen betten sich gleichermaßen in einen größeren Kontext ein und können Antworten auf die verschiedensten sozialen und historischen Fragen geben.

Für viele Senior/innen stellt der Umzug in eine Pflegeinstitution einen großen Einschnitt in ihr Leben dar. Es verändert sich die Wohnsituation. Das soziale Umfeld nimmt neue Formen an: zum einen geht man neue Verbindungen freiwillig ein in Form von neuen Bekannten in der Pflegeeinrichtung, zum anderen findet ein zwangsläufiger Kontakt mit Pflegekräften statt. Die Bewohner/innen teilen sich mit dem Umzug in eine Pflegeinstitution eine Gemeinsamkeit. Ihr Leben erfährt mit dem Einzug einen neuen Umbruch. Der gesamte Tagesablauf trifft auf Veränderungen und mit ihm die menschliche Psyche. Hinter diesen Menschen verbirgt sich selbstverständlich eine Identität mit einer persönlichen Biografie, die durch vergangene, lebensprägende Ereignisse gezeichnet ist. Die gegenwärtigen Bewohner/innen eines Pflegeheimes stellen eine Generation dar, die viele Umbrüche des letzten Jahrhunderts miterlebt hat. Daraus resultiert ein Bild von ihnen, welches sich wie ein Sammelwerk von interessanten Lebenserzählungen von selbst zeichnet. Diese Lebenserzählungen sind nicht nur in ihrer subjektiven Erfahrungswelt pluralistisch. Sie bewahren auch eine Unmenge kulturellen Wissens in sich auf.

Da sich der Umzug in ein Pflegeheim negativ auf die Gedächtnisleistung bei Senior/innen auswirken kann (Specht-Tomann, 2018, S. 184), war es mir in meiner Projektteilnahme von besonderem Interesse herauszufinden, welche kulturhistorischen Erinnerungen meine Besuchsperson an die Sowjetunion noch in sich trägt und welchen Einfluss die Immigration nach Deutschland und der Umzug in das Pflegeheim auf sie ausübten, aber vor allen Dingen, inwiefern sich ihr Heimatverständnis verändert hat und welche Umstände dazu beitrugen, dass sich das neue Heim eventuell als ein neues und weiteres Zuhause anfühlt.

Frau Seeberg[5] ist eine Dame von stolzen 94 Jahren. Geboren in der ehemaligen UdSSR lebte sie den größten Teil ihres Lebens in ihrer Wahlheimat, der Ukraine. Dort arbeitete sie bis zu ihrer Migration nach Deutschland als Ärztin. Frau Seeberg ist eine sehr gesellige Person. Trotz ihres hohen Alters ist sie sehr neugierig, interessiert sich für Musik, Kunst, Literatur und Medizin. Ihre Erzählungen über ihr ehemaliges Leben in der UdSSR zeugen von ihrem guten Erinnerungsvermögen.

Um mit Frau Seeberg ins Gespräch zu kommen und Antworten auf meine Fragen zu erhalten, versuchte ich mich an der Methode der bereits gut erforschten und in der Kranken- und Altenpflege angewandten Methode der Biografiearbeit. Das primäre Ziel der Biografiearbeit ist das Erinnern. Der/die Biograf/in soll im Sammeln und Berichten seiner Erinnerungen individuelle Erlebnisse seiner Lebensbiografie beleuchten und sich somit eigene motivierende Impulse geben. Das Rückblicken auf gemeisterte Krisen, aber auch Höhepunkte in der subjektiven Geschichte bietet dem/der Biograf/in eine wichtige Energieressource. Deshalb dient diese Methode besonders in schwierigen Lebenssituationen als Hilfestellung für den Umgang mit den neuen Umständen (ebd., S. 2). Diese beziehen sich u. a. auf eine Veränderung im sozialen Beziehungsgeflecht. Nachdem die pflegebedürftige Person in ein Pflegeheim eingezogen ist, beschränkt sich der Kreis oft auf die Betreuer/innen, Pflegekräfte, Begleiter/innen und andere Heimbewohner/innen. Der eine oder andere verfällt aufgrund von abnehmenden mentalen und körperlichen Fähigkeiten in einen Identitätskampf und hat mit depressiven Gefühlen und Gedanken, wie „Ich bin unerwünscht", „Ich bin eingeschränkt" und „Ich muss sterben", zu kämpfen (ebd.). Genau da soll die Biografiearbeit einhaken und dem Erzählenden dabei helfen, Veränderungen im Leben zu akzeptieren und eine positive Lebensbilanz zu ziehen. Die Biografiearbeit unterstützt mit ihrer beinah universellen Anwendungsart einen produktiven Prozess, der für die Lebenszufriedenheit von großer Bedeutung ist. Die Zufriedenstellung fügt sich nämlich weiterhin nicht von allein. Sie „[...] hängt wesentlich von der Fähigkeit ab, Veränderungen wahrzunehmen und darauf zu reagieren (Anpassung), die eigene Endlichkeit anzunehmen (Rückschau, Lebensbilanz) und die eigene Zukunft in

---

[5]Der Name wurde geändert.

gewisser Weise planen und gestalten zu können (z. B. Vorsorgeregelungen treffen, Kontakte pflegen, aktiv bleiben).“ (ebd.). Das Erinnern und Erzählen bietet
für den/die Biograf/in also eine Möglichkeit, Geschehenes Revue passieren zu lassen, sich der eigenen Stärken und Schwächen bewusst zu werden, sich mit dem
persönlichen Schicksal auszusöhnen und für nächste Generationen einen Zugang
zu soziokulturellen Fakten zu eröffnen (ebd., S. 58).

Die Biografiearbeit gehört mittlerweile zum Berufsalltag von Pflegekräften
und Begleitpersonen. Nicht nur für den Betreuenden eröffnet sie neue Zugänge,
die Pflegekraft profitiert ebenfalls von der Methode. Specht-Tomann (2018,
S. 61) unterstreicht dabei die besondere Beziehung zwischen Pflegekraft und
Betreuendem, die aufgrund von einem vertraulicheren Verhältnis mithilfe der
Biografiearbeit zu einer zufriedeneren Arbeit in der Pflege führt:

„Es macht einen Unterschied, ob Frau R. in Zimmer 5 in erster Linie als „Fall“
mit bestimmten Symptomen und Defiziten wahrgenommen und versorgt wird oder
ob durch Einblicke in das Leben dieser Frau emotionale Wärme und Momente der
Begegnung möglich werden.“

Für Bewohner/innen mit Demenz oder ähnlichen Krankheiten bietet sich das Ver-
schriftlichen von biografischen Daten in verschiedener Form als eine wichtige
und interessante Quelle für den Krankheitsverlauf an. Auch alternative Quellen
wie Tagebücher oder Chroniken geben Einblick in veränderte Tagesformen. Diese
Informationen erfassen wichtige biografische Daten für den/ die Betroffene/n,
der/die auf seine Beteiligten den Anschein macht, seine Identität zu verlieren.
Neben der identitätsfördernden Funktion für den/die Biograf/in und der bezie-
hungspflegenden Funktion zwischen Bewohner/in und Pflegekraft stellt sich das
bereits erwähnte Kriterium der soziokulturellen Fakten als Nebenprodukt der
Biografiearbeit heraus.

Eine weitere wissenschaftlich bewährte Methode, historische und soziokultu-
relle Fakten festzuhalten, ist die *Oral History*. Hierbei befragen Forscher Personen
unter einer gezielten Fragestellung und speichern diese Gespräche in beliebiger
Form ab. Im Kontext zur Erinnerungsforschung sind in der Geschichts- und Sozi-
alwissenschaft das Gedächtnis und die Erinnerung seit der zweiten Hälfte des
letzten 20. Jahrhunderts zu leitenden Denkfiguren geworden (Csáky, 2004, S. 22).
Die mündliche Geschichtsschreibung zielt darauf ab, einzelne Subjekte zu „historischen Akteuren“ (Tschiggerl, 2019, S. 72) zu machen. Diese Methode entsprang
dem Gedanken, die Geschichtsschreibung zu demokratisieren. Die Betrachtung
und Einbeziehung des einzelnen Subjektes in die Geschichte erfuhr vor allem

in den 70er Jahren eine große Aufmerksamkeit. Historikern reichte die Analyse von theoriegeleiteten Gesellschaftsmodellen sowie Aktionen des Staates etc. nicht für die Erklärung von geschichtlichen Prozessen aus. Für die *Oral History*-Forscher waren und sind vor allem die Angehörigen von Minderheiten interessant. Autobiografische Texte von Frauen oder Juden waren deshalb von besonderer Wichtigkeit. Neue Ansätze der *Oral History* verfolgen vornehmlich das Ziel, die Wechselwirkung zwischen Individuen und den gesellschaftlichen Strukturen zu analysieren (Stephan, 2004, S. 2). Bei Anwendung der Methode und der Auswertung ihrer Ergebnisse ist es wichtig zu vermerken, dass objektive historische Fakten nicht das Ziel sind. Eher fokussieren sich die Ergebnisse auf das subjektive Narrativ des/der Erzählenden. Der Wahrheitsgehalt des Erzählten hängt einerseits von der subjektiven Perspektive des/der Erzählenden ab, die z. B. im hohen Alter Gedächtnislücken aufgrund von Traumata oder Demenz enthalten kann. Andererseits beeinflusst der/die Interviewer/in das Gespräch mit seinem Forschungsinteresse und kann es dementsprechend in eine gewünschte Richtung lenken. In dieser Hinsicht unterscheidet sich diese Methode von der Biografiearbeit, die primär auf das Erinnern der Person fokussiert ist. In der Verbindung von der in der Pflege tradierten Biografiearbeit und der Fokussierung auf historische Aspekte wie in der *Oral History* sah ich eine interessante Herangehensweise und Möglichkeit, dem mich interessierenden Thema der Heimat nachzugehen. Gerade durch die Verquickung von historischen und biografischen Fakten und der Retrospektive im Alter erschien mir dieser Ansatz sinnvoll.

In einer langen Vorstellungsperiode zwischen Frau Seeberg und mir versuchte ich, mir zunächst ein Bild davon zu schaffen, wie weit Frau Seeberg sich gegenüber einer fremden Person öffnen wollte. Schließlich stellten diese Treffen und Gespräche für uns beide etwas komplett Neues dar. Frau Seeberg erzählte gerne und viel, was zur Folge hatte, dass sie zu einigen persönlichen Themen, die sie beschäftigten, sehr ausführlich berichtete. Dennoch hatte sie mit typischen Alterseinschränkungen zu kämpfen. Vor und teilweise während der Treffen litt sie unter enormer Nervosität. Wissend, dass der Mensch im Alter auf viele schwierige Bewusstseinskonflikte trifft (Specht-Tomann, 2018, S. 52), stellte auch für mich die Situation, das Gespräch mit einer motivierenden Haltung zu starten, immer wieder eine kleine Herausforderung dar. Schließlich taute Frau Seeberg im Laufe der Treffen immer wieder auf, freute sich über die Gesellschaft und war jedes Mal ein wenig traurig darüber, wenn das Gespräch sich dem Ende neigte. Aufgrund ihres Redebedarfs möge man meinen, dass Frau Seeberg eventuell wenig Besuch bekommt. Glücklicherweise ist dies nicht der Fall. Sie ist eine von wenigen, die regelmäßig familiäre Gesellschaft genießen darf. Und dennoch ging sie in den Gesprächen mit mir auf einige Lebensabschnitte sehr detailliert ein. Einzelne Augenblicke deuteten auf ihre Traurigkeit über Geschehenes hin, die von anderen schönen Erinnerungen aber auch schnell überdeckt wurden.

In den Gesprächen mit Frau Seeberg wurde schnell etwas klar: Es fiel mir schwer, die Gespräche zu lenken und den Redefluss meiner Gesprächspartnerin zu unterbrechen, um sie in die von mir gewünschte thematische Richtung zu lenken. Dies steht im Widerspruch zu der eigentlich angedachten Methode, da diese ohne einen präzise vorbereiteten Fragekatalog, Durchsetzungsvermögen und vor allen Dingen ohne die Übung einer solchen Praxis kaum anzuwenden ist. Diese Diskrepanz stellte sich mir als Herausforderung bei der Teilnahme am Projekt dar. In den mal mehr, mal weniger vertrauten Gesprächen zwischen Frau Seeberg und mir neigte sie dazu, auszuschweifen und emotionale Erinnerungen zu thematisieren. Dies erfuhr ich als Beweis einer bestimmten Form des Vertrauens, öffnete sich Frau Seeberg in solchen Momenten doch mir gegenüber. In meiner Position kam es mir daher nicht in den Sinn, das Gespräch strikt nach meinem Interesse zu lenken. Frau Seeberg fühlte sich wohler, sobald sie über die Themen sprach, die sie sich selbst aussuchte. Dies nahm ich zur Kenntnis und beließ die Gespräche deshalb bei einer Art mündlich tradierten Biografiearbeit. Oft beschränkten sich die Gespräche auf ähnliche Themen. Beide Gesprächsparteien, so schien es mir, waren vollkommen einverstanden und in dem Moment des Gesprächs zufrieden damit. Frau Seeberg hatte eine Möglichkeit, ihre Lebensgeschichten nochmals zu erzählen, eine neue Perspektive einzunehmen und Erfahrungen neu zu überdenken. Dabei erhielt ich die Möglichkeit, eine Komfortzone zu verlassen und mein Ohr auf das Zuhören zu schulen. Aus studentischer Perspektive war es außerdem sehr interessant zu erfahren, welchen Aufwand und welche Mühe die Umsetzung einer bis dahin noch unbekannten und nicht eingeübten Methode – hier der *Oral History* – kosten kann. Eine weitere Herausforderung muss ebenfalls bedacht sein: In einem rein wissenschaftlichen Verfahren einer *Oral History*-Studie wird schließlich nicht nur eine Person befragt. Es tritt eine ganze Merkmalsgruppe in den Fokus. Vor diesem Hintergrund bin ich auch im Nachhinein mit der Änderung meines Vorhabens und der Fokussierung auf die Biografiearbeit und das vertraute Gespräch zufrieden. Gerade dadurch wurde ein Austausch ermöglicht, der mir viele neue Perspektiven aufgezeigt hat.

An dieser Stelle möchte ich dieses Projekt würdigen. Es unterstützt mit jedem Gespräch das Erinnerungsvermögen der Bewohner/innen. Nicht jede/r Bewohner/in hat das Glück, von Pflege- und Begleitpersonen umgeben zu sein, die seine/ihre Erinnerungen in der Muttersprache verstehen. Umso mehr erfreuen sich beide Seiten über eine neue Austauschmöglichkeit an wertvollen, subjektiven Memoiren.

Veränderungen im Gesprächsverhalten eines Menschen mit Demenz über den Zeitraum von drei Jahren

Yvonne Behrens

Einleitung

Im Dezember 2016 haben Adam[6] und ich uns in seinem Zuhause kennen gelernt. Sein Zuhause ist ein Zimmer in einem Bochumer Pflegeheim mit direktem Blick auf eine Kirche und in die Natur. Das Kennenlernen in seiner bekannten Umgebung war ein Vorteil, da wir so viele Gesprächsanlässe finden konnten, die in der Nähe und der Ferne zu sehen waren. So führten wir unser erstes Gespräch über die Kirche, die wir beide gut sehen konnten

Seit unserem Kennenlernen sind nun drei Jahre vergangen. Drei Jahre, in denen wir über uns, unsere Geschichte und so manche sportlichen Ereignisse gesprochen haben. In diesen Jahren haben wir uns nicht nur besser kennen gelernt, nein, ich wurde ebenfalls Zeugin von der Auswirkung einer Demenzerkrankung auf das Gesprächsverhalten von Betroffenen. Diese Eindrücke möchte ich in diesem Artikel beschreiben.

Gespräche im ersten Jahr: Der Gewinn der Muttersprache für die Verarbeitung von Traumata

Bevor ich Adam das erste Mal traf, wurde ich über seine Geschichte und seine Interessen durch das Pflegepersonal informiert. Adam würde sich besonders für die Themen Automobile und Familie interessieren. Gespräche über den zweiten Weltkrieg, in welchem er nach Deutschland verschleppt wurde, sollte ich vermeiden. Ich nahm mir beides zu Herzen und folgte dem Rat der Pflegekräfte. Ihre Informationen über seine bevorzugten Themen bestätigten sich vollkommen. Besonders das Thema Familie kam immer wieder in unseren Gesprächen vor. Hierbei ging es meist um Wünsche, welche wir noch haben, weniger um die Vergangenheit. Adam schmiedete Pläne und Ziele, die er noch in seinem Leben erreichen wollte, und rührte mich so manches Mal. Die Aussage der Pflegekräfte zur Thematik Krieg erwies sich jedoch als weniger wahr: Es mag sein, dass Adam sich nicht auf Deutsch über den Krieg und seine Erfahrungen unterhalten mochte. Dies traf jedoch nicht auf das Erzählen in polnischer Sprache zu. Bereits bei unserem zweiten, meist polnischsprachigen Treffen sprach er das Thema von sich aus an. Er erzählte viel aus der Kriegszeit, sowohl von schönen als auch traumatischen

---

[6]Der Name wurde geändert.

Erlebnissen. Die Geschichten beschrieb er detailliert und in langen Ausführungen. Er verwendete lange Satzstrukturen, unterschiedlichste Wörter und nannte ebenfalls Namen. Letzteres nahm ich zum Anlass, nach dem Wahrheitsgehalt der Geschichten zu recherchieren. Es erstaunte mich, als ich die Personen im Internet wiederentdeckte und somit wusste, dass zumindest ein Teil der Geschichten der Wahrheit entsprach. Adam teilte in dieser Zeit nicht nur viele Erlebnisse, sondern ebenfalls viele Emotionen mit mir. Für mich fühlte es sich so an, als er ob er lange darauf gewartet hatte, diese Erfahrungen mit jemandem teilen zu können, ja, die Last dieser Ereignisse zu teilen. Während ich ihn erzählen ließ und lediglich selten nach weiteren Informationen fragte, um ihn die Tiefe der Gespräche bestimmen zu lassen, baute sich zwischen uns beiden ein Vertrauen auf, welches bis zuletzt bestand.

In dieser Phase sprachen wir meist Polnisch. Es gab jedoch auch immer mal wieder deutschsprachige Tage. Die Gesprächsthemen wurden überwiegend von Adam bestimmt. Er führte die Gespräche und die Richtung, in welche sie gingen. Zudem übernahm er den größten Gesprächsanteil. Unsere Gespräche dauerten zu dieser Zeit bis zu zwei Stunden. Er war sowohl in der deutschen als auch der polnischen Grammatik sicher und zeigte in beiden Sprachen einen reichen Wortschatz.

Gespräche im zweiten Jahr: Sprachliche Sicherheit durch vertraute Themen

Im Laufe der Zeit haben sich unsere Gespräche verändert. Die Thematik Krieg rückte an den Rand und die Themen Familie und das Alltagsgeschehen rückten in den Fokus nahezu aller Treffen. Die Tiefe der Unterhaltungen wurde weniger abstrakt.

Unsere Gespräche waren häufig mit Objekten aus seinem Zimmer verbunden. Die äußeren Anreize boten uns Themen, welche wir veranschaulichen und somit besser aufgreifen konnten. Wir schauten uns gemeinsam Bücher über Automobile und Polen an und verbanden diese mit unserem Leben. Wo sind wir bereits gewesen, und wo möchten wir gerne einmal hin? Im Gegensatz zum ersten Jahr hat Adam auf diese Fragen nur noch selten eine Antwort. Ein Reiseziel hatte er jedoch noch: Kanada, sein Land der Träume! Dort sollten wir einmal gemeinsam hinreisen! Auch in dieser Phase schmiedete er also noch Zukunftspläne, die wir besprachen. Es gab jedoch auch Tage, an denen Adam wieder die Person aus dem ersten Jahr war, an denen er von früheren positiven Erlebnissen aus seiner Adoleszenz erzählte und wir Bilder von seiner Familie ansahen. An diesen Tagen erinnerte er sich besonders gern an seine Zeit als Bereiter zurück und nannte Namen von Höfen und Pferden, welche er besonders geschätzt hatte.

Die Sprache unserer Unterhaltungen war immer noch überwiegend Polnisch. Jedoch kam es häufig zu deutschsprachigen Tagen oder zu Sprachmischungen. Wenn Adam auf Deutsch sprach und ich auf Polnisch antwortete, ging er mit der Zeit ebenfalls ins Polnische über. Seine Sätze sind kürzer und weniger inhaltsreich geworden. Er entwickelte jedoch eine Strategie, welche die entstandenen Lücken in seinen Geschichten überdeckten. Er leitete zwar immer noch das Gespräch, befragte mich aber so, dass ich deutlich mehr Gesprächsanteil als im ersten Jahr hatte. Zudem hat unsere Gesprächsdauer abgenommen. Adam ermüdete schneller, sodass wir uns nur noch ca. eine Stunde trafen.

Gespräche im dritten Jahr: Lichtblicke im fortgeschrittenen Rückgang des aktiven Gesprächsverhaltens

Die Tiefe unserer Gespräche hat stark abgenommen. Im Fokus der Gespräche stand die Thematik Familie, die Adam sehr vertraut und von Beginn an sehr wichtig war.

Anders als zu Beginn behandelten die Gespräche keine Zukunftspläne oder unsere Vergangenheit mehr. Die entwickelte Strategie zur Verdeckung der inhaltlichen Lücken bewahrte sich. Die Gespräche verliefen eher wie ein Frage-Antwort-Spiel, welches von Adam geleitet wurde. Größtenteils befragte er mich zu meiner Familie. So erkundigte er sich häufig, ob meine Familienmitglieder zu Besuch seien. Es war ihm stets ein großes Bedürfnis, über die derzeitigen Umstände meiner Familie informiert zu sein. Gespräche über seine Familie führten wir nicht mehr. Umso mehr erfreute es mich, wenn Adam mir eine kurze Geschichte aus seinem Berufsleben erzählte oder aber ein komplexes Wort der deutschen Sprache verwendete. So sagte er im letzten Jahr an einem Tag das deutsche Wort „Zeigefinger", was nicht nur mich sehr erfreute, sondern ebenfalls alle Pflegekräfte erstaunte. Die Freude, die er uns an diesem Tag mit der Verwendung dieses Wortes machte, zeigt jedoch ebenfalls, wie stark sein aktives Gesprächsverhalten bereits abgebaut war.

Die Sprache unserer Gespräche wechselte zunehmend. Teils unterhielten wir uns auf Deutsch, teils auf Polnisch. Anders als im zweiten Jahr wechselte Adam die Sprache nicht mehr nach einem anderssprachigen Aktivierungsversuch durch mich. Wenn unser Gespräch auf Deutsch begann, führten wir es komplett auf Deutsch. Leider verstummte Adam zunehmend, was nicht bedeutet, dass wir uns nicht mehr austauschen konnten. Je weniger Adam selbst redete, desto mehr kommunizierten wir über unsere Mimik, besonders die Mimik um die Augen herum rückte in den Vordergrund. Auf diese Art brachten wir uns zum Lachen und zeigten uns unsere Verbundenheit. Das über die Jahre aufgebaute Vertrauen begünstigte meiner Meinung nach diese nonverbale Kommunikation.

Schlusswort: Das Glück der gemeinsamen Zeit

Das Gesprächsverhalten von Adam hat sich in den letzten drei Jahren stark verändert. Die Person, die mir zu Beginn noch lange und inhaltsreiche Geschichten erzählte, verstummte zuletzt zunehmend. Mit der Zeit haben wir jedoch gelernt, uns ohne Worte zu verstehen. Wir haben Vertrauen aufgebaut und konnten dieses einsetzen und weiter vertiefen.

In den letzten Jahren haben wir viel erlebt: Wir haben uns über unsere Erlebnisse ausgetauscht, Pläne für die Zukunft geschmiedet und viel gelacht. In der letzten Zeit schwiegen wir zwar häufig, doch auch das taten wir gemeinsam. Wir verbrachten gemeinsam Zeit und das ist das, was zählt: Gemeinsam!

Während der Entstehung dieses Artikels ist Adam verstorben. Viele glückliche, spannende oder auch ernste Momente werden mir in wertvoller Erinnerung bleiben. Durch Adam habe ich einen anderen Blick auf das Leben, Vergangenes und sogar die sprachwissenschaftliche Forschung erhalten. Ihm und unseren gemeinsamen Erlebnissen widme ich diesen Artikel.

Auseinandersetzung mit Verlust, Tod und Trauer

Dorothea Laszczak

Im Projekt betreute ich zwei Damen, Frau Konrad und Frau Pfeifer[7]. Über ein Jahr lang trafen wir uns regelmäßig, die Gespräche waren teilweise oberflächlich, teilweise gingen sie sehr tief. Jedes Treffen war anders, jedes war besonders.

Tauschen sich zwei Individuen aus, auch über traumatische, glückliche oder wichtige Lebensereignisse, entsteht eine Bindung. Dies kann ich so für mich bestätigen. Der Kontakt war auch daher sehr intensiv, da ich meine Master-Thesis über die Biografie von Frau Konrad und Frau Pfeifer verfasste. Ich wählte dafür die Methode der Biografiearbeit und sorgte für möglichst viele entspannte Gesprächsanlässe. Biografiearbeit gibt Einblicke in wichtige Lebensereignisse, in intime Momente, voller Glück, voller Trauer oder Wut. Mitfühlend hörte ich bei vielen Geschichten zu, war Zeuge von Tränen und Schmerz. Das nahm ich mit nach Hause, versuchte diese Erfahrung in meine Arbeit zu integrieren.

Ich erinnere mich noch gut an das letzte Treffen mit Frau Pfeifer. Bei dem Treffen kam mir nicht der Gedanke, dass es das letzte Mal sein könnte, dass wir uns sehen. Ich versprach ihr, dass ich ihr beim nächsten Mal eine verkürzte

---

[7]Die Namen wurden geändert.

Version meiner Master-Arbeit mitbringen würde, damit sie die wichtigsten Punkte herauslesen kann, die bei unseren gemeinsamen Treffen entstanden sind.

Es war leider eine enttäuschende Erfahrung, dass ich von dem Pflegeheim selbst keine Information erhalten habe, dass Frau Pfeifer fortgegangen ist. Diese Information habe ich durch Dritte erfahren müssen, die auch im Altenheim im Rahmen des Projektes tätig waren. Es wäre ein wichtiger Moment für mich gewesen, wenn ich die Möglichkeit bekommen hätte, bei Frau Pfeifers Beerdigung dabei sein zu können, die Möglichkeit, ein letztes Mal Dankeschön für die interessanten und sehr persönlichen Momente auszudrücken und Frau Pfeifer zu verabschieden.

Als ich daraufhin das Pflegeheim um Informationen bat, wo denn Frau Pfeifer beerdigt worden ist, habe ich diese leider nicht erhalten können, sie wussten es wohl selbst nicht. So fing meine Suche nach Frau Pfeifers Grab an. Ich erinnerte mich, wie sie in einer Erzählung erwähnte, dass sie, als sie noch mobil war, oft zur katholischen Messe nach Solingen fuhr. Das war ein erster Ansatz, um nach mehr Informationen zu suchen. Ich suchte alle katholischen Kirchen und Friedhöfe in Solingen zusammen und rief alle nacheinander an.

Der Nachname Pfeifer fiel und eine Dame am Telefon erwähnte, dass vor kurzem eine Dame dieses Namens auf dem Friedhof beerdigt worden ist. Sie gab mir die Adresse durch und die Grabnummer. Ich fuhr am nächsten Tag dorthin. Ich erinnere mich, wie emotional ich an das Thema heranging und voller Erwartungen war, dass ich bei der Suche erfolgreich sein werde. Mir war es wichtig, an Frau Pfeifers Grab eine Kerze anzuzünden und ihr einige Worte von mir zu sagen und für ihren Frieden zu beten, ich wusste genau, wie viele schrecklichen Ereignisse sie im Leben erleben musste – das hatte ich in den vielen Gesprächen mit ihr mehr als einmal erfahren. Als ich auf dem Friedhof ankam – es war ein sonniger und heißer Tag – machte ich mich auf die Suche. Die Enttäuschung war groß, als ich an Feld D, Reihe 6, Nr. 3 stand, das war die Grabnummer, welche mir mitgeteilt worden ist, und nicht den Vor- und Nachnamen von Frau Pfeifer gelesen habe. Ich sah die benachbarten Gräber an und wurde auch nicht fündig. In der nächsten Reihe sah ich ein Grab mit einem unbeschrifteten Grabstein. Vielleicht war dies das Grab von Frau Pfeifer, ich wollte es so gerne glauben. Ich verbrachte über eine Stunde auf dem Friedhof, doch ihr Vor- und Nachname war nicht zu sehen. So zündete ich eine Kerze an einem großen Kreuz mitten auf dem Friedhof an und sagte in Gedanken einige Worte zu Frau Pfeifer und ging.

Gerne möchte ich an dieser Stelle erwähnen, wie wichtig es für das Projekt und die zukünftigen Teilnehmer wäre, dass diese in solchen Situationen wenn irgend möglich informiert werden und so die Möglichkeit zum Abschied bekommen. Es können so tiefe und bedeutende Verbindungen im Projekt entstehen, dass es eine schmerzhafte Erfahrung mit sich bringen kann, falls diese Möglichkeit fehlt.

Da ich einige Tage nach der misslungenen Suche nach dem Grab ins Ausland gezogen bin, kam ich leider nicht mehr dazu, mich weiter mit der Suche zu beschäftigen.

Noch bis heute denke ich regelmäßig an Frau Pfeifer und hoffe, dass meine Besuche ihr die Möglichkeit gegeben haben, einige der Ereignisse zu verarbeiten und auf diese Weise loszulassen. Das ist ein wichtiger Gedanke, der dieses Projekt für mich bedeutsam macht.

Wahrheit oder Lüge? Über den Umgang mit Erzählungen eines Demenzerkrankten

Aldona Rzitki

Die Sprache ist das komplexeste Zeichensystem, das es gibt. Trotzdem kommunizieren wir ohne große Mühe erfolgreich miteinander. Die meisten Situationen meistern wir intuitiv. Doch was wäre, wenn man von einer Krankheit betroffen ist, die uns vergessen lässt, wie verschiedene Handlungsabläufe funktionieren? Genau dies verursacht Demenz. Demenziell veränderte Menschen sind je nach Grad der Krankheit eingeschränkt und können in vielen Fällen auch nicht mehr erfolgreich kommunizieren. So können sich Gespräche und damit das Aufbauen einer Beziehung mit betroffenen Personen schwierig gestalten. Das krankheitsbedingte Verhalten der Betroffenen kann man nicht verändern, so liegt es an den Bezugspersonen der Erkrankten, ihr Kommunikationsverhalten zu reflektieren und anzupassen, um positive Beziehungen zu ermöglichen und das Wohlbefinden erkrankter Personen nicht zu gefährden. Mit diesem Kommunikationsverhalten für das Etablieren einer positiven Beziehung setzt sich dieser Beitrag auseinander.

Identität

Ganz allgemein kann man sagen, dass sich alle Personen voneinander unterscheiden. Der Sozialpsychologe Tom Kitwood zählt einige Dimensionen dieser Unterschiede auf und nennt die Kultur, das Alter, das Geschlecht, die Lebensweise und einige weitere Aspekte. Für ihn ist die persönliche Geschichte des Individuums von Bedeutung: „Jeder Mensch ist an den inneren Ort, an dem er sich gegenwärtig befindet, auf einem nur ihm eigenen Weg gelangt, und jede Situation an diesem Weg hat dabei ihre Spuren hinterlassen." (Kitwood, 2016, S. 41)

Für die Interaktion mit Demenzerkrankten ist es von großer Bedeutung, ihre Individualität anzuerkennen und ungeachtet ihrer geistigen Fähigkeit nicht zu vergessen, dass sie eine eigene Geschichte haben, die sie zu dem Individuum gemacht hat, das sie heute sind, auch wenn sie sich durch die fortgeschrittene Demenz selbst nicht mehr an Teile ihrer Vergangenheit erinnern können, die sie geprägt haben. Kitwood betont, dass jeder Mensch unabhängig seiner geistigen Fähigkeiten als eine Person anerkannt werden sollte.

Die jedem Menschen inhärente Rolle ist als Teil der eigenen Identität zu verstehen. Dabei definiert Kitwood diese wie folgt:

> „Eine Identität zu haben, bedeutet zu wissen, wer man ist, im Erkennen und im Fühlen. Es bedeutet, ein Gefühl der Kontinuität mit der Vergangenheit und demnach eine ‚Geschichte‘, etwas, das man anderen präsentieren kann, zu haben. Es umfasst außerdem das Schaffen einer Art roten Fadens durch die verschiedenen Rollen und Kontexte des gegenwärtigen Lebens." (Kitwood, 2016, S. 148 f.)

Eine Identität zu haben bedeutet also, dass man eine Vergangenheit hat, die man seinem Gesprächspartner präsentieren kann. Dies zählt nach Kitwood zu einem der Grundbedürfnisse, da man dadurch eine Bestätigung seiner selbst erfahren kann (vgl. ebd.). Folglich wird den Interaktant/innen, die sich um das Erfüllen der Grundbedürfnisse bemühen, positiv gegenübergetreten. Dies kann als Grundgerüst für die Konstitution einer positiven Beziehung verstanden werden.

Gesprächsrollen

Im Laufe seines Lebens sind jedem Menschen diverse Rollen inhärent. Auch viele gesprächsanalytische Ansätze operieren mit diesem aus der Soziologie stammenden Begriff der *Rolle*. Man kann ihn im Sinne von „Gesprächsrollen" interpretieren, die flexibel zwischen den Gesprächspartner/innen ausgehandelt werden (Meer & Pick, 2019, S. 36).

Im Pflegeheim stattfindende Gespräche zwischen demenziell veränderten Menschen und ihren Pfleger/innen unterliegen allerdings anderen interaktionalen Rahmenbedingungen, da Altenheime als eine Institution aufgefasst werden.

> „Institutionen sollen hier mit Ehlich & Rehbein (1977) verstanden werden als gesellschaftliche Apparate, die auf der Grundlage fester Regeln und mithilfe von ausgebildetem Personal je spezifische gesellschaftliche Zwecke erfüllen [...]." (Becker-Mrotzek, 2009, S. 71)

So gehört auch die Kommunikation der dem Pflegeheim inhärenten Interaktant/innen der Institutionalität an (Becker-Mrotzek, 2009, S. 71). Nach Svenja

Sachweh sind Pflegeheime vor allem durch ein stabiles Organisationsmuster charakterisierbar (2000, S. 18). Dabei wird jeder Person eine Rolle zugeordnet (Meer & Pick, 2019, S. 36). In Pflegeheimen gibt es eine starke Hierarchisierung der Interaktant/innen mit einem ausgeprägten Machtgefälle (Sachweh 2000, S. 18). Dies hat zur Folge, dass die Interaktant/innen sich in bestimmten Rollen gegenübertreten, die von einer Asymmetrie geprägt sind (vgl. hierfür die Ausführungen von Karl in Teil I dieses Bandes). Im Pflegeheim würden sich die Gesprächspartner/innen in der Rolle eines Pflegenden und der Rolle der Bewohner/innen wiederfinden. Diese Zuordnung könnte die Handlungsmöglichkeiten der Interaktant/innen vorbestimmen (Becker-Mrotzek, 2009, S. 71), denn mit der Einnahme einer solchen Rolle gehen auch immer Rechte und Pflichten einher. Vor allem für die Kommunikation bedeutet dies, dass sie den Zielen und Zwecken der Institution unterliegt (Sachweh, 2000, S. 75). Diese gibt einen Rahmen vor, in dem sich die Beziehung der Interaktant/innen konstituieren kann (Becker-Mrotzek, 2009, S. 75).

Um Gesprächsrollen aushandeln zu können, müssen mindestens zwei Interaktant/innen in Kontakt treten und miteinander kommunizieren. Dieser Aushandlungsprozess besteht aus zwei Teilen. Denn es wird gezeigt, wie man seine eigene Gesprächsrolle sowie die des Gesprächspartners versteht (Becker-Mrotzek, 2009, S. 75).

Symmetrie

Nach Sachweh (2003; S. 145 f.) und Posenau (2014, S. 29 f.) können Asymmetrien hinsichtlich des Alters, der physischen und psychischen Fähigkeiten sowie des Wissensstandes, institutioneller Macht, der Mobilität oder der Einschränkung der Bezugsgruppen und schließlich der Abhängigkeit vorliegen (vgl. hierfür Karl „Pflegekommunikation und Morgenpflege" in Teil I in diesem Buch). Trotzdem gibt es Möglichkeiten, sich einer kommunikativen Symmetrie anzunähern. Nach Sachweh kann man dies mithilfe von verschiedenen Strategien erreichen: Beispielsweise sollte man darauf achten, nicht nur Fragen zu stellen, sondern hin und wieder auch etwas über sich selbst zu erzählen. Vor allem sollte man auch Fragen beantworten, die einem gestellt werden.

Man kann eine positive Beziehungsbotschaft aber auch senden, indem man die Betroffenen um Rat fragt, um Hilfe bittet oder sich nach ihrer Meinung erkundigt. So erleben sie sich nicht nur als Empfänger von Unterstützung, sodass ihr Selbstwertgefühl gestärkt wird (Sachweh, 2019, S. 178).

Wenn sich innerhalb einer Unterhaltung die kognitiven Einschränkungen der von Demenz betroffenen Personen zeigen, kann man die Symmetrie wiederherstellen, indem man eigene Fehler thematisiert. Diese müssen nicht immer der Wahrheit entsprechen. So schlägt Sachweh zum Beispiel vor, seine eigenen Fähigkeiten zu relativieren. Diese Strategie wirkt sich nicht nur positiv auf die Erkrankten aus, sondern stabilisiert auch die Beziehung zu ihnen (Sachweh, 2019, S. 178). Asymmetrie kann eine positive Beziehung gefährden. Daher ist es wichtig, sich der verschiedenen Rollen der Interaktant/innen bewusst zu sein und sich um symmetrische Rollen zu bemühen.

Das Image

Man kann schlussfolgern, dass Identitätsarbeit gleichzeitig ein Teil der Beziehungsarbeit ist, denn diese wird bei der Identitätsarbeit mit jeder Äußerung in der Interaktion vollzogen. Das soziologische Konzept Goffmans (die Image-Theorie) beschreibt diesen Prozess:

> „Der Terminus Image kann als der positive soziale Wert definiert werden, den man für sich durch die Verhaltensstrategien erwirbt, von der die anderen annehmen, man verfolge sie in einer bestimmten Interaktion. Image ist ein in Termini sozial anerkannter Eigenschaften umschriebenes Selbstbild – ein Bild, das die anderen übernehmen können." (Goffman, 1999, S. 10)

So gibt es auch bei Goffman während der Interaktion die Aufgabe, ein Bild von sich selbst zu vermitteln und sich um das des Anderen zu bemühen. Da Goffman die Aufrechterhaltung des Images nicht als Ziel sieht, sondern als eine Bedingung der Interaktion, führt dies dazu, dass es für die Gesprächsteilnehmer/innen wie auch bei Becker-Mrotzek zwei Orientierungen gibt. Bei Goffman liegt der Schwerpunkt darin, das Image zu wahren. Er spricht von einer defensiven Orientierung, bei der die Interaktant/innen ihr eigenes Image wahren, und von einer protektiven, bei der es darum geht, das Gesicht des anderen zu wahren (Goffman 1999, S. 19). Dies ist für die Kommunikation mit Demenzerkrankten eine wichtige Erkenntnis, da der angemessene Umgang mit betroffenen Personen beinhaltet, ihre kognitiven Probleme während der Kommunikation abzufedern. Dafür hat Sachweh Strategien erarbeitet, die genau dieses von Goffman beschriebene protektive Verhalten umsetzen.

Für Sachweh kann die Interaktion mit Pflegebedürftigen gesichtsbedrohend oder gesichtsschonend realisiert werden. Dabei stützt sie sich auf Theorien von Brown und Levinson (1987), die die Face-threatening acts (FTAs) einführen (Posenau, 2014, S. 43). Darunter verstehen sie:

„Kommunikative Bezugnahmen […], die entweder das „positive face" (das Selbstbild des Interaktanten) bedrohen oder das „negative face" (seinen Anspruch auf Selbstbestimmung des eigenen Handelns, auf Ungestörtheit und auf die Unverletztheit des eigenen Territoriums) (ebd., 61) in negativer Weise tangieren." (Posenau, 2014, S. 43)

Gesichtsschonende Strategien versuchen diese negativen kommunikativen Bezugnahmen abzuschwächen oder zu vermeiden. Dies ist wichtig, um die kommunikative Asymmetrie bei der Kommunikation auszugleichen und so eine positive Beziehung zu konstituieren.

Protektive Strategien am Beispiel der Konfabulation

In den vorherigen Kapiteln wurde bereits ausgeführt, dass das Erzählen über die eigene Identität ein Grundbedürfnis ist. Von Demenz betroffene Personen haben spätestens im mittelschweren Stadium stark ausgeprägte kognitive Störungen, wodurch auch das Altgedächtnis anfängt zu verblassen. So fallen einige der ihnen vorher inhärenten Rollen weg. Sie vergessen je nach Krankheitsgrad Teile ihrer eigenen Geschichte. Wenn man durch solch eine kognitive Einschränkung mehr Erinnerungen abzurufen versucht, als tatsächlich noch vorhanden sind, können sogenannte Konfabulationen entstehen. Darunter können erdachte Aussagen verstanden werden, wie sie auch von meiner Bezugsperson im Projekt UnVergessen produziert werden. Dies illustriert ein Auszug aus meinem Erfahrungsbericht, den ich im Rahmen meiner Projektteilnahme verfasst habe:

Immer wieder bemerkte ich, dass Herr Schimanski[8] mir Dinge über sich selbst erzählte, die nicht stimmen. Hierbei gibt es zwei Arten von falschen Aussagen. Die einen sind flüchtig und werden nicht erneut erwähnt. Zumeist entstehen sie aus der Situation heraus. Als wir bei einem Treffen beispielsweise über Politik sprachen, erwähnte Herr Schimanski, dass Angela Merkel mit ihm verwandt sei. Andere Aussagen hingegen tauchen in Gesprächen immer wieder auf. Zum Beispiel erwähnte Herr Schimanski oft selbstständig die Themen Fußball und Heimat und erzählte dabei, dass Oliver Kahn sein Cousin sei, anschließend berichtete er, dass Kahn in seinem Dorf in seiner Straße gewohnt habe und führte seine Geschichte weiter aus. Die erfundenen Details stimmten bei jedem Treffen überein.

Meine Erklärung für ein solches Gesprächsverhalten ist, dass Herr Schimanski durch das Verblassen seiner Erinnerungen einen Teil seiner Identität verloren hat, sodass er seinem Gegenüber immer weniger zu präsentieren hat. Da er aber etwas zu erzählen haben möchte, überlegt er sich neue Geschichten. Da Identität in diesem Sinne nicht nur das eigene Verständnis über einen selbst, sondern bis zu

---

[8]Der Name wurde geändert.

einem gewissen Grad auch etwas ist, das einem von anderen verliehen wird, sorgt Herr Schimanski dafür, ein alternatives Selbstbild zu erzeugen, damit eine neue Identität entstehen kann. Er versucht, sein Selbstbild mit diesen Konfabulationen auszugestalten, um Anerkennung von seinem Gegenüber zu bekommen.

Man könnte nun auf viele Arten auf diese erdachten Geschichten reagieren. Man könnte die Konfabulation als Lüge darstellen und Herrn Schimanski damit konfrontieren. Dies wäre aber eine gesichtsbedrohende Strategie. Um also an dieser Stelle richtig zu reagieren, muss man sich das Ziel der Unterhaltung vor Augen führen. Es geht nicht darum, Fakten abzustecken. Ich kommuniziere mit Herrn Schimanski, um sein Wohlbefinden zu verbessern und eine positive Beziehung zu konstituieren. Dies erreiche ich eher, wenn ich die Bedürfnisse des Anderen erfülle. In diesem Fall ist es das Bedürfnis nach Anerkennung. Ich entscheide mich also für die gesichtsschonende Strategie, indem ich vorgebe, ihm zu glauben. An dieser Stelle muss erwähnt werden, dass dies im Grunde eine Lüge ist.

Deshalb möchte ich diesen auf den ersten Blick unethisch anmutenden Aspekt meines Handelns beleuchten. Sachweh benutzt die Terminologie der „Notlüge". Nach *Wahrig Deutsches Wörterbuch* wird dieser Terminus definiert als „eine Lüge aus Höflichkeit, um den anderen nicht zu kränken" (Sachweh, 2019, S. 366). Demnach kann das Mitspielen bei einer Konfabulation als gesichtsschonende Strategie angesehen werden, die das Bedürfnis nach Anerkennung befriedigt. Für Sachweh gehört zu einem angemessenen Umgang mit demenzerkrankten Personen, „ihre subjektive Realität und ihr Selbstbild zu akzeptieren und zu bestätigen [...]" (Sachweh, 2019, S. 175).

Außerdem gibt es noch einen weiteren Grund für eine solche Reaktion. Man kann nicht wissen, ob Herr Schimanski sich seiner Falschaussagen bewusst ist. Aufgrund seiner kognitiven Einschränkungen könnte es sein, dass er seine Konfabulation selbst glaubt. Sachweh schreibt dazu:

> „Streng genommen bedeutet das also, dass man einem [...] dementiell [...] Erkrankten [...] ganz in seine Welt folgt und versucht, ihm dort zu begegnen, ohne ihn wieder in unsere Realität zerren zu wollen. Eine Notlüge zu verwenden heißt letztlich, die jetzt und hier geäußerten Erfahrungen, Gefühle, Bedürfnisse und Denkweisen von Menschen mit Demenz ernst zu nehmen und respekt- und würdevolle Wege zu beschreiten, um emotional angemessen auf sie zu reagieren. Es bedeutet nötigenfalls auch, die eigenen Vorstellungen von „richtig" und „falsch" je nach Situation zurückzustellen." (Sachweh, 2019, S. 367)

Auf die Erzählungen des Anderen einzugehen kann also durchaus seine Berechtigung haben. Sachweh ist aber der Meinung, dass Notlügen nur dann angewendet werden sollten, wenn sie zum Besten des Erkrankten sind (Sachweh, 2019, S.

375). Man sollte nicht nur lügen, um es sich einfacher zu machen. Es ist also immer der Kontext der Lüge entscheidend (Sachweh, 2019, S. 380). Außerdem gibt Sachweh zu bedenken, dass man die Lüge authentisch vermitteln muss. Wenn dies nämlich nicht der Fall ist und die Lüge als solche erkannt wird, könnte das einen konträren Effekt erzielen, indem es für Misstrauen sorgt und der Beziehung schadet (Sachweh, 2019, S. 382). Es soll nicht unerwähnt bleiben, dass es auch Gegner von Lügen in der Interaktion mit Demenzerkrankten gibt. Allerdings bin ich der Ansicht, dass Notlügen in dieser speziellen Kommunikationssituation zu befürworten sind, wenn sie das Gesicht meines Gegenübers wahren und so für sein Wohlbefinden sorgen.

Mein kleines Fazit

Immer wieder denke ich an Herrn Schimanski und unsere Gespräche zurück. Er erzählte mir viele (im wahrsten Sinne des Wortes) unglaubliche Geschichten und wir führten einige lustige Unterhaltungen. Ich empfand die Treffen als wirkliche Bereicherung.

Das Wort ‚Bereicherung' mag zunächst widersprüchlich klingen, da man sich fragen könnte, warum ausgedachte Erzählungen bereichern sollen. Ich habe aber mittlerweile verstanden, dass der Mehrwert sich dadurch ergibt, dass wir eine schöne gemeinsame Zeit hatten. Ob die Inhalte der Geschichten nun stimmten oder ausgedacht waren, ist letztendlich für unsere Beziehung irrelevant. Viel wichtiger ist es, sich darauf einzulassen und seinem/seiner Gesprächspartner/in die Wertschätzung entgegenzubringen, die er/sie verdient.

Literatur

Becker-Mrotzek, M. (2009). Mündliche Kommunikationskompetenz. In M. Becker-Mrotzek (Hrsg.), *Mündliche Kommunikation und Gesprächsdidaktik* (Bd. 3, S. 66-83). Schneider-Verl. Hohengehren. https://doi.org/10.1515/9783110231724.

Brown, P., & Levinson, S. (1987). *Politeness. Some universals in language usage.* Cambridge University Press.

Csáky, M. (2004). Die Mehrdeutigkeit von Gedächtnis und Erinnerung: Ein kritischer Beitrag zur historischen Gedächtnisforschung. In *Digitales Handbuch zur Geschichte und Kultur Russlands und Osteuropas* (Bd. 9, S. 1–30). https://epub.ub.uni-muenchen.de/603/1/csaky-gedaechtnis.pdf.

Gagarina, N., Klassert, A., & Topaj, N. (2010). Sprachstandstest Russisch für mehrsprachige Kinder. *ZAS Papers in Linguistics, 54,* 4–55.

Goffman, E. (1999). *Interaktionsrituale. Über Verhalten in direkter Kommunikation* (5. Aufl.). Suhrkamp.

Kitwood, T. (2016). *Demenz: Der person-zentrierte Ansatz im Umgang mit verwirrten Menschen* (7. Aufl.). Hogrefe.

Meer, D., & Pick, I. (2019). *Einführung in die Angewandte Linguistik: Gespräche, Texte, Medienformate analysieren.* Springer-Verlag.

Posenau, A. (2014). *Analyse der Kommunikation zwischen dementen Bewohnern und dem Pflegepersonal während der Morgenpflege im Altenheim.* Verlag für Gesprächsforschung.

Sachweh, S. (2000). *"Schätzle, hinsitze!": Kommunikation in der Altenpflege.* Lang.

Sachweh, S. (2003). „so frau adams↓guck mal↓ ein feines bac-spray↓ gut↑: Charakteristische Merkmale der Kommunikation zwischen Pflegepersonal und BewohnerInnen in der Altenpflege. In R. Fiehler, & C. Thimm (Hrsg.), *Sprache und Kommunikation im Alter* (S. 143–160). Verlag für Gesprächsforschung.

Sachweh, S. (2019). *Spurenlesen im Sprachdschungel: Kommunikation und Verständigung mit demenzkranken Menschen.* Hogrefe AG.

Specht-Tomann, M. (2018). *Biografiearbeit in der Gesundheits-, Kranken- und Altenpflege.* Springer. https://doi.org/10.1007/978-3-662-54393-1.

Stephan, A. (2004). Erinnertes Leben: Autobiographien, Memoiren und Oral-History-Interviews als historische Quellen. In *Digitales Handbuch zur Geschichte und Kultur Russlands und Osteuropas* (Bd. 7, S. 1–30). https://epub.ub.uni-muenchen.de/627/1/Stephan-Selbstzeugnisse.pdf.

Tschiggerl, M., Walach, T., & Zahlmann, S. (2019). *Geschichtstheorie. Springer.* https://doi.org/10.1007/978-3-658-22882-8.

Teil V: Forschungseinblicke in studentische Arbeiten

Katrin Bente Karl und Studierende

Dieser Teil des Bandes liefert Einblicke in Forschungsarbeiten von studentischen Teilnehmerinnen, die im Zusammenhang mit dem Projekt UnVergessen entstanden sind. Dabei handelt es sich sowohl um Forschungsberichte, die Teil der Projektteilnahme sind als auch um vertiefende Abhandlungen, die aus entsprechend thematisch ausgerichteten Qualifizierungsarbeiten hervorgegangen sind.

Einleitung

Katrin Bente Karl

Durch die Verankerung an der Universität und die begleitende Rahmung durch universitäre Seminare ist neben den sozialen Zielen eine parallele wissenschaftliche Betrachtung des Themenkomplexes rund um Mehrsprachigkeit im Pflegeheim fester Bestandteil von UnVergessen. Wie bereits im dritten Teil des Bandes ausgeführt, durchläuft auch die wissenschaftliche Fokussierung eine Entwicklung. Wo diese zu Beginn des Projektes erst in Ansätzen verfolgt wurde, nahm sie mit der Förderung durch inSTUDIES[PLUS] einen Schwerpunkt im Projekt ein, der bis heute beibehalten und sogar noch vertieft wurde. Die mit der Förderung verbundene und bis heute gebliebene stärkere Öffnung des Projektes für studentische Teilnehmer/innen unterschiedlicher Studienphasen und -gänge führte

K. B. Karl und Studierende (✉)
Seminar für Slavistik/Lotman-Institut, Ruhr-Universität Bochum, Bochum, Deutschland
E-Mail: katrin.karl@rub.de

© Der/die Autor(en) 2021

K. B. Karl (Hrsg.), *Mehrsprachige Pflegebedürftige in deutschen Pflegeheimen und das Projekt UnVergessen,*
https://doi.org/10.1007/978-3-658-33868-8_6

zu einer größeren Vielfalt an Interessen, Vorkenntnissen und auch mitgebrachten methodischen Kompetenzen, was wiederum zu einer verstärkten Möglichkeit
führte, wissenschaftlichen Fragestellungen nachzugehen. Dabei entstehen zweierlei Forschungsarbeiten im Umfeld des Projektes: Zum einen ist die Ausarbeitung
einer wissenschaftlichen Fragestellung und deren bestmögliche, meist empirische Umsetzung, Auswertung und Interpretation Teil der zweiten Projekthälfte.
Zum Abschluss der Teilnahme soll darauf basierend ein Forschungsbericht ein-
gereicht werden, der diese Arbeit dokumentiert. Zum anderen sind aus der
Teilnahme am Projekt heraus weiterführende Arbeiten entstanden: Ehemalige
Teilnehmer/innen entwickelten durch die Erfahrungen im Projekt ein tieferes
Interesse an der Thematik und widmeten dieser ihre Abschlussarbeiten. So sind
bislang drei Bachelor-Arbeiten und zwei Masterarbeiten aus UnVergessen hervorgegangen, eine Dissertation zu diesem Themenbereich ist im Entstehen. Welche
wissenschaftlichen Potenziale in der Projektkonzeption liegen, wurde bereits weiter oben dargestellt (vgl. Karl in diesem Band „Das wissenschaftliche Potenzial
des Projektes"). An dieser Stelle sollen nun vier studentische Fragestellungen
als konkrete Beispiele für die Entwicklung des jeweiligen Forschungsinteresses,
Wahl der Methode und Skizze der entsprechenden Auswertungsmöglichkeiten
angeführt werden. Alle vier Arbeiten konzentrieren sich auf unterschiedliche
Facetten der Testung oder auch Beschreibung der Interaktion mit Menschen mit
Demenz und decken dabei die russische und polnische Sprache ab. Ich möchte
im Vorfeld darauf hinweisen, dass diese Ausführungen nicht als umfassende wissenschaftliche Ausarbeitung des jeweiligen Aspektes zu betrachten sind, sondern
dazu konzipiert sind, Einblicke in den laufenden wissenschaftlichen Prozess zu
liefern. Zu diesem Zweck werden unterschiedliche Stationen der wissenschaftlichen Vorgehensweise thematisiert und dabei ein besonderes Augenmerk auf
die Herausforderungen gelegt, die mit der speziellen Thematik bzw. gewählten
Vorgehensweise einhergehen. Es liegt uns besonders am Herzen, dass nicht auf
nüchterne Weise wissenschaftliche Erkenntnisse vermittelt werden, sondern jeder
Ausführung eine bestimmte Botschaft innewohnt, die nach außen als Zeichen dessen gesendet werden soll, dass es zahlreiche Ansätze gibt, mit Menschen mit
Demenz in eine positive Beziehung zu treten. Auch hier zieht sich also ein kon-
struktiver und gerade nicht defizitorientierter Ansatz durch, der als Anregung für
den Umgang mit Menschen mit Demenz angesehen werden soll. Dieser Ansatz
knüpft an den letzten Erfahrungsbericht im vorherigen Kapitel an. Passenderweise
bildet dieselbe Autorin den Auftakt: Aldona Rzitki beschreibt die besonderen Herausforderungen, die sich bei der Testung von Menschen mit Demenz ergeben und
lässt uns an ihren Überlegungen und der Entwicklung einer Pilotstudie teilhaben.
Die anschließenden Ausführungen von Yvonne Behrens fokussieren ebenfalls die

Problematik der Testung und zeigen, wie mithilfe einer spielerischen Herangehensweise erfolgreich Daten gesammelt werden und zugleich die Testpersonen
eine entspannte, abwechslungsreiche und angenehme Gesprächssituation genießen
können.

Im dritten Beitrag untersucht Natalja Friesen die besondere Kommunikationssituation eines russischsprachigen, an Demenz erkrankten Mannes, der in einem
deutschsprachigen Pflegeheim lebt. Sie fokussiert sich dabei vor allem auf die
Frage, wie die Interaktion zwischen ihm und seinen deutschsprachigen Pflegekräften zu beschreiben ist und schlägt damit einen Bogen zu den Ausführungen im
zweiten Teil dieses Buches (vgl. Karl in diesem Band „Was bedeutet Pflegebedürftigkeit für Mehrsprachige?"). Im letzten Artikel von Erika Erhardt tritt eine bereits
bekannte Person wieder auf. Wir treffen Frau Schneider wieder: eine russischsprachige demenziell veränderte Person, die seit mehreren Jahren von UnVergessen
begleitet wird. Hier zeigt Erika Erhardt, wie es ihr gelungen ist, eine schein-
bar verstummende Frau mithilfe einer Nacherzählungsaufgabe zum Sprechen zu
bringen.

Diese vier Ausführungen bieten Einblicke in die Möglichkeit, die Erfahrungen,
die aus der Projektteilnahme entstehen, wissenschaftlich aufzuarbeiten und in entsprechende Fragestellungen, Methoden und Erkenntnisse zu überführen. Einige
der eingesetzten Methoden überschneiden sich dabei und konnten so bereits in
unterschiedlichen Konstellationen – hier jedoch immer mit demenziell veränderten Menschen – eingesetzt und erprobt werden. So wächst durch die einzelnen
studentischen Arbeiten das Methodenrepertoire und die Erfahrung, welche der
Methoden in dieser besonderen Testsituation von Menschen mit Demenz sich
bewähren und welche evtl. auch nicht. Als besonders vielversprechend zeigt
sich dabei der Einsatz der Nacherzählung einer Bildergeschichte. Diese Methode
ist bereits in linguistischen Arbeiten vielfach eingesetzt worden und hat auf
unterschiedliche Probandengruppen Anwendung gefunden, eine Übertragung auf
Demenzerkrankte ist daher naheliegend (und auch in einigen Studien bereits
durchgeführt worden, vgl. hierfür z. B. Ash et al. (2013) und die frühen Studien von Hier et al. (1985) oder Nicholas et al. (1985)). Dabei zeigte sich jedoch
im Laufe einiger studentischer Arbeiten, dass sich nicht jede Bildgeschichte als
Grundlage gleichermaßen gut eignet. Sie sollte weder zu kurz (wir versuchten
es mit lediglich zwei Bildern) noch zu undeutlich gezeichnet sein (wir wählten in einem Projektdurchlauf die Geschichte „Der Sturz ins Tulpenbeet", die
jedoch von vielen der Proband/innen nicht gut genug visuell verarbeitet werden
konnte). Letztlich wählten wir die MAIN-Bildergeschichten, die von Gagarina
und Kolleg/innen (2012, 2019) für den Einsatz der Testung von bilingualen Kindern entwickelt wurden und pilotierten diese für die Testung von Menschen mit

Demenz. Einblicke in die Ergebnisse dazu finden sich in den Ausführungen von Rzitki und Erhardt, eine kürzlich entstandene Masterarbeit (Friesen, 2020) widmete sich zudem der genaueren Darstellung dieser Methode. Hier scheint ein fruchtbarer methodischer Ansatz gefunden zu sein, dem es nun in weiteren Arbeiten nachzugehen gilt. Und genau in diesem Gedanken liegt der Sinn der folgenden Darstellungen: Sie sollen Anreize schaffen, sich mit der Thematik wissenschaftlich auseinanderzusetzen und dabei nicht die Herausforderungen und das besondere Feingefühl bei der Testung von Menschen mit Demenz aus dem Blick zu verlieren. Damit möchten wir skizzieren, wie eine Forschung aussehen kann, die soziale Aspekte verinnerlicht hat.

Über das Erheben empirischer Sprachdaten bei älteren Menschen – Einblicke in Problematiken und deren Lösungsansätze

Aldona Rzitki

Liest man von wissenschaftlichen Methoden und Auswertungen, stellt man sich schnell Personen vor, die mit weißen Kitteln und Schutzbrillen durch sterile Labore laufen. Dies ist jedoch nur ein Teil der Wissenschaft. In der Realität ist sie vielseitiger, denn die Wissenschaft kann auch fernab von Laboren betrieben werden und dabei ohne Reagenzgläser und Chemikalien auskommen. Sie kann sogar auf etwas sehr Elementarem basieren, das in der Regel ohne größere Hilfsmittel durchführbar ist: auf Gesprächen und Erzählungen.

In diesem Beitrag wird es darum gehen, vorzustellen, wie ich empirische Daten für eine wissenschaftliche Pilotstudie im Bereich der Linguistik eingeholt habe. Die für die Pilotierung rekrutierten Probandinnen sind älter als 65 Jahre alt, monolingual und weiblich. Inwiefern dies mein empirisches Vorgehen prägt und im Vergleich zu Testungen anderer Probandengruppen andersartig macht, möchte ich mit diesem Beitrag darstellen. Der Fokus liegt dabei nicht auf der Auswertung der Daten oder den Ergebnissen, sondern vielmehr in der Planung und den Details der Erhebung. Diese möchte ich Schritt für Schritt darstellen und damit Einblicke geben in die wissenschaftliche Arbeit und die zugrunde liegenden Überlegungen von Linguist/innen.

Thema

Zu Beginn jeder Studie steht das Forschungsinteresse. Wenn man erst ein grobes Thema hat, für das man sich interessiert, ergeben sich viele Folgeüberlegungen, die es zu berücksichtigen gilt. Mein Forschungsinteresse gilt der Sprache älterer Personen mit Demenz. Mit einer Bildnacherzählungsaufgabe möchte ich untersuchen, welche Unterschiede sich in der mündlichen Sprachproduktion auf semantischer Ebene zwischen Demenzerkrankten und altersgleichen, kognitiv gesunden Personen ergeben.

Nachdem ich dieses Forschungsdesign im Groben erstellt und mich in die entsprechende Grundlagen- und methodische Literatur eingelesen hatte, musste ich aber feststellen, dass ich mir gar nicht sicher sein kann, ob die Studie, so wie ich sie mir vorgestellt habe, funktioniert. Das ist nichts Ungewöhnliches, da man bei seiner ersten Planung nicht an jedes Detail denken kann. Deshalb werden sogenannte Pilotstudien durchgeführt, bei denen man sein Studiendesign mit einer kleineren Proband/innen-Anzahl auf die Probe stellen kann. Und so galt auch für meine Arbeit zunächst die Aufgabe, einen Testdurchlauf der Methode umzusetzen. Der Fokus lag dabei darauf zu schauen, ob die Methode dafür geeignet ist, Sprachdaten älterer Menschen zu erheben, die sich auf den linguistischen Bereich der Semantik beziehen. Für diesen Zweck wurden kognitiv gesunde Personen ausgewählt. Dies zum einen aus dem Grund, da bei der Hauptuntersuchung auch dieser Personenkreis betrachtet werden soll und zum anderen aus der pragmatischen Überlegung, dass, wenn die Methode bei kognitiv gesunden Menschen nicht funktioniert, sie aller Voraussicht nach auch nicht bei demenziell Erkrankten umzusetzen ist. Andersherum könnte man diese Prognose nicht mit gleicher Sicherheit formulieren. Das Ziel des Testdurchlaufes liegt darin zu schauen, ob altersgleiche monolinguale und kognitiv gesunde Proband/innen die gestellten Aufgaben grundsätzlich lösen können.

Kognitive Fähigkeiten und kritische Reflektion des des Mini-Mental-Status-Test (MMST)

Da ich mich somit in meinem Testdurchlauf mit kognitiv nicht eingeschränkten Personen beschäftigte, bedarf es zunächst einer Einschätzung des kognitiven Zustandes der Proband/innen. Viele Demenzdiagnosen, die von Hausärzt/innen getroffen werden, beruhen auf dem MMST, der 1975 von Folstein, Folstein und McHugh entwickelt und 1990 von Kessler, Denzler und Markowitsch ins Deutsche übertragen wurde (Meitner, 2019). Der MMST gilt als der in Deutschland am häufigsten angewandte psychometrische Kurztest und soll eine Demenz diagnostizieren. Aus wissenschaftlicher Perspektive sehe ich die Diagnostik einer Demenz durch so einen kurzen Test sehr kritisch, da das fehlerhafte Beantworten der Fragen oder Lösen der Aufgaben auch auf andere Einschränkungen hinweisen kann. Es kann zum Beispiel sein, dass eine fehlende Alphabetisierung durch nicht vorhandenen Unterricht in Kriegszeiten zu einem unbefriedigenden Ergebnis in dem Test führt.

Ich habe mich trotzdem dazu entschieden, den MMST vor der eigentlichen Testung mit meinen Probandinnen durchzuführen, um eine grobe Einschätzung ihrer kognitiven Fähigkeiten zu bekommen. Dazu habe ich aber das eigentliche Bewertungsraster geändert und unterscheide nur zwischen „Konnte die Aufgaben gut bewältigen" und „Konnte die Mehrheit der Fragen nicht beantworten". Hat jemand in der Testung nur wenige Fehler gemacht, so kann nicht von einer ausgeprägten kognitiven Einschränkung gesprochen werden und die Person wurde als Probandin aufgenommen.

Die Rekrutierung der Proband/innen

Bei der Rekrutierung von Proband/innen wird es zum ersten Mal praktisch. Man muss mit Menschen in Kontakt treten. Es ist schwierig Personen zu finden, die bei der Studie mitmachen wollen. Vor allem kann es bei strengen Kriterien, die die Proband/innen erfüllen müssen, sein, dass sich zunächst keine passenden Personen finden lassen. Denn je mehr Charakteristika bzw. Variablen erfüllt werden müssen, desto schwieriger gestaltet sich die Rekrutierung. Das kann schnell frustrierend werden. Man sollte für diesen Teil also durchaus etwas Zeit einplanen.

Für meine Erhebungen fragte ich in einer Einrichtung des betreuten Wohnens nach, ob ich bei einem Treffen der Mieter/innen von meiner Studie erzählen kann. Leider ist es häufig so, dass das Personal Erhebungen gegenüber kritisch eingestellt ist. Das ist zwar durchaus schade, aber gut nachvollziehbar. An vielen Stellen gibt es Personalmangel und eine solche Erhebung bedeutet immer einen gewissen Zeitaufwand. Außerdem haben die Institutionen den Menschen gegenüber auch eine gewisse Verantwortung. Wichtig ist es also, eine klare Forschungsethik und Offenheit an den Tag zu legen und diese auch zu kommunizieren, um kein Misstrauen aufkommen zu lassen.

Nach einem Gespräch mit der Leitung der Einrichtung durfte ich mein Anliegen beim wöchentlichen Kaffeetrinken vortragen. Daraufhin meldeten sich einige Probandinnen bei mir, die mitmachen wollten.

Das Treffen mit den Probandinnen

Nachdem ich meine Probandinnen rekrutiert hatte, vereinbarte ich mit jeder einen individuellen Termin. Für die Validität und Reliabilität der Ergebnisse ist es wichtig, für ein ruhiges und geeignetes Umfeld zu sorgen. In meinem Fall waren die Testungen bei den Probandinnen in ihrem gewohnten Umfeld bei sich zu Hause. Meistens saßen wir am Esstisch oder sogar auf dem Sofa. Das hatte den großen Vorteil, dass die Personen sich wohl fühlten und zu der ungewohnten Situation nicht auch noch ein ungewohntes Umfeld hinzukam. Das nahm merklich die Nervosität der Teilnehmerinnen, was wiederum den Erhebungen zugute kam. Lediglich das Konzentrationsvermögen durch Ablenkungen ist als Problem aufgefallen. Die Teilnehmerinnen erzählten mir zwischendurch viel zu ihrer Wohnungseinrichtung und Bildern oder Ähnlichem. Ich handhabe es so, dass ich die Personen ausschweifen ließ und anschließend wieder versuchte, auf die Testung zurück zu kommen.

Man sollte sich in solchen Situationen immer wieder bewusst machen, dass man mit Menschen arbeitet. Demzufolge sollte man sich stets fragen, wie man selbst die Befragung erleben wollen würde.

Einverständniserklärung und Aufnahmestart

Vor Aufnahmestart bekamen die Probandinnen eine Einverständniserklärung, die sie noch einmal genauer über die Aufnahmesituation sowie den Verwendungszweck der Aufnahmen aufklärte. Auch wurden sie über die Anonymisierung der Aufnahmen aufgeklärt, bei der keine Rückschlüsse auf einzelne Personen oder Institutionen gemacht werden können. Natürlich wurden die Probandinnen auch darüber unterrichtet, dass es zu einer Transkription des Datenmaterials kommen kann, die anonymisiert auch in Publikationen verwendet werden könnte.

Nachdem die Teilnehmerinnen einverstanden und bereit waren, nahm ich das Gespräch mit einem Diktiergerät auf. Ich startete die Aufnahme bewusst schon vor den Testungen, um so eine Eingewöhnungsphase zu haben, da die Testung für viele Personen eine Stresssituation darstellt – nicht zuletzt auch für mich selbst. Meiner Erfahrung nach hat man sich aber nach einer kurzen Zeit daran gewöhnt und fast schon vergessen, dass man aufgenommen wird. So kann das Beobachterparadoxon etwas abgeschwächt werden (Albert & Marx, 2016).

Die Studie an sich sollte immer so gestaltet sein, dass nur das Nötigste abgefragt wird und die Testungen auf die wichtigsten Dinge reduziert werden, da sich die Proband/innen sonst schnell wie in einem Verhör fühlen könnten oder schlichtweg durch zu viele Aufgaben demotiviert werden.

In der Regel wird zusätzlich noch ein Fragebogen ausgehändigt, der die biografischen Daten der Teilnehmenden einholt. In meinem Fall teilte ich diesen nach der eigentlichen Testung aus. Wichtig ist auch hier, dass alle für die Erhebung relevanten Faktoren abgefragt werden. Man sollte sich aber unbedingt darüber Gedanken machen, welche Variablen wirklich benötigt werden, da der Fragebogen möglichst kurz sein sollte.

Verantwortung und Dankbarkeit

Da der Gesprächsbedarf der Personen sehr hoch war, gab es vor den Testungen meist ein ausgiebiges Gespräch über alltägliche Themen. Im Durchschnitt betrug die Dauer der Treffen zwei Stunden. Bei einer Probandin verbrachte ich sogar 4 h. Dies lag aber eher am Redebedarf der Personen und nicht an der Testung. Diese dauerte mit Abzug der individuellen Abschweifungen der Teilnehmerinnen im Schnitt 20 min.

Für mich persönlich ist das Eingehen auf die Person ein sehr wichtiger Punkt, denn von der Bereitschaft der Proband/innen hängt meine Studie ab. Mit den Gesprächen und meinem Interesse an ihrer Person konnte ich ein Stück weit meine Dankbarkeit ausdrücken. Alle Probandinnen freuten sich merklich über meinen Besuch und erzählten mir sehr viel aus ihrem Leben. Am Ende sagten mir alle Teilnehmerinnen, dass sie Spaß hatten und jeder Zeit wieder mitmachen wollen würden.

Bildnacherzählungsaufgabe und abschließende Fragen zur Geschichte

Aber jetzt zur eigentlichen Testung: Ich ließ die Probandinnen eine von Gagarina und Kolleg/innen (2012, 2019) konzipierte Bildergeschichte nacherzählen, die unter dem folgenden Link einsehbar ist: https://www.leibniz-zas.de/de/public ations/schriftenreihe/zaspil/zaspil-56/main-start/

Ursprünglich sind die Bilder für Studien mit Kindern konzipiert worden. Auch für Erwachsene ist – ohne jegliche Wertung – diese Bildergeschichte angemessen, da man davon ausgehen kann, dass alle Beteiligten die abgebildeten Gegenstände und Tiere kennen. So ist der Vergleich unabhängig von dem Bildungsniveau der Teilnehmerinnen gegeben. Gleichzeitig sorgen die ansprechende Gestaltung und kurze Dauer der Geschichte dafür, dass die Konzentration bei der Durchführung konstant bleibt. Gerade wenn man an spätere Testungen mit Demenzerkrankten denkt, wird dieser Faktor noch wichtiger.

Die Probandinnen bekamen eine ausgedruckte Variante der Bildergeschichte, bei der die Abbildungen alle nebeneinander angeordnet sind. Zunächst durften die Teilnehmerinnen die Bildergeschichten, so lange wie sie wollten, anschauen, um zu sehen, ob der Zusammenhang verstanden wird und ob alle Elemente der Bildergeschichte gut zu sehen sind. Dies ist besonders wichtig, da das Sehvermögen einiger älterer Personen eingeschränkt sein könnte. Hätten die Teilnehmerinnen nämlich einzelne Elemente der Geschichte nicht erkennen können, so hätte es die Ergebnisse der Studie verfälschen können.

Nachdem die Probandinnen sich mit der Geschichte vertraut gemacht haben, wurde die Bildergeschichte zusammengefaltet, sodass nur die ersten beiden Bilder zu sehen waren. Sie bekamen die Anweisung zu erzählen, was sie auf den Bildern sehen, und daraus eine Geschichte zu formulieren. Nachdem der Arbeitsauftrag für die ersten beiden Bilder fertig gestellt war, wurden die nächsten zwei aufgeklappt und anschließend die nächsten beiden, bis die Bilderabfolge zu Ende beschrieben wurde und die Geschichte wieder vollends vor den Probandinnen lag. Die Geschichte lag dabei so vor ihnen, dass ich selbst die Geschichte nicht sehen konnte, sodass der Eindruck entstehen sollte, dass sie mir eine neue Geschichte erzählen und ich diese nicht kenne.

Im Anschluss daran lobte ich als Versuchsleiterin die Leistung und das Engagement der Probandinnen. Unabhängig davon, ob das Erzählen der Geschichte, gemessen an den Standards in Gagarinas Standards et al. (2012, 2019) erfolgreich war, oder Lücken aufwies. Wichtig ist, dass die Probandinnen sich keinesfalls bloßgestellt fühlen sollen, wenn mal etwas nicht gut geklappt hat. Die Personen sollen sich nämlich zu jedem Zeitpunkt wohl fühlen und Spaß bei den Erhebungen haben.

Wichtig sind dabei an dieser Stelle zwei Dinge. Wenn man zu viel lobt und bestärkt, kann es sein, dass die Proband/innen es nicht ernst nehmen. Man muss also ein Maß finden, um die Bestärkung natürlich klingen zu lassen. Das ist eine Sache, die man während der Erhebung im Hinterkopf behalten sollte. Des Weiteren ist es wichtig, dass man bei den Kommentaren und Bestärkungen immer darauf achten sollte, wie viel und was genau man selbst äußert. Es kann nämlich schnell passieren, dass man mit seinen Aussagen die Antworten der Proband/innen vorstrukturiert bzw. beeinflusst. Fragt man zum Beispiel: „Was sehen Sie auf dem Bild?" ist es wahrscheinlich, dass das Gegenüber seine Aussage beginnt mit: „Ich sehe …". Möchte man aber (wie in meinem Fall), dass die Probandinnen aus den Bildern eine Geschichte erzählen, wäre das problematisch.

Es ist daher ratsam, ein Skript zu erstellen und die genauen Formulierungen für die Fragen festzulegen. Auch ein festes Skript zum Ermutigen der Proband/innen kann hilfreich sein. Vor allem sind feste Vorgaben auch hilfreich, damit alle Proband/innen gleiche Testbedingungen haben und man die Ergebnisse so nicht versehentlich beeinflusst. Es muss aber auch immer klar sein, dass man sich nicht auf jede Eventualität vorbereiten kann. Gerade wenn es um so eine offene Methode geht wie in meiner Pilotierung, kann man zwischendurch von einer Rückfrage oder Abweichungen vom eigentlichen Thema überrascht werden.

Fazit

Mein empirisches Vorgehen ist geprägt von den rekrutierten Probandinnen. Das Material ist so ausgewählt, dass es auch im hohen Alter noch rezipiert werden kann. Die Testungen werden kurzgehalten, und auch die Ausgangssituation während der Erhebung habe ich als eine ganz besondere wahrgenommen.

Man sitzt als Forscherin vor einer älteren unbekannten Person in einer fremden Wohnung. Trotzdem fühlte ich mich jedes Mal sehr willkommen. Die Erhebungen kamen mir nicht wie ‚linguistische Tests' vor. Vielmehr war es nach den ersten 10 min so, als würde man sich mit einer guten Bekannten unterhalten. Dabei wurde mir vor, nach und sogar während der Testungen viel über das Leben der Probandinnen erzählt. Man merkte sehr deutlich, dass man sich sehr darüber freute, einer neuen Person von seinem Leben erzählen zu können. Das war eine sehr schöne Erfahrung, für die ich sehr dankbar bin. Es führte mir noch einmal vor Augen, dass die Arbeit von Linguist/innen nicht nur das Erheben von Daten beinhaltet, sondern dass man durch jede Begegnung mit den Menschen auch einen persönlichen Mehrwert generieren kann. Aus dieser Perspektive ist die Pilotierung also sehr erfolgreich gewesen.

Auch für mein Forschungsvorhaben erwies sich meine Methodik als zielführend. Durch die Auswertung der Aufnahmen habe ich nun eine Basis, auf der ich in kommenden Erhebungen aufbauen kann. Auch das Material erwies sich als gelungen, sodass es nun auch für kognitiv eingeschränkte Personen eingesetzt werden kann.

Lediglich bei der Proband/innensuche würde ich die Altersspanne stärker eingrenzen, da mir bei einigen Personen aufgefallen ist, dass sie altersbedingt kognitive Einschränkungen hatten, die nicht durch den MMST erhoben wurden.

Ausblick der Ergebnisse

Elizitationsaufgaben (Bildnacherzählungen) können Auskunft über verschiedene linguistische Bereiche geben, während zum Beispiel Bildbenennungstests sich eher auf lexikalische Kompetenzen fokussieren. Die erhobenen Daten der Elizitationsaufgabe können nun in Hinblick auf bestimmte sprachliche Bestandteile untersucht werden. In meinem Fall segmentiere ich die Äußerungen in Aufzählungen, Beschreibungen, (Handlungs-) Darstellungen und Kommentare und unterteile anschließend in stimulusnahe und stimulusferne Informationen. Auf diesen Erkenntnissen aufbauend kann meine geplante Studie mit kognitiv eingeschränkten Demenzerkrankten durchgeführt und mit der Kontrollgruppe kognitiv gesunder Personen abgeglichen werden. Eine mögliche Erkenntnis, die aus einer solchen Studie gewonnen werden könnte, wäre, dass die Gruppe der von Demenz betroffenen Personen mehr Gesamtäußerungen tätigen wird, diese aber einen geringeren Informationsgehalt haben wird. Also eher aus Beschreibung, Kommentar und Rückfragen bestehen wird. In vergleichbaren Studien (Meitner, 2019) wird der Unterschied zwischen den Gruppen in der Handlungsdarstellung am deutlichsten. Diese stellt eine Transferleistung dar, da man das Gesehene in eine Geschichte umwandeln muss. Die Gruppe Demenzerkrankter produziert in vergleichbaren Studien nur halb so viele Handlungsdarstellungen wie die kognitiv gesunde Kontrollgruppe. Außerdem weicht sie häufiger vom Thema ab und produziert mehr für die Bildergeschichte irrelevante Informationen. Die für die Proband/innen neue Geschichte fordert dazu auf, spontane mündliche Äußerungen zu produzieren. Meitner nimmt aufgrund ihrer Ergebnisse an, dass der Gruppe Demenzerkrankter die Verknüpfung der Informationen und damit einhergehend die Interpretation des Materials schwerfällt und die Proband/innen ihre fehlenden Kompetenzen kompensieren, indem sie eher auf Leistungen zurückgreifen, die keinen Transfer der Informationen erfordern oder sogar thematisch abweichen. Ob sich dies bestätigt, wird sich in Folgestudien, die auf dieser hier beschriebenen Pilotierung aufbauen können, zeigen.

Lassen Sie uns ein Spiel spielen!

Yvonne Behrens

Wie kann man den Wortschatz von Menschen mit Demenz untersuchen, ohne dass die Proband/innen Stress oder Druck verspüren? In meinem Promotionsprojekt zur Thematik Demenz und Sprache ist mir die Vermeidung solcher Gefühle äußerst wichtig. Es galt also, eine Methode zur Untersuchung des Wortschatzes zu finden, welche weniger als Test, sondern viel mehr als Spiel wahrgenommen wird. Daher entschied ich mich für Bildbenennungs- und Bildauswahltests. Diese eignen sich sehr gut, um die Unterschiede zwischen dem Sprachverständnis und der Sprachproduktion bei mehrsprachigen sowie einsprachigen Menschen mit Demenz zu untersuchen. Doch wie laufen diese Tests ab? Wie beginnen die Treffen und wie enden sie? Werfen wir einen Blick darauf, wie meine Proband/innen und ich ein kleines Bilderspiel spielen.

Für die Erforschung des Wortschatzes von Menschen mit Demenz untersuche ich insgesamt drei Gruppen. Die Hauptgruppe sind polnisch-deutsche Mehrsprachige. Die Vergleichsgruppen sind deutsche und polnische Einsprachige. Alle Personen sind an einer Alzheimer-Demenz erkrankt. Die Proband/innen treffe ich in ihrer gewohnten Umgebung: stationäre und teilstationäre Pflegeeinrichtungen. Für die Testung ist es wichtig, dass die Proband/innen kommunikativ sind und gut erhaltene Sehfähigkeiten haben.

Um den Wortschatz der Proband/innen zu untersuchen, habe ich Bildbenennungs- und Bildauswahltests in polnischer und deutscher Sprache erstellt. Sie behandeln Wörter aus dem Allgemeinwortschatz (bspw. *Blume*) und dem Pflegewortschatz (bspw. *Handtuch*). Letzterer besteht aus Wörtern, welche während der Morgenpflege von Menschen mit Demenz verwendet werden. Insgesamt verwende ich Begriffe aus den Kategorien *Möbel, Körperteile, Tiere, Ernährung* und *Pflegeutensilien*. Die Tests bestehen jeweils aus 15 Bildern plus einem Übungsbild zum Einstieg. Die ausgewählten Wortschätze überschneiden sich lediglich in wenigen Objekten, beispielsweise *wózek inwalidzki* (,Rollstuhl'). Die Anzahl der Testitems ist an den Boston Naming Test von Kaplan, Goodglas und Weintraub (1983) angelehnt – ein bildlicher Aphasietest, welcher ebenfalls mit von Alzheimer betroffenen Personen durchgeführt wird. Die von mir ausgewählten Objekte werden, wie bei Gagarina et al. (2010) darauf getestet, ob sie sowohl gesprochen (= Sprachproduktion), als auch verstanden (= Sprachverständnis) werden können. Für die Testung der Sprachproduktion werden die Fragen „Was ist das?" bzw. „Co to jest?" gestellt. Um das Sprachverständnis zu untersuchen, werden die Fragen „Wo ist…?" bzw. „Gdzie jest…?" gewählt. Alle Objekte sind lebensnah und möglichst allgemeingültig dargestellt. So ist beispielsweise darauf zu achten, dass die Objekte nur wenig Muster enthalten. Es wurden Fotografien verwendet, da diese von Menschen mit Demenz gegenüber Zeichnungen besser erkannt werden (Luckabauer, 2011). Bei bilingualen Proband/innen werden die Testungen sowohl auf Deutsch als auch auf Polnisch durchgeführt. Hieraus ergeben sich vier Testungstage. Mit monolingualen

Proband/innen werden entweder die deutschen oder die polnischen Testungen unternommen. Es ergeben sich demnach zwei Testungstage. Wie läuft die Testung nun ab? Zunächst werde ich von einer den Proband/innen vertrauten Person vorgestellt. Dies sorgt bei den Proband/innen für mehr Offenheit und auch Vertrauen gegenüber der Testsituation. Das Ziel des Vorhabens wird leicht verständlich erläutert. Auf das Wort „Test" wird gänzlich verzichtet. Stattdessen werden die Proband/innen gefragt, ob sie Lust haben, ein Bilderspiel zu spielen. Denn die Tests haben einen spielerischen Charakter. Zudem wird angenommen, dass der Begriff „Spiel" positiver konnotiert ist als das Wort „Test". Dies sorgt dafür, dass für die Proband/innen weniger Stress entsteht und sie die Testung als zusätzliches Angebot wahrnehmen, in dem sie im Mittelpunkt stehen. Unterstützt wird es dadurch, dass die Tests in einer Eins-zu-Eins-Situation durchgeführt werden. Je nach Proband/in dauern die Testungen unterschiedlich lang. So gibt es Testungen, die bereits nach zehn Minuten abgeschlossen sind. Andere Testungen dauern wiederum bis zu 45 min. Meist liegt dies jedoch nicht an den Tests selbst, sondern eher am Gesprächsbedarf der Teilnehmenden. Nach dem Aufbau von Vertrauen wird als erstes die Sprachproduktion mittels Bildbenennungstest untersucht.

Anschließend folgt eine kurze Pause, in der sich die Proband/innen erholen können. Diese Zeit wird meist dazu genutzt, um etwas zu trinken und sich zu unterhalten. Da die Testungen überwiegend in den Zimmern der Proband/innen stattfinden, findet sich stets ein Gesprächsanlass: Hochzeitsfotos, Fotografien der Enkelkinder und Haustiere oder auch mal ein besonders schöner Ausblick. In dieser Zeit geht es darum zu entspannen. Gespräche über Objekte aus dem Leben der Proband/innen eignen sich dafür besonders, da ihnen diese sehr vertraut sind. Jedes Objekt hat seine Geschichte und regt zu Erzählungen an. Diese Momente sind für mich als Testerin besonders wertvoll, da in dieser Zeit so viel Lebenserfahrung mit mir geteilt wird.

Als zweites wird das Sprachverständnis mittels des Bildauswahltests untersucht. Abschließend unterhalten wir uns über die Spiele, das Leben und lassen so das Treffen entspannt ausklingen. Die Proband/innen haben bisher durchweg betont, dass die Treffen ihnen viel Freude bereitet haben und sie sich auf das nächste Wiedersehen freuen. Dies erfolgt bei den Testpersonen in der Tat kurze Zeit darauf, da pro Treffen nur zwei Tests in jeweils einer Sprache gemacht werden. Die Testungen werden auf mehrere Tage verteilt, um einerseits die Proband/innen nicht zu überlasten und bei den bilingualen Testpersonen ebenfalls, um die Wörter aus den Tests nicht zweimal am selben Tag in den verschiedenen Sprachen zu testen. Die Objekte werden nämlich sowohl auf Polnisch als auch auf

Abb. 1 Einblick in die
Testung des
Sprachverständnisses: Wo
ist die Erdbeere? (Foto: T.
Beckschwarte)

Abb. 1 Einblick in die Testung des Sprachverständnisses: Wo ist die Erdbeere? (Foto: T. Beckschwarte)

Deutsch getestet. Es handelt sich also um dieselben Objekte. Eine Testung bei-der Sprachen an einem Tag könnte zu einer Beeinflussung der Ergebnisse führen (Abb. 1).

Die Studien zeigen bisher interessante Ergebnisse. Exemplarisch möchte ich hier auf einige Verhaltensweisen von zwei Proband/innen (VP_2 und VP_22) aus dem Test zum polnischen Allgemeinwortschatz eingehen. Es handelt sich hier um ihre Reaktionen auf *winogrona* (‚Weintraube‘) und *piła* (‚Säge‘). So kann VP_2 das Wort *winogrona* (‚Weintraube‘) zwar nicht produzieren, erkennt es jedoch als „owoce" (‚Obst‘). Diese Unsicherheit in der Benennung wird dadurch überdeckt, dass nicht näher auf das Wort *winogrona* eingegangen, sondern eher allgemein über die Kategorie Obst gesprochen wird. Mütterlich gibt sie mir den Hinweis „Jedzenie owoców jest ważne!" (‚Obst essen ist wichtig!‘). Die Thematik Obst wird also in den Mittelpunkt gestellt, das Fehlen des Wortes *winogrona* wird an den Rand gerückt. Eine andere Strategie verwendet VP_22. Diese erkennt das Objekt *piła* (‚Säge‘) zwar, kann es jedoch nicht benennen. Stattdessen wird das

Thema des Gebrauchs gewählt. So demonstriert sie den Gebrauch mit der passenden Bewegung und fügt hinzu, dass dieser Gegenstand „dla mężczyzn" (‚für Männer') ist. Beide Proband/innen erkennen also die Objekte, finden aber nicht das korrekte Wort. Jedoch haben sie Strategien entwickelt, um diesen Umstand zu verdecken. Hierbei handelt es sich um ein typisches Phänomen der ersten Phase von Alzheimer (vgl. Karl in diesem Band „Demenz"). Die Ausführungen der Proband/innen werden wohlwollend bestätigt, damit die Proband/innen ihr Gesicht wahren können und das Vertrauensverhältnis bestehen bleibt.

Die Verwendung des Begriffs „Spiel" statt „Test" beweist sich in meinen Testungen als guter Umgang mit meinen Proband/innen. Dies sorgt für eine ruhige, entspannte und auch fröhliche Testsituation, in der viel gesprochen und auch gelacht wird. Ein weiterer Vorteil der lebensnahen Aufmachung der Bildbenennungs- und Bildauswahltests ist, dass die Proband/innen zur Erinnerung an ihre eigene Geschichte angeregt werden. Die bisherigen Ergebnisse sind vielseitig, zeigen aber auch gleiche Tendenzen bei den Teilnehmer/innen. Letzteres zeigt sich besonders in der Verdeckung von Wortlücken. Im Vordergrund meines Promotionsprojekts stehen die wissenschaftlichen Erkenntnisse, jedoch bietet nahezu jedes Treffen auch persönliche Einblicke in eine andere, teils vergangene Welt. Die Kombination dieser beiden Bereiche stellt für mich einen besonders großen Gewinn dar, welchen ich ohne mein Promotionsprojekt wohl kaum bekommen könnte.

Pflegekommunikation in zwei Sprachen: Wie gelingt die Morgenpflege eines demenzerkrankten russischsprachigen Mannes durch deutschsprachige Pflegekräfte?

Natalja Friesen

Wer ist Konstantin?

Herr Mironow[1] lebt in einer Pflegeeinrichtung in Essen. Seit wann er dort lebt, ist allerdings nicht bekannt. Generell weiß man nicht so viel über Konstantin, wie er von allen im Pflegeheim genannt wird. Ursprünglich kommt er aus Kasachstan und kam mit seiner zweiten Frau zusammen nach Deutschland – wann, ist nicht bekannt. Er hat Kinder, die sowohl in Kasachstan als auch in Deutschland leben. Seitdem seine Frau verstorben ist, besucht ihn seine Tochter regelmäßig.

---

[1] Der Name wurde geändert.

All diese Informationen habe ich vom Pflegeheim erfahren, aber nicht von Konstantin selbst, denn er hat Demenz und kann sich nicht mehr daran erinnern. Aufgrund der Erkrankung spricht er kein Deutsch mehr, was ihn sehr belastet, denn eigentlich ist Konstantin ein sehr kommunikativer Mensch und ist gerne in Gesellschaft anderer. An Gesellschaft mangelt es in der Pflegeeinrichtung eigentlich nicht, aber der Verlust der deutschen Sprache stellt eine enorme Barriere dar. Konstantin war oft allein in seinem Zimmer oder befand sich im Speisesaal, wo er aus dem Fenster andere Menschen beobachtete. Sprechen konnte er nur ab und zu mit einer Pflegekraft, die zufällig auch Russisch sprach. Auch andere Pflegekräfte lernten extra für ihn einige russische Ausdrücke, um mit Konstantin eine Beziehung aufbauen und ihn ein wenig aufmuntern zu können, aber eine richtige Unterhaltung konnten diese Gesten leider nicht ersetzen. Außerdem waren die Pflegepersonen stets beschäftigt und konnten sich nicht immer die Zeit für einen Plausch mit Konstantin nehmen. Aus diesem Grund entstand das Projekt UnVergessen für Menschen, die kaum jemanden zu reden hatten. Als Teil des Projektes besuchte ich Konstantin von 2018 bis 2020 regelmäßig. Wir sprachen zusammen, gingen spazieren, aber vor allem spielten wir Karten – das bereitete Konstantin eine besondere Freude. Ich weiß nicht, ob ihn das Kartenspielen an frühere, besondere Momente erinnerte oder einfach an eine Zeit, die er mit seinen Freunden verbracht hatte. Wenn wir spielten, dann lud er andere Pflegeheimbewohner/innen ein teilzunehmen, allerdings auf Russisch – der Sprache, die ihm aufgrund der Demenz noch blieb. Weil die anderen ihn jedoch nicht verstanden, lehnten sie ab. Das war schwer anzusehen, weil es so schien, als ob es Konstantin gar nicht bewusst war, dass er auf einer Sprache spricht, die andere nicht verstehen konnte, und er so die Absagen nicht konkret nachvollziehen konnte. Diese Vorkommnisse riefen in mir die Frage hervor, wie überhaupt die Pflegekräfte ihre Tätigkeiten mit Konstantin durchführen, wenn sie nicht die gleiche Sprache sprechen. Welche sprachlichen Methoden oder Strategien werden angewendet, damit sie ihre Arbeit problemlos vollziehen können? Im ersten Teil dieses vorliegenden Bandes wurden bereits grundlegende Definitionen und Erklärungen geliefert. Auf diese möchte ich hier verweisen und greife einige von ihnen in Kürze noch einmal auf. Ebenso wird im zweiten Teil (vgl. Karl in diesem Band) auf die unterschiedlichen sprachlichen Konstellationen in Pflegeheimen eingegangen. Die hier geschilderte Situation gehört zur dort dargestellten Konstellation 2, da es in dem Pflegeheim von Herrn Mironow neben deutschsprachigen Pflegekräften auch russischsprachige gibt, die mit ihm Russisch sprechen. Dabei konzentriere ich mich im Folgenden auf die Interaktion mit deutschsprachigen Pflegekräften, da es mich wissenschaftlich besonders interessierte, wie in einer solchen erschwerten sprachlichen Situation Pflege und Austausch funktionieren. Dazu bedarf es eines kurzen

Einblicks in die Arbeit der Pflegekräfte und die kommunikativen Fähigkeiten von Konstantin.

Besonderheiten der Pflegeinteraktion

Konstantin ist an Demenz erkrankt, eine Krankheit, die zu den gravierendsten Sprachbeeinträchtigungen bei einer Person führen kann (vgl. Hamers & Blanc, 2000, S. 78, für eine ausführlichere Darstellung der Krankheit und ihren Folgen s. Karl „Demenz" in diesem Band).

Durch die Demenz fühlen sich Menschen oft verängstigt und unverstanden. Bei Betroffenen mit einem Migrationshintergrund treten diese Empfindungen oftmals in verstärkter Form auf. Durch die Demenzerkrankung fühlen sich die Personen mit Gefühlen wie Ungewissheit und Fremdheit konfrontiert, die sie bereits bei der Ankunft in ein fremdes Land empfunden haben (vgl. Demenz und Migration).

Eine der größten Belastungen stellt für demenzerkrankte Migrant/innen der durch die Demenz verursachte Verlust ihrer erlernten Zweitsprache dar. Das führt zu Kommunikationsproblemen, Missverständnissen und einem eingeschränkten Kontakt zur Außenwelt, was sozialen Rückzug und Isolation zur Folge hat (vgl. hierfür Karl „Demenz" in diesem Band). Oftmals treten dazu noch psychische Probleme auf, da die Betroffenen verstehen, dass sie ihre Zweitsprache nicht mehr beherrschen (vgl. Demenz und Migration).

Fast alle diese Punkte finden sich bei Konstantin wieder. Wie gehen jetzt deutschsprachige Pflegepersonen mit solch einer schwierigen Situation um? Wie kann den Betroffenen ein Gefühl des Vertrauens vermittelt werden und überhaupt eine zwischenmenschliche Beziehung aufgebaut werden, wenn die Kommunikationsteilnehmer nicht dieselbe Sprache sprechen?

Kommunikation und nichtsprachliche Handlungen im Pflegeheim sind empraktisch, das heißt, dass pflegerische Gespräche meistens handlungsorientiert sind. Kommunikation dient dabei zur Durchführung einer Pflegehandlung. Der Gesprächsverlauf orientiert sich meist an dem geistigen Zustand der gepflegten Person. Um das Gespräch so erfolgreich wie möglich gestalten zu können, verwenden Pflegekräfte unterschiedliche Strategien:

- Handlungsorientierte Strategie
  Diese Strategie wird bei Bewohner/innen verwendet, die akustische oder mentale Einschränkungen aufweisen und die Gesprächserwartungen nicht uneingeschränkt erfüllen können. Aus diesem Grund werden wenig medizinische Begriffe verwendet und stattdessen vermehrt alltägliche Worte in das

Gespräch eingebaut. Prinzipiell gilt: je größer die Pflegebedürftigkeit, desto einfacher die Gestaltung der Sprache (vgl. Sachweh, 2000, S. 114).

- Gesichtsschonende Strategie
  Diese Strategie wird vor allem dazu verwendet, um ein Gespräch mit den Betroffenen so höflich wie möglich zu gestalten. Hier wird der Imperativ häufig durch Konjunktiv oder Modalverben ersetzt. Außerdem werden Aufforderungen mit *bitte* oder als höfliche Frage formuliert. Bestätigungssignale wie *mhm* oder *ach so* werden verwendet, um einen normal gelingenden Kommunikationsverlauf zu simulieren, wenn Betroffene unklare Äußerungen produzieren (vgl. Sachweh, 2000, S. 130 ff).
- Secondary Baby Talk Strategie
  Unter dieser Strategie versteht man eine starke Vereinfachung der Kommunikation. Der Wortschatz fasst nicht mehr als 100 Wörter und dazu kommt ein überzogener Intonationsverlauf, eine hohe Tonhöhe, mehr Imperative und viele Wiederholungen, besonders von Namen, damit die Aufmerksamkeit der Betroffenen nicht verloren geht (vgl. Sachweh, 2003, S. 154).
- Gesichtsbedrohende Strategie
  Bei dieser Strategie kann nicht von einer Strategie per se gesprochen werden, denn dabei handelt es sich nicht um ein strategisches Handeln. Als gesichtsbedrohend werden Unterbrechungen und bestimmte Formen der Adressierung der Bewohner/innen, das Sprechen über die Bewohner/innen in ihrer Anwesenheit sowie das Äußern von direkter oder indirekter Kritik verstanden. Dazu kommt das Imitieren oder Ignorieren von Bedürfnissen der Betroffenen (vgl. Sachweh, 2000, S. 57).

Entwicklung und Umsetzung der Forschungsfrage

Die kommunikative Situation zwischen nicht gleichsprachigen Gesprächspartnern in der Pflege interessierte mich bereits 2018. Deshalb machte ich es zum Thema meiner Bachelorarbeit. Dort untersuchte ich, mit welchen kommunikativen Strategien die jeweils deutsch- und russischsprachigen Pflegekräfte während der Morgenpflege die inner- und außersprachlichen Aufgaben in der Interaktion mit dem dementen russischsprachigen Bewohner Konstantin durchführen. 2019 führte ich dann die Pilotstudie nochmals durch, um eine quantitative Ergänzung der ursprünglichen Forschungsfrage zu erzielen. In dieser Untersuchung wurde das Augenmerk besonders auf die deutschsprachigen Pflegekräfte gelegt, da dort die größten sprachlichen Komplikationen auftreten. Kurz gefasst interessiert mich der Umgang deutschsprachiger Pflegekräfte mit pflegebedürftigen Menschen, die das Deutsche aufgrund einer Erkrankung nicht mehr beherrschen. Die Zeit, in der sich die Pflegepersonen am meisten mit den Bewohner/innen unterhalten, ist während der Morgenpflege. In dieser Zeit gilt die Konzentration des Personals ausschließlich der zu pflegenden Person. In solchen Momenten ließ sich die sprachliche Interaktion zwischen Konstantin und den Pflegekräften daher am besten beobachten.

So übergab ich ein Aufnahmegerät an das Pflegepersonal, damit sie die Kommunikation während der Morgenpflege aufzeichnen konnten. Ich selbst habe mich in diesem Schritt zurückgezogen, da meine Anwesenheit erstens bei der Morgenpflege unangebracht wäre, und zweitens hätte es die „natürliche" Kommunikation immens beeinflusst. Natürlich ist hier in Anführungszeichen angeführt, da man nicht konkret von einer natürlichen bzw. authentischen Kommunikation von der Seite der Pflegekräfte sprechen kann. Die Tatsache, dass die Pflegepersonen wissen, dass sie in dem Moment aufgenommen werden, beeinflusst ihre Art zu sprechen, ob bewusst oder unbewusst. Nichtsdestotrotz war es in diesem Rahmen die einzige Möglichkeit, um die Pilotstudie umzusetzen. Die Aufnahmedauer sollte sich über einen Zeitraum von zwei Wochen strecken.

Ergebnisse

Am Ende der zwei Wochen sollten insgesamt 14 Aufnahmen analysiert und gegenüberstehend ausgewertet werden. Leider wurde der Ablauf nicht ganz eingehalten, sodass am Ende insgesamt fünf Aufnahmen von fünf deutschsprachigen Pflegerinnen zur Auswertung verfügbar waren.

Die Auswertung der Aufnahmen zeigte, dass alle oben erwähnten Gesprächsstrategien angewendet wurden. Vor allem die verständnissichernden Strategien wurden von allen Pflegerinnen gebraucht. Drei von fünf verwendeten zusätzlich die gesichtsschonende und Secondary Baby Talk Strategie, während eine einzige Pflegerin die gesichtsbedrohende Strategie bei der Durchführung der Morgenpflege verwendete.

Die Strategie der Verständnissicherung äußerte sich in der häufigen Verwendung von Gliederungssignalen wie *ja, gut, schön* oder *okay*. Dabei konnte davon ausgegangen werden, dass Konstantin diese Bestätigungswörter verstehen konnte, da er diese ab und zu selbst gebraucht hat. Des Weiteren erfolgte der Gebrauch von Handlungsanweisungen *(aufstehen, hinsetzen, hoch, runter)* und sehr einfach gestalteten Äußerungen.

Drei der Pflegerinnen haben sich zusätzlich bemüht, das Gespräch möglichst höflich zu gestalten und verwendeten deshalb die gesichtsschonende Strategie. Sie verwendeten Hörersignale wie *aha* und *mhm*, um das Gespräch so real wie möglich aussehen zu lassen, weil sie die meisten Äußerungen von Konstantin nicht verstehen konnten, da er mit ihnen Russisch sprach. Außerdem wurden Aufforderungen häufig mit *bitte* formuliert.

Am häufigsten wurde jedoch das Secondary Baby Talk verwendet, da diese Strategie gleichzeitig auch die Verständnissicherung miteinbezieht. Vier der fünf Pflegerinnen verwendeten sehr kurze und einfach gehaltene Sätze mit vielen Wiederholungen und der Betonung der Schlüsselwörter. Dazu kommt eine langsamere und deutlichere Aussprache der Schlüsselwörter sowie eine höhere Tonhöhe am Ende der gesprochenen Sätze. Eine Pflegerin spricht extra mit einer kindlichen Intonation mit der Absicht, Konstantin dazu zu bewegen, Deutsch mit ihr zu sprechen, damit sie ihn verstehen kann. Dies gelingt ihr jedoch nicht. Eine weitere Pflegerin verwendet übermäßig viele Imperative, eine sehr einfachgehaltene Sprechweise, um die Morgenpflege durchführen zu können. Außerdem spricht sie ihn häufig mit dem Namen an und gibt ihm sogar einen Spitznamen, um seine Aufmerksamkeit zu halten.

Eine Pflegerin verwendet auch die gesichtsbedrohende Strategie in der Durchführung der Morgenpflege. Sie ignoriert Konstantin, als er nach Essen fragt oder ihr mitteilt, dass ihm kalt ist. Dies stellt eine schwierige Situation dar, da Konstantin seine Fragen und sein Wohlbefinden ausschließlich auf Russisch äußert und die Pflegerin ihn nicht versteht. Sie kann aber sehr wohl die Frageintonation am Ende seines Satzes nachvollziehen und entscheidet sich dafür, diese komplett zu ignorieren, was eine unangenehme Situation schafft. Zum Teil spricht sie bis zu anderthalb Minuten nicht mit Konstantin oder äußert keinerlei Hörsignale, wenn er spricht.

Ausblick

Die Ergebnisse meiner Pilotstudie sind selbstverständlich nicht repräsentativ, jedoch sollen sie einen kleinen Einblick in die Kommunikation zwischen deutschsprachigem Pflegepersonal und Menschen mit Demenz, die nicht mehr die deutsche Sprache beherrschen, geben.

Bei der Morgenpflege hat sich gezeigt, dass alle vorgestellten Kommunikationsstrategien gebraucht wurden, einige mehr andere weniger. Alle Pflegerinnen versuchen, Konstantin sprachlich zu erreichen und mit ihm zwischendurch ein

Gespräch aufzubauen. Sie bemühen sich, indem sie ihn loben oder seine Äußerungen mit Bestätigungssignalen erwidern, obwohl sie ihn nicht verstehen. Dabei bemühen sie sich wirklich, ihn verstehen zu können. Dabei tritt Fantasie und Körpereinsatz in den Vordergrund, um nachvollziehen zu können, was Konstantin ihnen mitteilen möchte. Die meisten Pflegerinnen verwenden das Secondary Baby Talk, allerdings ist das kindliche Sprechen mit einem Erwachsenen nicht immer angebracht, weil Konstantin geistig noch recht klar ist. Er spricht nur kein Deutsch mehr. Nichtsdestotrotz sind die Mühen und der Einsatz der Pflegekräfte, sich mit Konstantin so gut, wie es nur geht unterhalten zu können, lobenswert.

Da es bisher wenig Forschung in Bezug auf Mehrsprachigkeit, Kommunikation und Demenz im deutschsprachigen Raum gibt, soll diese Arbeit einen kleinen Anreiz und Ausgangspunkt für tiefergehende Forschung in diesem Feld bieten.

Wie die Linguistik jemanden zum Reden bringen kann: Unterschiedliche linguistische Testverfahren und ihre sprachlichen Reaktionen bei einer russischsprachigen Pflegebedürftigen

Erika Erhardt

Schilderung der Konstellation

Seit Anfang Februar 2019 habe ich Frau Schneider[2] in einer Pflegeeinrichtung in Bochum regelmäßig besucht. Die meisten dieser Besuche habe ich dabei mit einem Aufnahmegerät aufgezeichnet. Über Frau Schneider sind nicht viele Details bekannt: Zum Zeitpunkt meiner Besuche war sie 69 Jahre alt und war vermutlich in den 80er Jahren nach Deutschland immigriert. Sie hat eine Tochter und mindestens eine Schwester. Dass so wenige Informationen über Frau Schneider vorliegen, liegt an ihrer Demenzerkrankung. Diese Erkrankung hatte Einfluss auf die Vorbereitung meiner Besuche und der Inhalte, die ich mit Frau Schneider besprochen habe. Durch Herrn Stin (er hatte Frau Schneider in der zweiten Runde des Projekts betreut) hatte ich erfahren, dass sie sich gerne Bildbände ansieht. Besonders ein Band über Moskau hat ihr dabei immer gefallen. Bei meinem ersten Besuch in der Pflegeeinrichtung hatte ich diesen Band dabei und zusätzlich noch einige private Fotos von Moskau. Bei diesem ersten Besuch hat Frau Schneider nicht ein Wort mit mir gewechselt. Stattdessen hat sie nonverbal kommuniziert

---

[2] Der Name wurde geändert.

und gelächelt oder genickt, wenn ich ihr Fragen stellte. Die mitgebrachten Fotos hatten sie nur wenig interessiert. Vermutlich lag ihr Desinteresse an der Größe der Fotos. Frau Schneider sieht nicht mehr gut und die Fotos waren möglicherweise zu klein. Aus diesem ersten Treffen konnte ich bereits viel schlussfolgern: Frau Schneider spricht wenig bis gar nicht, sie sieht nicht mehr gut und sie erinnert sich nicht mehr an alle Details ihres Lebens. Bei den weiteren Besuchen stellte ich fest, dass Frau Schneider sich nicht an mich erinnerte. Ich war jede Woche eine neue Person für sie. Somit war es schwierig, eine persönliche Bindung aufzubauen, da eine solche Bindung darauf beruht, dass man seinem Gegenüber vertrauen kann. Dies wiederum setzt voraus, dass man sich an seinen Gesprächspartner erinnern kann. Daher konnte bei meinen Besuchen keine Entwicklung auf dieser Ebene beobachtet werden. Andererseits hatte diese Situation einen Vorteil für mein wissenschaftliches Interesse. Forschungsrelevante Tests konnten in mehreren Durchläufen mit Frau Schneider durchgeführt werden, ohne dass ein für sie relevanter Wiederholungseffekt auftreten konnte. Denn eine Woche später bis zum nächsten Besuch hatte sie bereits vergessen, dass ich bei ihr war und wir Bilder oder Aufgaben schon einmal gemeinsam gelöst hatten. Auch wenn sich auf der Erinnerungsebene keine starke Verbindung aufbauen ließ, lässt sich dennoch eine Entwicklung in den Besuchen erkennen. Zwar konnte sich Frau Schneider nicht an mich erinnern, doch ich erinnere mich an ihre Erzählungen. Daher konnte ich sie von Besuch zu Besuch besser einschätzen und ihre Reaktionen deuten. So kam ich auch auf die Methode der Bildergeschichte. Denn mir wurde im Laufe der Besuche bereits klar, dass Frau Schneider nicht auf das Sprechen verzichtet, weil sie es nicht mehr kann. Sie muss lediglich gefordert werden. Das heißt, wenn ich Aufgaben dabeihatte, wie Bildbenennungen, hat sie sehr gut mitgemacht. Nur aus eigener Initiative wollte Frau Schneider auch weiterhin nicht sprechen. Vor diesem Hintergrund ergab sich die Idee zur Forschungsmethode und den Bildergeschichten von Gagarina und Kolleg/innen (vgl. Gagarina et al. 2012, 2019).

Entwicklung der Forschungsfrage

Zunächst hatte meine Forschung ein ganz anderes Ziel. Untersucht werden sollte eine grammatische Kategorie – der Verbalaspekt –, die fester Bestandteil des Russischen ist, dem Deutschen aber fehlt (vgl. Clasmeier, 2015, S. 27). Hier sollte untersucht werden, ob Frau Schneider unter der besonderen Konstellation der Demenz und der Migration das Wissen um diese Kategorie abgebaut hat (vgl.

Neppert, 2010, S. 12). Um dies zu untersuchen, führte ich verschiedene linguistische Tests mit ihr durch. Das Ergebnis dieser Tests war, dass Frau Schneider die grammatische Kategorie des Verbalaspekts problemlos beherrschte. Bei den Untersuchungen fiel jedoch etwas anderes auf: In offenen Gesprächen äußerte sich Frau Schneider kaum, sie antwortete auf Fragen mit 1–2 Wörtern oder gar non-verbal und stellte nie eigene Fragen. Auch sprach sie nie aus eigener Initiative, sondern antwortete lediglich auf Fragen. Besonders auffällig wurden ihre Sprachfähigkeiten bei der Nacherzählung einer Bildergeschichte: Die sonst „wortkarge" Frau Schneider begann ihre Erzählung mit einer für russische Märchen typischen Redewendung und erzählte die Geschichte in ganzen Sätzen. Dabei kam mir ein anderer Gedanke: Frau Schneider kann durchaus kommunizieren, sie hat die Fähigkeit dazu und die damit verbundenen grammatischen Strukturen nicht abgebaut, sie braucht lediglich einen Anreiz zum Sprechen. Das könnte bedeuten, dass ihre Kommunikationsfähigkeit unter der Demenzerkrankung gelitten hat. In diesem Moment war meine Forschungsfrage geboren: Wie können verschiedene linguistische Tests die Kommunikationsfähigkeit von Menschen mit Demenz an die Oberfläche bringen und im vorliegenden Fall ganz konkret die Kommunikationsfähigkeit der russischsprachigen Frau Schneider zeigen?

Die Tests, die ich zuvor mit Frau Schneider durchgeführt hatte, waren auf verschiedene Bereiche der Sprache abgestimmt. Bei einigen Aufgaben ging es um die Produktion von Sprache, bei anderen um das Verständnis. Die Aufnahmen sollen im Nachhinein dazu dienen, das Gesprächsverhalten von Frau Schneider zu untersuchen und zu vergleichen, wie ihr Redeanteil aussieht bei offenen Gesprächen im Kontrast zu Gesprächen, die Aufgaben beinhalten.

Umsetzung der Forschungsfrage

Da meine ursprüngliche Forschungsfrage eine andere war, habe ich unterschiedliche linguistische Tests mit Frau Schneider durchgeführt, um generell einen Eindruck zu gewinnen, wie und ob sie überhaupt aktiv teilnimmt. Da sie bei meinem ersten Besuch nicht ein Wort gesagt hatte, wäre es keine Überraschung gewesen, hätte sie auch bei den Tests geschwiegen. Angefangen habe ich mit einem Bildauswahltest, der die Rezeption der Proband/innen untersucht. Bei diesem Test habe ich Frau Schneider ein Blatt mit vier verschiedenen Items gezeigt, wobei sie auf das von mir genannte Wort zeigen sollte. Dies bereitete ihr keinerlei Schwierigkeiten und sie löste die Aufgabe problemlos. Sie ließ sich nicht durch ähnlich aussehende oder ähnliche klingende Gegenstände ablenken. Ebenso reibungslos verliefen die Tests zum Sprachverständnis und zur Bildbenennung.

Auch hier löste Frau Schneider die Aufgaben ohne Probleme und reagierte sehr gut auf die präsentierten Reize. Diese ersten Ergebnisse ermutigten mich, weitere Versuche mit Frau Schneider durchzuführen. Überrascht hatte sie mich bei einem Assoziationstest, bei dem ich ihr eine Kategorie, z. B. „Farben" nannte und sie mir daraufhin alle Farben aufzählte, die ihr einfielen, und das nicht nur auf Russisch, sondern auch auf Deutsch! Das zeigte mir, dass Frau Schneider das Wissen der Wörter (in beiden Sprachen!) nicht abgebaut hatte, sondern lediglich einen Anreiz braucht und gefordert werden muss. Dies wurde bei einer weiteren Aufgabe besonders deutlich, die mich, wie bereits oben dargestellt, zum Umdenken meiner Forschungsfrage brachte. Bei der sogenannten „MAIN Geschichte" von Gagarina und Kolleg/innen (Gagarina et al., 2012, 2019, vgl. hierfür auch den Beitrag von Rzitki in diesem Band) handelt es sich um verschiedene Bildergeschichten, die aus sechs einzelnen Bildern bestehen. Diese sind leicht verständlich und sehr gut für Proband/innen mit Demenz geeignet, da die Aufmerksamkeitsspanne bei diesen Personen eingeschränkt ist und sie bei einer zu langen Bildergeschichte vermutlich den Anfang vergessen würden.

Die einzelnen Bilder der Geschichte habe ich so gefaltet, dass Frau Schneider nur die ersten beiden Bilder sehen und sich besser auf diese konzentrieren konnte. Sobald Frau Schneider sie beschrieben hatte, deckte ich die folgenden beiden Seiten auf, bis sie die gesamte Geschichte sehen konnte. Als Aufgabenstellung erklärte ich Frau Schneider, dass sie die Geschichte so erzählen soll, als würde sie sie einem Kind erzählen. Da die Aufmerksamkeitsspanne von Frau Schneider relativ kurz ist, musste ich zwischendurch Fragen stellen, wenn ich merkte, dass die Gesprächspause zu lang wurde. Es reichte völlig aus zu fragen, was auf dem nächsten Bild geschieht, und Frau Schneider sprach direkt weiter.

Ergebnisse

Zunächst begann ich meine Analyse in Hinblick auf die erwähnte grammatische Kategorie, die fester Bestandteil des Russischen ist, dem Deutschen aber fehlt. Dabei stellte ich fest, dass Frau Schneider diese Kategorie des Verbalaspekts ein-wandfrei anwandte. Natürlich kann mit einem einzigen Test kein Urteil über ihre gesamte Sprachkompetenz gefällt werden. Die Ergebnisse deuten jedoch in eine bestimmte Richtung.

Interessanter war jedoch ein anderer Faktor: Frau Schneider hat in den Wochen zuvor bei den Besuchen kaum bis gar nicht gesprochen. Aus eigener Initiative sprach sie gar nicht und antwortete lediglich (sporadisch) auf Fragen. Als sie jedoch darum gebeten wurde, die MAIN Geschichte zu erzählen, sprach sie zum ersten Mal im Laufe der Besuche in längeren Sätzen und verwendete Idiome, die typisch für die Erzählung eines russischen Märchens sind. Um diesen deutlichen Unterschied in ihren Aussagen zu veranschaulichen, soll an dieser Stelle ein kurzer Dialog in Form eines Transkripts[3] gezeigt werden, der bei einem Besuch im April 2019 entstand. Es ist wichtig zu wissen, dass der folgende Dialog vor der MAIN Geschichte aufgenommen wurde, um einen Eindruck davon zu bekommen, warum die Erzählung der Bildergeschichte solch eine Überraschung darstellt.

Transkript 1: Dialog zwischen E. Erhardt und Frau Schneider

Dauer der Audioaufnahme: 1:11 Minuten

Sprecher/innen: Frau Schneider (FS) – russischsprachige demenzerkrankte Bewohnerin eines Pflegeheims.

Erika Erhardt (EE) – studentische Teilnehmerin am Projekt UnVergessen

Transkription

EE ja mogu pokazat' vam moskvu zimoj ili letom. *(Pause)* kakie vam lučše?
FS letom.
EE letom, da. *(2 Sek. Pause)* aaa, vot *(gedehnt) (Pause)* ja byla dva goda nazad v moskve letom. ja byla tam na stažirovke v bjuro, v ofise *(Pause)* i *(gedehnt)* tam ja delala očen' mnogo fotografii. ich ja mogu vam pokazat'. *(Pause)* esli vam interesno, da?
FS *(nickt)*
EE vot smotrite *(Pause)* zdes' na zadnem fone bol'šoj teatr *(2 Sek. Pause)* vy byli kak-to v moskve?
FS *(nickt)*
EE da *(Pause)* zimoj ili letom?
FS letom
EE letom, da *(2 Sek. Pause)* i byla chorošaja pogoda?
FS teplo
EE teplo da *(3 Sek. Pause)* vy byli odni v moskve ili s kem-to?
FS mama
EE s mamoj da *(2 Sek. Pause)* a vy eščë malen'kie byli?
FS net bol'šaja vzroslaja

---

[3] Die hier gewählte Form der Wiedergabe ist an die Zwecke dieser Ausführungen angepasst und entspricht nicht den gängigen wissenschaftlichen Konventionen. Eine ausführliche Darstellung der gewählten Niederschrift findet sich in Teil II dieses Buches.

EE   vzroslaja uže da

Übersetzung

EE   ich kann ihnen moskau im winter oder im sommer zeigen. *(Pause)* was
      mögen sie lieber?
FS   im sommer.
EE   im sommer, ja. *(2 Sek. Pause)* ah, hier *(gedehnt)*. ich war vor zwei jahren in
      moskau im sommer, ich habe dort ein praktikum in einem büro gemacht,
      in einer geschäftsstelle, *(Pause)* und ich habe dort sehr viele fotos gemacht.
      ich kann sie Ihnen zeigen, *(Pause)* wenn sie interessiert sind, ja?
FS   *(nickt)*
EE   hier, sehen sie, *(Pause)* da ist das bolschoi-theater im hintergrund. *(2 Sek.
      Pause)* waren Sie schon mal in moskau?
FS   *(nickt)*
EE   ja. *(Pause)* im winter oder im sommer?
FS   im sommer.
EE   im sommer, ja. *(2 Sek. Pause)* und war das wetter gut?
FS   warm.
EE   warm, ja. *(3 Sek. Pause)* waren sie allein in moskau oder mit jemandem?
FS   mama.
EE   mit der mutter, ja. *(2 Sek. Pause)* waren sie noch klein?
FS   nein. groß, erwachsen.
EE   bereits erwachsen, ja

Dieser Dialog zwischen Frau Schneider und mir ist sehr typisch für die Unterhaltungen, die während der Besuche geführt wurden. Aus eigener Initiative hat sie bei keinem der Besuche gesprochen. Auch auf Fragen hat sie zum Teil nur mit einem Nicken oder Kopfschütteln geantwortet oder gar nicht reagiert. Wenn sie verbal auf eine Frage geantwortet hat, dann geschah dies sehr knapp, nie in längeren Sätzen. Daher ist es so erstaunlich, dass Frau Schneider bei der Erzählung der Bildergeschichte genau dies tat: Sie sprach in längeren Sätzen. Zwar musste sie an einigen Stellen zum Weitererzählen aufgefordert werden, kam dieser Aufforderung jedoch sofort nach und sprach weiter. Besonders auffällig ist der Einstieg in die Geschichte. Frau Schneider hat sofort verstanden, dass die Bildergeschichte wie ein Märchen für Kinder erzählt werden soll und hat die typische Wendung gewählt:

Transkript 2: Beginn der Nacherzählung einer MAIN-Geschichte von Frau Schneider

Dauer der Audioaufnahme 31 Sekunden
Sprecher/innen Frau Schneider (FS) – russischsprachige demenzerkrankte Bewohnerin eines Pflegeheims,
Erika Erhardt (EE) – studentische Teilnehmerin am Projekt UnVergessen

Transkription

FS	v nekotorom carstve v nekotorom gosudarstve *(Pause)* žil-byl odin dubok
EE	mhm
FS	byl on tichij
EE	mhm
FS	ptički rešili žit' na nëm
EE	mhm
FS	tri ptički *(2 Sek. Pause)* odna iz nich byla letučaja sil'no
EE	mhm
FS	sil'no letala bystro

Übersetzung

FS	in irgendeinem königreich, in irgendeinem staat *(Pause)* gab es[4] eine kleine Eiche.
EE	mhm.
FS	sie war ruhig.
EE	mhm.
FS	die vögel beschlossen, sich darauf niederzulassen.
EE	mhm.
FS	drei Vögel. *(2 Sek. Pause)* einer von ihnen war ein starker flieger.
EE	mhm.
FS	stark flog er schnell

Solch ein Beginn ist klassisch für russische Märchen, wenn es um einen Zaren oder ähnliches geht.

---

[4] Diese Wendung entspricht einem typischen Beginn eines russischen Märchens und ist damit vergleichbar mit der deutschen Wendung: *Es war einmal…*

Der markante Unterschied zwischen den beiden Aufnahmen brachte mich zum Nachdenken. Schließlich zeigte sich in der Nacherzählung sehr klar, dass Frau Schneider ihre Sprachfähigkeiten im Russischen nicht abgebaut hat. Diese scheinen noch gegeben zu sein, sie wurden eventuell in den vorigen Besuchen nur nicht durch „passende" Fragen oder Aufgaben zum Vorschein gebracht. Möglich ist, dass Frau Schneider einige soziale Kompetenzen abgebaut hat, die zum Beispiel für die Kommunikation mit ihren Mitmenschen zuständig sind. Das heißt, dass die sprachlichen Strukturen trotz der genannten Einflussfaktoren intakt sind. Lediglich die Kommunikationsfähigkeiten wurden bei ihr abgebaut. Dies wurde vor allem bei einem Austausch mit Herrn Funk deutlich, der Frau Schneider in der ersten Runde des Projekts UnVergessen betreut hatte (vgl. hierfür auch den Polylog von Golbek in diesem Band). Er berichtete davon, dass Frau Schneider sich aktiv mit ihm unterhielt und gerne Diskussionen über Politik führte. Diese Information lässt vermuten, dass die Demenz bei ihr im Laufe der letzten zwei Jahre vorangeschritten ist und ihre Fähigkeiten zur Kommunikation darunter gelitten haben.

Diskussion und Ausblick

Das Ergebnis meiner Studie ist nicht repräsentativ, da Aufnahmen und Beobachtungen lediglich einer Person vorliegen. Dies liegt an den aufwendigen Vorarbeiten, bei denen ich zunächst in Erfahrung bringen musste, welche Methode sich am besten für die gegebene Fragestellung und für Frau Schneider eignet. Jedoch bieten diese Aufnahmen einen Einblick in ihre sprachlichen und kommunikativen Fähigkeiten. Sie zeigen, dass die sprachlichen Strukturen, insbesondere die grammatische Kategorie des Verbalaspekts, auch trotz ihrer Erkrankung in ihrem Gehirn verankert sind. Dies zeigten unterschiedliche Tests, die sie problemlos – wenn auch z. T. wortkarg – meisterte. Diese Verankerungen wurden weder durch die Migration von Frau Schneider noch durch ihre fortschreitende Demenzerkrankung beeinträchtigt. Da die grammatischen Kategorien bereits in der frühen Kindheit erworben werden, lässt sich daher vermuten, dass sie aufgrund des frühen Erwerbs nicht (so schnell) abgebaut werden. Im Kontrast dazu fiel die Erzählung der MAIN Geschichte dadurch auf, dass Frau Schneider zum ersten Mal während meiner Besuche in längeren und teils ganzen Sätzen gesprochen hat. Bei den anderen Besuchen hat sie entweder gar nicht gesprochen, nonverbal kommuniziert oder in Einwortsätzen geantwortet. Daher zeigen die MAIN Geschichten von Gagarina und Kolleg/innen (2012, 2019) ein großes Potenzial. Durch den Vergleich der Nacherzählung von Frau Schneider und einem früher entstandenen Dialog, in dem sie kaum gesprochen hat, lässt sich vermuten, dass sie die sprachlichen Strukturen trotz der Demenz und ihrer Migration nicht abgebaut hat. Wenn sie durch Aufgaben, wie die Nacherzählung der MAIN Geschichte gefordert wird, ist sie noch in der Lage, in längeren Sätzen zu sprechen und zusammenhängende Gedanken zu äußern.

Das Feld der Mehrsprachigkeit im Zusammenhang mit Demenz ist bis heute sehr wenig erforscht. Daher können die Ergebnisse meiner Arbeit einen Anreiz bieten, in diesem Bereich weitere Forschung zu betreiben. Denn es zeigt, dass demenzerkrankte Menschen zwar wenig sprechen, was jedoch nicht bedeutet, dass sie die Fähigkeit nicht beherrschen. Es fehlt ihnen vielleicht nur der passende Anreiz.

Literatur

Albert, R., & Marx, N. (2016). *Empirisches Arbeiten in Linguistik und Sprachlehrforschung: Anleitung zu quantitativen Studien von der Planungsphase bis zum Forschungsbericht.* Narr Francke Attempto Verlag.

Ash, S., Evans, E., O'Shea, J., Powers, J., Boller, A., Weinberg, D., Haley, J., McMillan, C., Irwin, D., Rascovsky, K., & Grossman, M. (2013). Differentiating primary progressive aphasias in a brief sample of connected speech. *Neurology, 81*(4), 329–336. https://doi.org/10.1212/WNL.0b013e31829c5d0e.

Clasmeier, C. (2015). *Die mentale Repräsentation von Aspektpartnerschaften russischer Verben.* [Dissertation zum Erwerb des Doktorgrades Ruhr-Universität Bochum]. Leipzig.

Demenz und Migration. (2018). http://www.demenz-und-migration.de/demenz-und-migrat ion/. Zugegriffen: 26. Mar. 2018.

Friesen, N. (2020). *Die MAIN-Geschichte als Erhebungsinstrument linguistischer Fähigkeiten bei Menschen mit Demenz – ein Überblick.* [Unveröffentlichte Masterarbeit]. Ruhr-Universität Bochum.

Gagarina, N., Klassert, A., & Topaj, N. (2010). Sprachstandstest Russisch für mehrsprachige Kinder. *ZAS Papers in Linguistics, 54,* 4–55.

Gagarina, N., Klop, D., Kunnari, S., Tantele, K., Välimaa, T., Balčiūnienė, I., Bohnacker, U., & Walters, J. (2012). MAIN: Multilingual Assessment Instrument for Narratives. *ZAS Papers in Linguistics, 56,* 1–140.

Gagarina, N., Klop, D., Kunnari, S., Tantele, K., Välimaa, T., Bohnacker, U., & Walters, J. (2019). MAIN: Multilingual Assessment Instrument for Narratives – Revised. *ZAS Papers in Linguistics, 63.*

Goodglass, H., Kaplan, E., & Weintraub, S. (1983). *Boston Naming Test.* Lea & Febiger.

Hamers, J. F., & Blanc, M. (2000). *Bilinguality and bilingualism. Bilingualité et bilinguisme* (2. Aufl.). Cambridge University Press.

Hier, D. B., Hagenlocker, K., & Shindler, A. G. (1985). Language disintegration in Dementia: Effects of etiology and severity. *Brain and Language, 25*(1), 117–133. https://doi.org/10.1016/0093-934x(85)90124-5.

Luckabauer, F. (2011). *Demenzielle Auswirkungen auf Sprache und Gedächtnisstrukturen – Frontotemporale Demenz und Alzheimer im Vergleich.* AV Akademiker Verlag.

Meitner, K. (2019). *Sprachproduktion und Raumwahrnehmung bei Alzheimer-Demenz: Ein systematischer Vergleich zum gesunden kognitiven Altern mittels Eye-Tracking.* [Unveröffentlichte Masterarbeit] Technische Universität Dortmund. http://www.divers itaet.fb15.tu-dortmund.de/cms/de/Projekte-und-Labore/psycholinguistics-laboratories/ PL-Medienpool/MA_Meitner-Kim.pdf.

Neppert, D. (2010). MigrantInnen und Demenz-Ressourcen, Belastungen und Krankheits-konzepte: Eine Rekonstruktion anhand von Interviews mit VertreterInnen von MigrantIn-nenselbstorganisationen [Master Arbeit, Fachhochschule Kiel]. https://www.fh-kiel.de/fil eadmin/data/sug/pdf-dokument/neppert/gesamtthesisfinale.pdf.

Nicholas, M., Obler, K. L., Albert, M. L., & Helm-Estabrooks, N. (1985). Empty speech in Alzheimers's disease and fluent aphasia. *Journal of Speech and Hearing Research, 28*(3), 405–410. https://doi.org/10.1044/jshr.2803.405.

Sachweh, S. (2000). *„Schätzle hinsitze!" Kommunikation in der Altenpflege.* Lang.

Sachweh, S. (2003). „so frau adams↓ guck mal↓ ein feines bac-spray↓ gut. Charakteristi-sche Merkmale der Kommunikation zwischen Pflegepersonal und Bewohnerinnen in der Altenpflege. In R. Fiehler, & C. Thimm (Hrsg.), *Sprache und Kommunikation im Alter* (S. 143–160). Verlag für Gesprächsforschung.

Teil VI: Berufliche Perspektive: UnVergessen als Türöffner

Katrin Bente Karl und Studierende

Einleitung

Katrin Bente Karl

Den abschließenden Teil bildet eine Darstellung dessen, inwiefern die Teilnahme am Projekt für zwei Studentinnen der Wegbereiter für ihren beruflichen Werdegang war. Hier berichtet zunächst Yvonne Behrens, eine Teilnehmerin der ersten Runde und aus diesem Buch bereits bekannte Wegbegleiterin des Projekts, von den tiefgreifenden Erfahrungen, die sie dazu bewegt haben, das Themengebiet zu ihrem Dissertationsthema zu machen. Aus diesem Interesse heraus erhielt sie eine Stelle als wissenschaftliche Mitarbeiterin (im Projekt UnVergessen), was wiederum der Türöffner für ihre Nachfolgestelle als wissenschaftliche Mitarbeiterin der FOM Hochschule für Oekonomie & Management am ifgs Institut für Gesundheit & Soziales war.

Im zweiten Abschnitt führt eine weitere ehemalige Teilnehmerin – Dorothea Laszczak, die ebenfalls in diesem Buch bereits zu Wort kam – aus, an welchen Punkten ihres Lebens Querverweise zur Pflege zu finden sind, und wie sie diese auf ihrem Weg in die berufliche Welt geprägt haben. Hier legt sie einen besonderen Schwerpunkt auf die nachhaltigen Eindrücke, die sie aus ihrer Masterarbeit mitgenommen hat. Diese hat sie aus ihrer Teilnahme an UnVergessen heraus entwickelt. Die tiefführende Auseinandersetzung mit den Biografien und Identitäten zweier Frauen mit polnischem Hintergrund schwingt noch immer in ihr nach

K. B. Karl und Studierende (✉)
Seminar für Slavistik/Lotman-Institut, Ruhr-Universität Bochum, Bochum, Deutschland
E-Mail: katrin.karl@rub.de

und leitet sie in ihrer Tätigkeit: Sie hat in Polen eine Vermittlungsagentur für Pflegekräfte ins Leben gerufen.

Um den Blick in die Zukunft zu werfen und damit auch zum Abschluss dieses Bandes zu kommen, sollen Ideen und Ansätze aus Sicht der Projektleitung skizziert werden, welche Richtungen in Zukunft eingeschlagen werden können und möglich erscheinen.

Verbindung von Wissenschaft und Praxis zur Verbesserung der gesundheitlichen und sozialen Versorgung

Yvonne Behrens

„Vergessen, Verwirrung, Veränderung: Was bleibt ist ein Mensch!" (Tepper, 2012). Die Unterstützung von Menschen mit Demenz ist mir bereits seit meiner Jugend ein großes Bedürfnis. So unterstützte ich mehrsprachige demenziell erkrankte Personen in einer Pflegeeinrichtung durch den Einsatz meiner Polnischkenntnisse. Sowohl polnischsprachige Gespräche mit den Pflegebedürftigen als auch Gespräche mit den Pflegekräften über sprachbezogene Themen nutzte ich, um den Alltag der Pflegebedürftigen zu verschönern. Im Mittelpunkt stand hierbei der Mensch, nicht die Krankheit.

Das Projekt UnVergessen zeigte mir im Studium, dass man Menschen mit Demenz nicht nur sozial, sondern auch durch sprach- und sozialwissenschaftliche Forschung unterstützen kann. So kam ich zu meinem Promotionsthema „Rezeptiver und produktiver Wortschatz polnisch-deutscher bilingualer Demenzerkrankter", in welchem ich das Verständnis und die Sprachproduktion von monolingualen und bilingualen Menschen mit Demenz untersuche.

Nach meinem Master-Abschluss der Slavistik an der Ruhr-Universität Bochum habe ich als wissenschaftliche Mitarbeiterin im Projekt UnVergessen[PLUS] (gefördert durch inSTUDIES[PLUS]) gearbeitet. Unter anderem übernahm ich die Koordination des Projekts und war hierbei für Akquise, Kontaktaufbau und anschließende Betreuung der teilnehmenden Pflegeeinrichtungen zuständig. Auf diese Art baute ich das Netzwerk für UnVergessen[PLUS] und gleichzeitig für mein Promotionsprojekt aus. Des Weiteren arbeitete ich die wissenschaftlichen Erkenntnisse des Projekts auf und vertrat es auf unterschiedlichen Tagungen. Weiter bestand im Rahmen des Projekts die Möglichkeit, mehrsprachige Studierende und Pflegebedürftige zusammenzubringen. Hierbei ergaben sich besondere Momente für mich, da ich mehrere erste Treffen zwischen den Teilnehmenden begleiten konnte. Unvergessen bleibt das erste Treffen zwischen einem chinesischen Studierenden und einem Pflegebedürftigen, der seit langer Zeit die Möglichkeit eines Gesprächs auf Chinesisch bekam.

Seit dem Jahr 2019 arbeite ich an der FOM Hochschule für Oekonomie & Management gGmbH am ifgs Institut für Gesundheit & Soziales in den Projekten DigiCare country[1], Research Network International[2] und Com.HeNet[3]. Es handelt sich um internationale interdisziplinäre Forschungsprojekte, die ebenfalls die Thematik Gesundheit und teilweise auch das Thema Demenz fokussieren. Die Erfahrungen rund um das Thema Netzwerkausbau sowie den wissenschaftlichen Umgang mit vulnerablen Gruppen aus dem Projekt UnVergessen kann ich in meinem beruflichen Umfeld sehr gut einbringen und weiter ausbauen. Der wissenschaftliche Ansatz zur Verbesserung der Lebensqualität von einzelnen Menschen wird nun zwar auf größere Gruppen übertragen, die Idee bleibt jedoch die gleiche: Wissenschaft und Praxis verbinden! Dies war mir bereits im Projekt UnVergessen wichtig und bleibt auch weiterhin mein Ansatz, um gesellschaftliche Probleme anzugehen.

In allen vier Projekten wird wissenschaftliche Forschung mit der Praxis verbunden. Diese Verknüpfung hat zum einen Auswirkungen auf die Forschungsergebnisse der jeweiligen Kohorten, zum anderen erhöht es den Erfolg auf eine Übertragung in den Alltag: denn so können gesellschaftliche Probleme reduziert und das Wohlergehen der Bevölkerung gesteigert werden. Für mich stellt UnVergessen eben diese Verbindung dar, wodurch vulnerable Gruppen unterstützt werden. Dies leitet mich auch weiterhin in meiner beruflichen Tätigkeit.

UnVergessen als Türöffner für den Weg in die Welt der Pflegevermittlung

Dorothea Laszczak

UnVergessen, das Projekt ist tatsächlich unvergessen geblieben und hat einen großen Einfluss auf weitere Entwicklungen in meinem Leben ausgeübt. Nicht nur privat hatte das Projekt einen Einfluss auf mich. Wie sich auch mit der Zeit

---

[1] gefördert durch das Bundesministerium für Bildung und Forschung unter dem Förderkennzeichen 01DS19034.

[2] gefördert durch das Bundesministerium für Bildung und Forschung unter dem Förderkennzeichen 57509496.

[3] gefördert durch das ERASMUS+Programm der Europäischen Union unter der Projektnummer 2019 1 DE01 KA203 005025.

nach meiner Teilnahme am Projekt herausstellte, brachte das Projekt in beruflicher Sphäre Perspektiven hervor.

Gerne möchte ich hier die Gelegenheit ergreifen und mich dazu äußern, wie sehr die Altenpflege mich mein Leben lang begleitet hat. Aufgewachsen bin ich in einer großen Familie. Als meine Eltern in den 1990-er Jahren aus Polen nach Deutschland kamen, arbeiteten beide in der Altenpflege. Auch meine drei Geschwister folgten beruflich unseren Eltern und absolvierten eine Ausbildung zum Altenpfleger/zur Altenpflegerin. Ich war die Einzige, die ein Studium aufnahm, welches keinen medizinischen Hintergrund hatte. Als ich nach dem Abitur das Studium der Slavischen Philologie und Sinologie aufnahm, dachte ich zu diesem Zeitpunkt noch nicht, dass die Altenpflege in meinem Leben wohl doch eine wichtige Rolle spielen würde.

Ich erinnere mich daran, dass, als ich von dem Projekt erfuhr, der sofortige Wunsch da war ein Teil dieses Projektes zu werden. Unsere Gruppe hatte eine einzigartige Energie, jeder von uns hat einen großartigen Teil zum Projekt beigetragen. Jedes unserer Treffen war spannend, jedes war emotional, jedes verging schnell und nach jedem freuten wir uns auf das nächste Treffen. Es ist ein Herzensprojekt, welches vom Menschen für den Menschen entstanden ist.

Als mein Studium sich langsam dem Ende näherte war es für mich eindeutig, dass ich meine Masterthesis mit dem Projekt verbinden möchte und so entstand ein wichtiger Beitrag zum Thema „Sprache und Identität im Kontext der Mehrsprachigkeit am Beispiel polnischsprachiger älterer Migrantinnen mit und ohne Demenz", durch den ich meine Kenntnisse und Erfahrungen in diesem Bereich noch vertiefen konnte und von dem ich auch heute noch profitiere.

In meiner Masterarbeit habe ich biografische Gespräche mit zwei pflegebedürftigen Migrantinnen mit polnischem Sprach- und Kulturhintergrund als Fallbeispiele näher beleuchtet. Die Zahlen der deutschen Polonia und die Alterung der Gesellschaft zeigen, wie relevant diese Gruppe bereits momentan ist und in der Zukunft sein wird. Eine der Frauen war an Demenz im mittleren Stadium erkrankt, die andere nicht. In meiner Arbeit lag der Fokus auf der Korrelation von Identitätskonstruktionen und der Zweisprachigkeit.

In den beiden untersuchten Fällen von Frau Pfeifer und Frau Konrad[4] (demenziell verändert) standen sich zwei Leben gegenüber, die einige Parallelen, aber auch diverse Unterschiede implementierten. Die unterschiedlichen Migrationserfahrungen und -erinnerungen der beiden Erzählerinnen haben ohne Zweifel eine große Bedeutung im eigenen Identitätsverständnis gehabt. Als der signifikanteste Unterschied (neben der demenziellen Erkrankung) können die unterschiedlichen

---

[4]Die Namen wurden geändert.

Erstsprachen der Sozialisation angesehen werden: die deutsche Sprache bei Frau Pfeifer und die polnische Sprache bei Frau Konrad. Diese Tatsache beeinflusste auch die Sprachwahl der beiden Frauen, da diese mit der Identität in enger Verbindung steht (Krappmann, 2000, S. 11). Da die Zweitsprache bei beiden Frauen später im Leben erworben wurde, gab sie nicht im selben Umfang wie die Erstsprache tiefverwurzelte und unbewusste Emotionen wieder. Ihren eigenen Selbsteinschätzungen zufolge wiesen die Probandinnen keine ausbalancierte Sprachkompetenz auf, es bestand somit ein subjektiv wahrgenommenes Ungleichgewicht zwischen der polnischen und deutschen Sprache. Für beide Frauen war die Zuordnung zu einer ethnischen Identität damit verbunden: Frau Pfeifer sah sich als ethnisch deutsch, Frau Konrad hingegen als polnisch an.

Die ethnische Identität äußert sich nicht nur im Sprachgebrauch, sondern bezieht auch die Perspektive der Umstände des Spracherwerbs und die Bedeutung der Sprache(n) für einen Menschen mit ein. Ebenso ist die Frage der Fremdbestimmung und -wahrnehmung relevant (Bracker, 2017, S. 43). Veränderungen in den Lebensumständen, wie vorrangig Migration und Mehrsprachigkeit haben einen immensen Einfluss auf die Identitätskonstruktion und können zu Identitätskonflikten führen.

In beiden Fällen der von mir begleiteten Frauen findet sich eine Migrationssituation, die großen Einfluss auf die Biografie und das Selbstverständnis der Frauen gehabt hat. Auch die subjektiv empfundene Muttersprache erfüllt im Alter und vor allem außerhalb der Heimat eine vielfältige und identitätsstiftende Funktion. Im Fall von Frau Pfeifer nahm die deutsche Sprache eine identitätsstiftende Funktion ein, was in ihrer Lebenswirklichkeit zu keinen weiteren Komplikationen führte, da sie in der deutschsprachigen Umgebung im Einklang mit ihrer eigenen empfundenen ethnischen Identität und besser ausgebauten Sprachumgebung lebte. In ihrem Fall stellt sich nur die Frage, welchen identitären Stellenwert die polnische Sprache einnimmt.

Bei Frau Konrad stellte sich dies anders dar, da sie weniger Möglichkeiten hat, in ihrer polnischen Erstsprache zu kommunizieren und vermehrt auf das Deutsche zurückgreifen muss, das zugleich jedoch im Zuge der demenziellen Erkrankung zurückging. Es zeigte sich, dass sich die deutsche Sprache bei ihr eher auf rezeptive Fähigkeiten beschränkt, während das Polnische eine essentielle Funktion als Hauptkommunikationsmittel einnahm. In der deutschsprachigen Umgebung des Pflegeheimes war es ihr kaum möglich, Gespräche in ihrer vertrauten Sprache zu führen. Der deutsche Austausch mit den Pflegekräften beschränkte sich entsprechend auf kurze noch mögliche Äußerungen. In den Treffen mit mir war es ihr hingegen möglich, Polnisch zu sprechen und ihre kommunikativen Fähigkeiten unter Beweis zu stellen. Ihre subjektiv empfundene ethnische (polnische) Identität war ihr – auch trotz ihrer Erkrankung – klar, und es war ihr möglich, diese nach außen zu tragen. Dabei schien sie sich vielfach der bilingualen und bikulturellen Situation, in der sie sich befand, bewusst. Wie sich dies in späteren Stadien der Demenz gestalten wird, kann man so nicht prognostizieren.

Wirft man nun einen Blick auf die Fremdwahrnehmung, so muss festgehalten werden, dass beide Frauen aus Sicht des Pflegeheimes zur polnischen Gruppe gezählt wurden. Hieran zeigt sich, dass die Fremdwahrnehmung häufig nur einige wenige Faktoren in den Blick nimmt, während andere relevante ausgeblendet werden. Im Fall der beiden Frauen liegt der wesentliche Unterschied in der emotionalen Belegung der beiden Sprachen und damit der Zuordnung der Sprachen als subjektiv empfundene Muttersprache, die ein tiefer emotionaler Bezugspunkt in einem Menschen ist. Als Muttersprache wird meist die ersterworbene Sprache empfunden, die sich ein Mensch in der Regel im familiären und zugleich emotionalen Umfeld aneignet und daher eng mit der Gefühlswelt verknüpft ist. Im Fall von Frau Konrad und Frau Pfeifer ist die zweiterworbene Sprache später im Leben aus funktionellen Gründen hinzugekommen und stellt daher ganz gegensätzliche Bedingungen der Sprachverwendung und der emotionalen Belegung dar. Bei ihnen kann man daher zwischen großen Unterschieden in der Funktionalität und Emotionalität in Bezug auf die polnische und deutsche Sprache sprechen. Frau Pfeifers besser ausgebaute deutsche Sprache war darauf zurückzuführen, dass sie diese als erste erworben, im Elternhaus gesprochen und ihr Leben lang weitergepflegt hat. Die polnische Sprache wurde nur aus funktionellen Gründen erworben. Frau Konrad wurde mit der polnischen Sprache groß, erst im Studium der Zahnmedizin erlernte sie im Rahmen eines Kurses die deutsche Sprache, welche dann bei der Pendelmigration zwischen den Jahren 1989 und 2014 nützlich war.

Aus diesen beiden Fallbeispielen lassen sich mehrere Schlüsse ziehen, die mich noch immer begleiten und in meinem Handeln prägen. So ist hier die Wichtigkeit der Biografiearbeit zu nennen, die ein großes Potenzial hat, die Auseinandersetzung mit der eigenen Identität im Alter zu unterstützen. Sie bietet Menschen die Möglichkeit, eine Auseinandersetzung mit dem bisherigen Leben herbeizuführen und eine Bilanz vor dem nahenden Tod zu ziehen. Durch die Kommunikation kann unser Gegenüber uns etwas über seine Relevanzstrukturen mitteilen, wie er die Wirklichkeit für sich konstruiert (Bracker, 2017, S. 98). Die individuelle Sprachbiografie ist ohne Zweifel ein wichtiger Anhaltspunkt, um über die Identitätswahrnehmung einer Person mehr zu erfahren. Daraus leitet sich die besondere Situation von Menschen mit Migrationserfahrung im Alter ab. Sie stellen eine gesonderte Gruppe dar, da sie gleichzeitig durch alterstypische und migrationsspezifische Lebenslagen gekennzeichnet sind. Es kann definitiv behauptet werden, dass ältere Personen mit Migrationshintergrund, welche in deutschen Pflegeheimen wohnen, in der Regel Migrationserfahrungen mit sich bringen, die dazu führen, dass sie sich in besonderer Weise mit ihrem Identitäts- und Heimatverständnis auseinandersetzen. Ihre Erfahrungen gelten als Besonderheit, welche zur wachsenden Vielfalt im Alter beitragen und deshalb geschätzt werden sollten. Dies zeigte sich mir bereits in der vertiefenden Betrachtung der Lebensgeschichten von Frau Pfeifer und Frau Konrad. In ihnen zeigte sich ein Bild der demografischen und sozialen Heterogenität älterer Menschen mit polnischem Sprach- und Kulturhintergrund, die zu unterschiedlichen Identitätskonstruktionen führten. Diese Heterogenität hätte ich bei Beginn der Besuche dieser beiden, von außen als polnisch zugeordneten Frauen nicht erwartet.

Nach dem erfolgreichen Abschluss meines Studiums Anfang 2019 kam jener Lebenswunsch stärker an die Oberfläche, nach Polen auszuwandern. Dieser Plan schwebte schon bereits seit meiner Kindheit in meinen Gedanken und nach dem Studium hatte ich glücklicherweise die optimalen Bedingungen dazu, um dieses Vorhaben in die Tat umzusetzen.

Zum Zeitpunkt des Umzuges hatte ich eine Home-Office Tätigkeit, welche ich auch aus Polen ausüben konnte. Dies erleichterte den Start erheblich. Als der Arbeitsvertrag in ein paar Monaten enden sollte und keine Verlängerung geplant war, suchte ich nach neuen beruflichen Möglichkeiten. Eins war dabei für mich wichtig, dass ich einen Beruf ausüben möchte, in welchem ich meine deutschen Sprachkenntnisse einsetzen kann. Und nicht nur das, auch gewisse Kompetenzen, die ich in Deutschland erworben habe, wollte ich mit dem Beruf verbinden. Die Kompetenzen, welche ich im Projekt „UnVergessen" erwerben durfte, konnten nun ihre Früchte tragen.

Ich sah ein Stellenangebot in einer Pflegevermittlung. Ich bewarb mich. Sofort erkannte ich die Verbindung zum Projekt „UnVergessen". Es hat sich für mich die Möglichkeit ergeben, einen Probearbeitstag in einer Pflegevermittlung zu machen. Dort bekam ich einen Einblick in die Arbeit eines Koordinators, welcher potenzielle Betreuungskräfte für deutsche Haushalte sucht, Bewerbungsgespräche arrangiert, durchführt und den ganzen Prozess von der Anreise bis zum Aufenthalt in Deutschland und der Abreise begleitet. Die Pflegevermittlung bot mir zuerst eine Anstellung an, änderte jedoch dann die Bedingungen und bot die Möglichkeit an, mit einem eigenen Gewerbe bei ihnen tätig zu werden. Nach kurzen Bedenken sagte ich zu. Am Tag, an dem der Arbeitsvertrag unterschrieben werden sollte, konnten wir uns auf einige bestimmte Punkte im Vertrag nicht einigen, es kam zu keiner Zusammenarbeit. Das Gewerbe war jedoch schon geöffnet und so startete ich meine eigene Pflegevermittlung „Josmed".

Die Altenpflege begleitete mich zwar schon ein Leben lang, aber nun kamen unzählige rechtliche Angelegenheiten auf mich zu, die ersten Monate gestalteten sich sehr schwierig, nach 12-Stunden-Schichten gab es immer noch viel zu tun, und somit kann ich die Worte „wer selbstständig ist, arbeitet selbst und ständig" definitiv bestätigen.

Da ein Probearbeitstag nicht gereicht hat, um in alle Arbeitsweisen detailliert hineinzusehen, bestanden die ersten Monate aus kleinen und wichtigen Schritten, um den Bereich rund um eine Pflegevermittlung kennenzulernen. Es begann mit Flyern und Anzeigen im Internet auf sozialen Plattformen, um Josmed nach außen zu tragen und bekannt zu machen. Unzählige Treffen mit Marketingexperten, bis hin zur Ausarbeitung des Firmenlogos. Ich griff auf Kontakte aus dem Projekt zurück, so konnte ich Flyer verteilen, ich schrieb an viele Pflegevermittlungen in Deutschland und Polen, um mein Interesse für eine Zusammenarbeit mitzuteilen. Nach vielen Telefonaten und Mails kam es dann zu einem ersten Treffen zwischen mir und einer anderen Pflegevermittlung aus Polen. Wir unterschrieben einen Kooperationsvertrag, ich vermittle meine Betreuungskräfte an diese weiter. An Betreuungskräfte kam ich durch geschaltete Jobannoncen im Internet und Zeitungen. Ebenfalls kam es zu einer Zusammenarbeit zwischen mir und einer deutschen Pflegevermittlung mit Sitz in Rheinland-Pfalz. Diese stellt Personen aus dem Ausland an und unterschreibt mit ihnen einen deutschen Arbeitsvertrag, diese Form ist in Polen begehrt, da es viele Vorteile mit sich bringt, in dieser Form angestellt zu sein. Die Vorteile zeigen sich im Anspruch auf die deutsche Rente nach einer gewissen Arbeitszeit dank der deutschen Kranken- und Sozialversicherung.

Ich habe im Projekt „UnVergessen" eine Art der Pflege mitbekommen, welche in Altenpflegeheimen stattfindet. In der Pflegevermittlung vermittle ich Betreuungskräfte, welche bei der zu pflegenden Person im Haushalt leben. Das bedeutet, dass die Betreuungskraft explizit nur für die eine Person zuständig ist. Viele zu betreuende Personen bevorzugen diese Art der Betreuung mehr als die im Altenpflegeheim, wo sich das Personal häufig abwechselt oder aufgrund von Personalmangel eine ausreichende Pflege und Betreuung manchmal nicht umzusetzen ist. Außerdem ist die zu betreuende Person bei sich zu Hause in vertrauter Umgebung, was mit Sicherheit ein anderes Lebensgefühl mit sich bringt.

Da ich nun beide Seiten der Pflege und Betreuung gesehen habe, sehe ich, wie viele Vorteile eine Betreuung im eigenen Zuhause mit sich bringt. Auch hatte ich die Möglichkeit, eine polnischsprachige Betreuungskraft in einen polnischen Betreuungshaushalt zu vermitteln, das Feedback der Familie war sehr positiv, und ich erkannte, dass hier die Kommunikation in der polnischen Sprache ein wichtiger Faktor in der Betreuung war. Die zu betreuende Person hatte so die Gelegenheit, mit ihrer Betreuungskraft in der eigenen Muttersprache zu kommunizieren, was so im deutschen Altenpflegeheim in diesem Ausmaß wohl nicht möglich wäre.

Meine Erfahrung aus der Biografiearbeit mit polnischsprachigen Damen im Rahmen des Projektes „UnVergessen" motiviert mich jeden Tag die Pflegevermittlung zu leiten und diese stetig zu modifizieren und zu verbessern. Ein wichtiger Faktor ist dabei auch die Sprache für mich, die eine enorme Bedeutung in der Beziehung zwischen der zu betreuenden Person und der Betreuungskraft hat.

Im oben erwähnten Fall zeigt sich eine Vermittlung, welche die Kommunikation in der polnischen Sprache möglich macht. Falls eine polnischsprachige Betreuungskraft in eine deutschsprachige Familie vermittelt wird, ist es in diesem Fall auch von großer Bedeutung, dass die Deutschkenntnisse ausreichend sind, um die Pflege und Betreuung durchführen zu können.

Wenn jemand das Bedürfnis hat, so wie ich in der Pflegevermittlung tätig sein zu wollen, sollte er sich vor allem mit vielen rechtlichen Dingen auseinandersetzen. Man muss sich mit Steuern, gesetzlichen Bestimmungen und Versicherungen für die Firma und die Betreuungspersonen auskennen und mit guten Anwälten sprechen. Durchhaltevermögen und Empathie sind meines Erachtens ebenfalls Eigenschaften, die nötig sind, um in dieser Branche Fuß zu fassen und tätig zu sein. Die Konkurrenz ist groß, es gibt viele Pflegevermittlungen sowohl in Deutschland als auch in Polen. Eine Kooperation mit solchen ist immer eine gute Möglichkeit, zusammen etwas Größeres entstehen zu lassen. Und natürlich sollte man diese Arbeit mit Herz machen und nicht vergessen, wer dabei die wichtigste Person ist, um die es dabei wirklich geht: die Person, welche auf die Betreuung und Pflege angewiesen ist.

Am Ende ein Blick in die Zukunft

Katrin Bente Karl

Nun sind Sie am Ende unserer unterschiedlichen Darstellungen rund um das Projekt UnVergessen angekommen. Ich hoffe, dass Sie einen Eindruck von unseren Tätigkeiten und den Chancen, die sich aus dem Projektdesign ergeben, gewinnen konnten. Wie an vielen Stellen dieser Publikation auf unterschiedliche Weise herausgearbeitet wurde, verstehen wir unsere Projekttätigkeit als eine Verschmelzung vieler Ziele, deren gesellschaftliche und wissenschaftliche Relevanz hier deutlich geworden sein sollte. Die Früchte der bisherigen Tätigkeit sprechen für sich und motivieren mich als Projektleiterin, den Weg weiterzugehen. UnVergessen wird fortgesetzt und sich dabei sicher im Laufe der kommenden Jahre weiter verändern.

Ebenso bin ich mir sicher, dass neue Erfahrungen auf alle Projektteilnehmer/innen zukommen werden und gehe davon aus, dass auf den unterschiedlichen Ebenen des Projektes weitere Erkenntnisse folgen werden. Damit verbunden ist eine meiner großen Hoffnungen, dass diese wertvollen Erfahrungen genutzt und in darauf aufbauenden Projekten und beruflichen Kontexten umgesetzt werden können. Einige meiner Ideen und konkreten Folgeprojekte mit wissenschaftlicher Ausrichtung habe ich bereits weiter oben (im dritten Teil dieses Buches) dargestellt. An dieser Stelle möchte ich, ergänzend zu den Darstellungen in den beiden vorherigen Beiträgen, aus meiner Sicht die möglichen inner- und außeruniversitären Anknüpfungspunkte und daraus erwachsenden beruflichen Chancen von Studierenden fokussieren. Dies möchte ich anhand von zwei Beispielen herausarbeiten.

Zum einen sehe ich eine besondere Chance und zukünftige Perspektive in der mittlerweile sehr stabilen Vernetzung zweier Institutionen, die beidseitig genutzt und ausgebaut werden kann. Hiermit meine ich die Kontakte zwischen der Universität und den Pflegeeinrichtungen, die auch über das Kernprojekt von UnVergessen hinaus genutzt und unterschiedlichen Zwecken dienen können. In meinen Ausführungen im dritten Teil dieses Buches habe ich bereits ein Beispiel dafür gebracht, wie eine Pflegeeinrichtung die Kontakte zum Projekt nutzte, um in einer konkreten schwierigen Situation Unterstützung zu erhalten (s. die Ausführungen dazu unter dem Kapitel „Das Projekt zu Zeiten von Corona", gemeint ist hier die Anfrage, für Pflegebedürftige Einkäufe zu tätigen). Die ebenfalls in dem Kapitel geschilderte Aktion *Briefe gegen die Einsamkeit* ist ein Beispiel, wie das Netzwerk von universitärer Seite genutzt wurde und damit Folgeprojekte ermöglichte. Diese Kontakte liefen dabei über die etablierten Projektkanäle. Daneben bietet sich das Netzwerk aber auch an, um weiteren interessierten Personen und Einrichtungen eine Teilhabe zu ermöglichen. Auch hierfür habe ich bereits an anderer Stelle dieses Buches dargestellt, wie sich das Projekt unter den Pflegeeinrichtungen herumsprach und interessierte Einrichtungen an die Projektleitung mit der Anfrage um Teilnahme herangetreten sind. Ein anderes Beispiel hat sich gerade jüngst aus dem universitären Kontext ergeben. Eine Studierendengruppe meldete sich bei mir und fragte an, ob sie im Kontext eines anderen universitären Projektes das UnVergessen-Netzwerk nutzen dürften. Diese Gruppe belegte ein praktisch orientiertes Modul im Optionalbereich ihres Studiums, in dessen Rahmen sie ein eigenes Projekt mit sozialem Mehrwert entwerfen, planen und umsetzen sollen. Vor dem Hintergrund der pandemiebedingten schwierigen Situation von Pflegebedürftigen in entsprechenden Einrichtungen beschlossen sie, in diesem Bereich ihr Projekt anzusiedeln. Bei der anschließenden Recherche stießen sie auf die Aktion *Briefe gegen die Einsamkeit* und nahmen Kontakt zu mir auf. Nach einem ersten Austausch stand schnell fest, dass die Projektidee in schönem Einklang zu den Ideen und Zielen von UnVergessen steht, weswegen dieser Studierendengruppe sehr gerne der Kontakt zu interessierten Kooperationspartnern in den Einrichtungen vermittelt wurde. Die Ausrichtung dieses studentischen Projektes mit Namen ESADA, als Akronym aus den Namen der Student/innen (*E*lena Schneider, *S*ophie Lohkamp, *A*ngin Kuriewicz, *D*aniel Ruhmöller, *A*nna Petcheeva) entstanden und zum Motto „Eine Stimme Aus Dem Altenheim" ausgeweitet, ist dabei, dass mithilfe von Leitfragen Berichte und Erfahrungen von Pflegebedürftigen in schriftlicher Form gesammelt und schließlich in Form einer Ausstellung oder eines anderen geeigneten Mediums einer interessierten Öffentlichkeit präsentiert werden. Damit möchten die Studierenden dieser vulnerablen Gruppe eine Stimme verleihen. Über das UnVergessen-Netzwerk konnten die Studierenden Kontakt zu ausgewählten Kooperationspartnern herstellen und dort ihre Idee vortragen. Erfreulicherweise kam in allen Fällen eine positive Reaktion bei der Erwähnung der Nähe zu UnVergessen zurück und es fanden sich interessierte Einrichtungen, die wiederum an interessierte Bewohner/innen vermittelten. Zum Zeitpunkt der Drucklegung dieses Buches befindet sich das Projekt ESADA in der Phase, dass die Erhebung der schriftlichen Daten kurz vor der Durchführung steht. Auf die Berichte und Erfahrungen der Gruppe bin ich sehr gespannt und hoffe, dass auch dieses Engagement zu mehr Sichtbarkeit und Verständnis für die Gruppe der Pflegebedürftigen führt.

Damit sollte ersichtlich geworden sein, dass die Kontakte nicht exklusiv Teilnehmer/innen am Projekt UnVergessen zur Verfügung stehen, sondern zum gegenseitigen Nutzen eingesetzt und ausgebaut werden. Dies setzt voraus, dass die Tätigkeiten rund um UnVergessen einen gewissen Bekanntheitsgrad haben, zugleich erfordert es eine Offenheit gegenüber neuen Ideen und Menschen und nicht zuletzt auch gegenseitigen Respekt.

Der zweite Bereich, den ich hier konkretisieren will, sind Anknüpfungsmöglichkeiten in das berufliche Leben. Hier beobachte ich seit zwei Jahren, dass unter den studentischen Teilnehmer/innen von UnVergessen eine wachsende Anzahl an Personen zu finden ist, die Vorerfahrungen im Pflegekontext aufweisen. Sei es durch eine vorherige Ausbildung zur Pflegekraft, eine parallele Arbeit in einer Pflegeeinrichtung – auch der teilstationären Pflege – oder andere berufliche Querverbindungen. Diese Teilnehmer/innen bringen ihre Erfahrungen in der Pflege auf eine sehr bereichernde Art in das Projekt ein und können diese um die sprachlichen Facetten und den Schwerpunkt auf die Mehrsprachigkeit vertiefen. Auf diese Weise finden sich spezialisierte und sensibilisierte Personen, die ihre vielfältigen Erfahrungen in die Praxis umsetzen können. Sei es durch ihre direkte Arbeit in den Pflegeeinrichtungen oder durch die Entwicklung von weiterführenden Ideen. Dabei steht seit ca. zwei Jahren die bislang noch etwas vage Idee im Raum, ein Start-Up-Unternehmen zu gründen, das zum Ziel hat, Wohn- und Pflegekonzepte im Ruhrgebiet ins Leben zu rufen, die an die speziellen Bedürfnisse mehrsprachiger Pflegebedürftiger angepasst sind. Dafür gibt es einige Vorbilder, die eine ähnliche Fokussierung bereits seit mehreren Jahren leben. Speziell für unseren Sprachkontext sei hier auf eine seit dem Jahr 2006 in Köln ansässige ambulant betreute Pflegewohnung für russischsprachige Menschen mit dem Namen *Nascha Kwartihra* (deutsch: ‚Unsere Wohnung') verwiesen. Dort können acht an Demenz erkrankte russischsprachige Personen betreut und gepflegt werden (vgl. https://wohnkonzepte-schneider.de/nascha-kwartihra/). Für den türkischen Sprachraum finden sich ebenso Vorbilder, wie bspw. eine aus einem Projekt hervorgegangene türkisch-muslimische Wohngemeinschaft für betreuungs- und pflegebedürftige Frauen in Sindelfingen (für mehr Informationen s. https://www.lrabb.de/site/LRA-BB-Desktop/get/params_E-1225952024/160 67847/Projekt-Dokumentation%20YASAM%20EVI.pdf) oder das in Hamburg ansässige ambulant betreute Wohnen für Menschen türkischer Herkunft mit Demenz, über das u. a. von der Deutschen Alzheimer Gesellschaft im Jahr 2015 berichtet wurde (vgl. hierzu: https://www.deutsche-alzheimer.de/unser-service/ archiv-alzheimer-info/ambulant-betreutes-wohnen-fuer-menschen-tuerkischer-herkunft-mit-demenz.html). Es gibt bundesweit weitere ähnlich ausgerichtete Wohnprojekte und – wie auch bereits an anderer Stelle ausgeführt – unterschiedliche Ansätze, verschiedene Sprachen und Kulturen in die unterschiedlichen Formen der Pflege zu integrieren. Diese sehe ich als Zeichen für ein wachsendes Verständnis und Diversität in Pflegeeinrichtungen und zugleich als Zeichen dessen, dass es jetzt an der Zeit ist, diesen Prozess fortzusetzen und zu vertiefen. Hier sehe ich Studierende mit mehrsprachigem Hintergrund und zugleich mit Einblicken und Erfahrungen in der Pflege als wichtige Multiplikatoren und mögliche Initiatoren für die Umsetzung kultur- und sprachsensibler Betreuungsformen. Diese Idee wurde im Laufe des Durchganges 2019/2020 immer wieder thematisiert und meine Vision ist, dass sich interessierte Studierende über das UnVergessen-Netzwerk finden und daran weiterarbeiten. Dies erscheint speziell vor dem Hintergrund der Ausrichtung der Ruhr-Universität Bochum besonders Erfolg versprechend, da dort im Laufe der letzten Jahre diverse Programme zur Unterstützung im Bereich der Gründung initiiert wurden, die in besonderer Weise in der WORLDFACTORY zusammenlaufen. Beratung und Unterstützung von dieser Seite wäre damit zeitgleich auch möglich.

Bei der Entwicklung und Umsetzung solcher Ideen sehe ich UnVergessen, das Netzwerk und mich als Impulsgeberin, Wegbegleiterin und Partnerin. Meine Hoffnung ist, dass sich auf diese Weise viele spannende Ideen entwickeln und sich engagierte und mutige Menschen finden, diese umzusetzen und mit Leben zu füllen.

Literatur

Bracker, P. (2017). Die Entstehung ethnischer Identität bei Menschen mit türkischem Migrationshintergrund. In W. Grießhaber & J. Rehbein (Hrsg.) *Mehrsprachigkeit* (Bd. 44). Waxmann Verlag.

Krappmann, L. (2000). *Soziologische Dimensionen der Identität: Strukturelle Bedingungen für die Teilnahme an Interaktionsprozessen.* Klett-Cotta.

Tepper, M. (2012). *Was bleibt ist ein Mensch!* https://pflegendeangehoerige.wordpress.com/2012/12/07/was-bleibt-ist-ein-mensch-2/.

The manufacturer's authorised representative in the EU is Springer
Nature Customer Service Centre GmbH, Europaplatz 3, 69115 Heidelberg,
Germany. If you have any concerns regarding our products, please
contact ProductSafety@springernature.com

Printed and bound by CPI Group (UK) Ltd, Croydon, CR0 4YY
28/04/2026
02098486-0001